수학
잘하는
아이는
이렇게
공부합니다

수학
잘하는
아이는
이렇게
공부합니다

수학이 어려운 엄마를 위한 전략적 학습 로드맵

류승재 지음

블루무스

생각의 힘을 기르는
진짜 수학 공부

최승필 | 독서교육전문가, 작가

《공부머리 독서법》을 출간한 후 저는 틈틈이 수학 공부에 관한 책이나 강의 영상을 찾아보곤 했습니다. 제대로 된 수학 학습법을 담은 책을 써줄 수학 선생님을 찾고 싶었기 때문입니다. 눈앞의 내신 성적만을 위해 풀이 위주로 학습하거나 무턱대고 선행학습만 하다가 노력의 결실을 보지 못한 채 좌절하는 학생들을 너무 많이 봐왔으니까요. 그런 우를 범하지 않게 해줄, 또 이미 범한 잘못을 되돌릴 수 있게 해줄 그런 책이 꼭 필요하다고 생각했습니다. 그리고 저는 '이 선생님이라면 그런 책을 쓸 수 있지 않을까?' 하는 분을 찾아냈습니다. 바로 이 책을 쓰신 류승재 선생님입니다. 그런데 제가 연락드리려고 했을 그 무렵, 선생님은 이미 책 출간을 목전에 둔 상태였어요. 제가 한발 늦고 말았습니다만 선생님이 수학 학습법 책을 쓰셨다니 반가운 일이 아닐 수 없습니다.

이 책은 다른 모든 과목이 그렇듯 수학 학습에도 왕도가 따로 있지 않다는 사실을 알려줍니다. 사교육으로 성공할 수도 있고, 독학으로 성공할 수도 있습니다. 어려서부터 올바른 방법으로 학습능력을 길러서 성공할 수도 있고, 문리가 트이듯 뒤늦게 수학을 잘하게 될 수도 있습니다. 여러 갈래 길 중 어떤 길로 가든 방향을 잃지 않고 성큼성큼 나아갈 수 있느냐가 핵심이니까요. 이 책은 나침반처럼 수학 학습의 방향을 알려줍니다. 그리고 그 방향은 당연하게도 수학이라는 학문의 근본 원리와 맞닿아 있습니다. 수학은 '생각한다'라는 인간의 기본 역량과 직결되는 학문입니다. 수학 공식 하나를 제대로 이해한다는 것은 곧 이 세상에서 통용되는 논리법칙 하나를 이해하는 일입니다. 수학 문제 하나를 푸는 것은 내가 이해한 논리 법칙들을 이용해 복잡하고도 정교한 사고의 과정을 거치는 일입니다. 이 과정을 통해 아이는 예리한 생각의 힘을 키워나가게 됩니다. 바로 이 생각의 힘을 키우는 것이 곧 수학 실력을 키우는 일이고, 결과적으로 대학 입시까지 성공하게 만드는 길이지요.

이 책은 수학 때문에 고심하는 많은 학생들과 학부모님들께 수학적 사고력을 기르는 진짜 수학 공부의 길을 안내해줄 것입니다. 사교육을 받든 독학을 하든, 기초가 튼튼하든 튼튼하지 않든 세심한 안내자처럼 각 단계별로, 상황별로 어떤 교재로 어떻게 헤쳐나가야 할지를 일일이 짚어줘 가면서 말입니다. 근본 원리와 세칙들을 구별해가며 이해해보겠다는 마음, 내 삶에 대입해보겠다는 마음으로 이 책을 펼쳐보세요. 부조리한 경쟁 교육의 현실에서 악전고투하는 수많은 학생들과 학부모님들께 소중한 힘이 되어줄 것입니다.

고등 수학을 잘하기 위한
올바른 초등 수학 공부법

23년 넘게 과외를 하고 학원 강사로 일하면서 많은 학생들을 접했습니다. 그러다 보면 정말 다양한 학생들이 여러 이유로 수학을 못하는 경우를 보게 됩니다.

재수종합반 학원에서 만난 A군은 수학을 그리 잘하지는 않았던 학생이었습니다. 상담을 해보니 A군은 대치동에서 자라며 초등학교 때 고등 수학을 시작해 중학교 때 고등 수학 전 과정 선행을 마무리했으며, 고등학생 때는 유명하다는 학원은 다 다니면서 일타 강사들 수업을 열심히 들었다고 합니다. 그러나 정작 수능에서는 수학 4등급을 받고 재수를 하게 되었다고 합니다.

고3이 되어 저희 학원에 온 B양의 경우, 상담을 해보니 수학 내신 등급은 7~9등급 사이를 왔다 갔다 했고, 모의고사 성적도 4등급밖에 안 나왔습니다. 수시는 물론 정시로도 대학을 들어가기가 힘든 상황이었습니다. 그런데 B양은 중학교 시절 수학은 항상 100점을 받았고 전 과목 성적도 우수하여 국제고 진학에 성공한 케이스입니다.

A군과 B양같이 선행도 빠르고 사교육도 충분히 받으며 수학을 잘했던 학생들이 왜 갑자기 수학을 못하게 되었을까요? 정말 수학이 어렵고 힘든 과목이라서 못하는 걸까요? 아니면 다른 이유가 있을까요? 고등 수학을 잘하기 위해서는 초등 시절부터 어떻게 준비해야 할까요? 정말 고등학교까지 수학을 잘할 수 있는 로드맵이 있을까요?

이런 물음들에 답을 드리기 위해 이 책을 썼습니다. 학생들을 가르치고 상담해보니, 그들의 초등 시절 수학 공부 방식이 현재 고등 수학 실력을 만드는 데 결정적 역할을 한다는 것을 알게 됐습니다. 초등 시절 수학 공부 방식은 중등 수학과 고등 수학을 모두 결정하기에, 초등 수학이야말로 앞으로 수학을 잘해나가는 데 가장 중요한 핵심이라고 할 수 있습니다. 그러나 대부분의 가정에서 이루어지는 '엄마표 수학'이나 학원에서 이루어지는 '사교육'은 고등까지 바라보는 장기적 시야 부재와 수학이라는 학문의 본질에 대한 이해 부족으로, 잘못된 방식으로 가르치며 아이들에게 나쁜 습관들을 심어줌으로써 오히려 아이의 수학 실력 발전에 방해가 되고 있습니다.

고등 수학을 잘하기 위해서는 초등 시기부터 올바른 수학 공부 습관을 만들어야 하고, 올바른 수학 공부 습관을 만들기 위해서는 수학의 본질(수학 공부의 본질)을 알아야 합니다. 조금 더 거슬러 올라가면 미취학 시기 부모가 가진 양육방식 및 양육태도가 초등 수학 공부 습관에 주요한 영향을 끼칩니다. 모든 게 독립적이지 않고 유기적으로 얽혀 있습니다. 이 책에서는 고등 수학을 잘하기 위해 미취학 시기부터 시작해서 초등, 중등 시기까지 해야 할 것들을 자세하게 서술하고 있습니다.

1장 〈학년이 올라갈수록 수학 성적이 떨어지는 이유〉에서는 초등학교에서 중학교, 고등학교로 올라갈수록 수학 성적이 떨어지는 원인을 다양한 각도에서 살펴봅니다.

2장 〈올바른 수학 공부가 수학 성적을 결정한다〉에서는 수학을 잘하기 위해서는 선행을 많이 해야 한다는 잘못된 생각이 왜 나오게 됐는지 알아보고, 수학 공부의 본질인 문제해결력(심화능력)을 기르는 방법을 알려드립니다.

3장 〈초등 아이 올바른 공부 습관 만들기〉에서는 초등 시절에 반드시 만들어야 할 올바른 공부 습관에 대해 살펴보고, 고등까지 공부를 잘하게 만드는 로드맵을 제시합니다.

4장 〈엄마표 수학과 독학 수학 실패하지 않는 법〉에서는 가정에서 아이를 지도할 경우 주의할 점과 실제 수학 지도하는 방법을 구체적으로 알려드립니다. 세 아이 아빠로서의 가정학습 경험과 23년 경력의 학원 강사로서의 수학 지도 경험을 공유합니다. 또한 미취학 시기부터 초등 6년까지 가정학습으로 수학을 공부하는 경우, 시기별 커리큘럼과 교재 선정 방법을 알려드립니다.

5장 〈수학 학원, 잘 보내고 잘 다니려면〉에서는 부모가 맞벌이거나 아이가 고학년이 되어 수학 학원을 다녀야 하는 경우, 내 아이에게 맞는 수학 학원 선택 방법과 효과적으로 학원을 다니는 방법에 대해 23년간의 사교육 경험을 총망라하여 알려드립니다.

6장 〈내 아이, 수포자가 될 수 없어〉에서는 모든 부모들이 가장 두려워하는 그것, '수포자'가 되지 않으려면 대체 어떻게 해야 하는지 관련 내용들을 정리했습니다.

7장 〈최상위권으로 도약하기 위한 수학 공부 방법〉에서는 중고등학교에 다니는 아이들의 수학 공부에 도움이 될 만한 내용들을 정리했습니다.

이 책에서 제가 말하고 싶은 핵심적인 내용은 "수학을 잘하기 위해서는 어떻게 공부해야 하는가?"입니다. 어렸을 때부터 올바른 방식으로 수학을 공부하면, 모든 아이들이 고등학교까지 수학을 잘할 수 있다고 생각합니다. 이 책에서 언급한 방식대로 공부를 한다면 사교육 없이도 수학을 잘해낼 수 있을 것입니다.

혼자서 공부할 수 있는 능력은 이제 선택이 아닌 필수가 되었습니다. 그렇기에 학원을 다니든, 사교육 없이 엄마표 수학이나 독학으로 공부하든, 누구나 읽고 따라 할 수 있도록 최대한 자세하고 구체적으로 책을 서술하려고 노력했습니다. 또한 필요한 부분만 찾아서 읽더라도 내용을 이해할 수 있도록 각 꼭지별로 하나의 내용이 완성되도록 서술했습니다. 그래서 처음부터 끝까지 순서대로 읽는 독자들은 약간은 중복된다고 느낄 수도 있을 것입니다. 그러나 이 책 한 권을 다 읽는다고 한번에 모든 내용을 파악하기는 힘들 것입니다. 가급적 '수학 공부 사용 설명서'나 '수학 공부 바이블'이라 생각하고, 모르는 부분이 생길 때마다 참고하여 아이들 수학 교육에 잘 활용했으면 좋겠습니다.

문이과 통합의 시대,
수학의 길을 읽다

2년 전 이맘때쯤 원고를 탈고하고 출판사에 보냈으니까 이 책을 집필한 지 딱 2년이 되었습니다. 2년 동안 이 책을 읽고 자녀 교육에 도움을 받았다는 분들의 경험이 쏟아졌습니다. 많은 분들에게 올바른 수학 공부법을 전달한 것 같아 보람을 느낍니다.

이 책의 초고를 쓰는 데 두 달이 채 걸리지 않았습니다. 새로운 것을 억지로 지어내거나 다른 자료를 참고하지 않고, 저의 머릿속에 저장되어 있던 20년이 넘는 경험과 지식을 그대로 원고에 쏟았기 때문입니다. 생각의 속도를 타자를 치는 손이 따라가기 힘들 정도로 빠르게 써 내려갔던 책입니다. 그만큼 모든 것을 솔직하게 내놓았습니다. 그래서 그런지 사교육을 하는 분들에게서는 응원과 비난이 함께 쏟아졌습니다. 저와 같이 진짜 수학 공부를 가르치는 분들은 응원을, 선행과 장사 위주로 학부모의 불안을 먹고 사는 가짜 수학 공부를 가르치는 분들은 비난을 보냈습니다. 학원의 수익성을 결정할 정도로 제 책이 영향력이 있었다고 생각하니 이 책에 대한 책임감과 사명감이 더욱 커졌습니다.

책을 냈다고 끝이라고 생각하지 않습니다. 여전히 독자들은 책을 읽고 궁금한 게 많다며 제가 운영하는 카페와 유튜브를 통해 질문을 해오고, 저는 시간이 날 때마다 답변하며 꾸준히 소통하고 있습니다. 이번 개정판에서 표현이 어색하거나 정확히 이해하는 데 부족한 부분들을 손질하는 한편, 많은 독자들이 궁금해하는 대학 입시의 큰 변화인 문이과 통합에 대한 내용을 추가했습니다.

문이과 통합을 걱정하시는 분들이 많이 계십니다. 문이과 통합의 중심에 수학이 있기 때문입니다. 2021년 문이과 통합으로 첫 수능을 치렀습니다. 문이과 통합 수능으로 처음 생긴 재수생들이 고3 현역들과 함께하는 두 번째 수능이 2022년 11월 치러졌고, 수많은 분석들이 쏟아지고 있습니다. 넘쳐나는 정보 때문에 불안해하는 학부모들의 궁금증을 해결하는 한편, 손바닥처럼 뒤집히곤 하는 입시 정책에 대한 제 생각을 정확히 알려드릴 필요가 있겠다는 생각에 개정판 출간을 결심하게 되었습니다. 문이과 통합 시대 수학 과목의 분석 및 대응 방법을 책의 가장 뒷부분에 실었으니 참고하기 바랍니다. 지난 2년 동안 사랑해주신 독자분들께 감사하는 마음을 전하며, 앞으로 더욱 책임감을 가지고 올바른 수학 공부법을 전달하는 데 힘쓰겠습니다.

2022년 12월 류승재

: 차례 :

추천사 | 생각의 힘을 기르는 진짜 수학 공부   004

프롤로그 | 고등 수학을 잘하기 위한 올바른 초등 수학 공부법   006

개정판을 펴내며 | 문이과 통합의 시대, 수학의 길을 읽다   011

1장
학년이 올라갈수록 수학 성적이 떨어지는 이유

내 아이의 진짜 실력을 모른다   022

너무 쉬운 수학 시험이 내 아이의 진짜 실력을 가린다 | 점점 잘하는 아이들과 경쟁해야 한다 | 장기적인 안목의 부재

학원이 수학 공부를 방해한다   028

초등·중등 학원의 양치기 반복학습 | 스스로 공부하는 능력을 잃어가는 아이들

수학을 제대로 공부하는 방법을 모른다 032

수학 개념 공부하는 방법을 모른다 | 수학 문제해결력의 부족 | 학습량 균형 조절의 실패 | 언어능력의 부족

💬 내 아이, 지금 수준으로 고등학교 가면 몇 등급을 받을까? 042

2장

올바른 수학 공부가 수학 성적을 결정한다

수학 공부를 제대로 이해해야 수학을 잘한다 048

수학 공부의 본질은 무엇인가 | 수학을 올바르게 공부하면 시간이 많이 걸린다!

초등부터 반드시 들여야 하는 수학 습관 054

좋은 습관은 어릴수록 들이기 좋다 | 수학 잘하는 습관 1. 자기주도성 | 수학 잘하는 습관 2. 내 언어로 정리하는 습관 | 수학 잘하는 습관 3. 역질문 | 수학 잘하는 습관 4. 성실성 | 수학 잘하는 습관 5. 스스로 짜는 학습 계획

선행이 아닌 심화가 수학 실력을 좌우한다 064

왜 선행이 성행하게 되었을까: 선행에 대한 경험적 고찰 | 왜 초등부터 선행을 할까: 선행에 대한 현상적 고찰 | 선행을 올바르게 하는 방법

선행보다 심화가 중요한 이유, 문제해결력 075

수학 문제해결력이란 무엇인가 | 문제해결력을 기르기 위해 연습해야 할 것 | 선순환의 완성

초등 수학 공부, 궁금한 것 여기 다 있다   **084**

수학 문제 풀 때, 식을 정리해서 풀어야 할까? | 내 아이가 선행은 많이 했는데, 현행을 못한다면? | 초등, 문제해결력을 키우려면 오답 시키지 마라? | 연산교재, 꼭 풀어야 할까? | 사고력 수학은 필요한가? | 초등 심화는 어느 정도 실력이 있어야 가능할까? | 선행학습 시 개념교재를 건너뛰고 바로 심화교재로 들어가도 될까?

💬 수학적 사고력이란 무엇인가   **102**

3장

초등 아이
올바른 공부 습관 만들기

효과적인 공부법이란 없다   **106**

공부의 본질은 무엇인가 | 초등 학원만 여러 가지 브랜드가 많은 이유

공부는 습관이다   **110**

공부를 하기 위한 동기부여는 필요 없다 | 공부를 열심히 하면 생기는 일

공부 습관 형성을 좌우하는 결정적인 시기   **116**

집중력을 기르는 미취학 시기 | 본격적 공부 습관 형성하는 초등 시기 | 알아서 굴러가는 중고등 시기

공부 습관이 잡히지 않을 때   **123**

엉덩이의 힘부터 길러라 | 항상 마무리하는 습관을 길러라 | 공부할 때 무의식의 도움을 받는 법

💬 수학 공부 제대로 시키려면 아이에게서 해설지를 빼앗아라   **135**

4장
엄마표 수학과 독학 수학
실패하지 않는 법

가정학습을 효율적으로 하는 법은 없을까? — 140

가정학습이 힘든 이유는 '뇌' 때문 | 효율적인 가정학습 1. 시간표 짜기 | 효율적인 가정학습 2. 공부 장소를 따로 정하기 | 효율적인 가정학습 3. 가르치지 말기 | 효율적인 가정학습 4. 시간 기준 공부법

엄마표 수학에서 주의할 점 — 153

양육태도의 일관성 | 아이가 공부할 때 함께 공부하기 | 가르치는 과목에 대해서 공부하기 | 이성적으로 대하기 | 칭찬을 해주되 일희일비하지 않기 | 아이들에 대한 적절한 기대 유지하기

수학 독학할 때 주의할 점 — 162

독학만 한 학생이 최상위권에 못 드는 이유 | 수학 문제의 자기주도성을 길러라 | 독서를 통한 언어능력 기르기

엄마표 수학, 초중고 로드맵 — 169

미취학 시기 | 초등 시기 | 중등 시기 | 고등 시기

● **수학 교재, 어떤 걸 선택해야 할까** — 182

5장

수학 학원,
잘 보내고 잘 다니려면

수학 학원의 종류와 특징   **188**

공부방 및 오피스텔 | 교습소 | 중소형 강의식 수학 전문 학원 | 대형 강의식 수학 전문 학원 | 개별 첨삭식 수학 전문 학원 | 수학 단과 학원 | 종합반 학원

내 아이에게 맞는 수학 학원 고르기   **199**

초등 수학 학원 고르기 | 중등 수학 학원 고르기 | 고등 수학 학원 고르기 | 학원 상담 시 반드시 확인해야 하는 것

학원을 오래 다녀도 성적이 안 오르는 이유   **210**

공부를 열심히 안 하는 경우 | 학원을 너무 많이 다니는 경우 | 학원에서 숙제를 과도하게 많이 내주는 경우 | 진도를 빨리 나가는 경우 | 학원에 의존해 학습능력을 키우지 않는 경우

수학 학원 뽕 뽑기   **219**

학원 숙제만 제대로 챙겨도 '뽕'을 뽑는다 | 수학 숙제를 '날림'으로 한다는 건 어떤 의미일까 | 날림을 방지하기 위해 부모가 할 수 있는 것 | 학원에서 배운 것을 빨리 잊어버리는 아이를 도와주는 법

● 윈터스쿨, 꼭 보내야 할까   **228**
● 학원 방학 특강, 꼭 들어야 할까   **232**

6장

내 아이,
수포자가 될 수 없어

수포자가 되지 않으려면   236

왜, 언제 수포자가 되는가? | 수포자 위기 구간 1. 중1 과정 | 수포자 위기 구간 2. 고1 과정 | 수학 개념을 암기하는 방법

수포자들의 특징 샅샅이 살펴보기   242

왜 우리 아이는 수학을 못할까 | 수포자들의 공통적인 특징 | 수포자를 막는 가장 효과적인 방법 | 이미 수포자라면 어떻게 해야 할까

각종 수포자 유형 및 극복 방법   248

수학을 잘할 것 같으나 못하는 아이 | 많이 풀고 많이 틀리는 아이 vs 적게 풀고 적게 틀리는 아이 | 처음에 풀 때 많이 틀리고, 다시 풀면 다 맞는 아이 | 수학'만' 잘하는 아이가 있다고?

선행과 심화 사이에서 균형을 잡아야 수포자를 방지한다   259

선행-심화 전략이 고등 성적을 결정한다 | 내 아이의 수준에 맞는 선행과 심화

● 수학 후행은 필요한가   264

● 고등 선행을 했는데 하나도 모르는 경우   268

7장

최상위권으로 도약하기 위한
수학 공부 방법

수학 시험 실전 연습법   274

문제를 정확하게 읽지 못하는 아이 | 계산 실수를 많이 하는 아이 | 환경에 휘둘리는
아이

수학 오답 제대로 하는 법 279

오답의 필요성 | 형식적인 오답은 오답이 아니다 | 주기적으로 오답하는 법 | 스스로에
게 설명하기

제대로 다회독하는 법 287

다회독이란 무엇인가 | 다회독에 실패하는 경우 | 제대로 다회독하는 3단계

수학 개념 노트, 연습장, 풀이 노트 사용법 292

수학 개념 노트, 어떻게 정리해야 효과적일까 | 연습장 사용법 | 풀이 노트 활용법

수학 개념 공부의 모든 것 298

수학 기본개념이란 무엇인가 | 수학 유형개념이란 무엇인가 | 수학 심화개념이란 무엇
인가 | 개념 독학하는 법

수험생, 슬럼프에 빠지지 않으려면 307

부정적인 시선이 슬럼프를 만든다 | 슬럼프 극복 1. 규칙적인 생활 | 슬럼프 극복 2. 계
획표 만들기 | 슬럼프 극복 3. 긍정적 무의식 만들기

효율적인 공부 방법 314

효율적으로 암기하는 방법 | 항상 집중하는 법 | 공부 잘하는 학생 따라 하기

💬 **공부 안 하는 사춘기 아이, 원인과 대책** 321

개정교육과정 분석 | 문이과 통합의 시대, 무엇을 준비해야 할까? 326

◆

중학교를 전교 1등으로 졸업하고 지역 내에 공부 잘하는 학생들이 몰리는 고등학교에 진학한 H군. 1학년 때는 전교 1~2등의 성적을 유지했지만 2학년 때 이과를 선택하고 수학 성적이 하락하여, 결국 수능에서 수학 4등급을 받아 의대 진학의 꿈을 이루지 못하고 재수를 하게 됩니다.

◆

O양은 그 지역에서 과학고를 가장 많이 보내기로 유명한 중학교에서 항상 수학 95점 이상을 받던 아이였습니다. 고등학교 진학 후 이과를 선택했는데, 학교 내신에서 4~5등급을 왔다 갔다 하다가, 결국 수능에서 5등급을 받게 됩니다.

◆

중학생 때 수학 100점을 받거나 많이 틀려야 하나 정도 틀리는 우수한 학생이었던 C양. 그런데 특목고에 진학한 후 처음으로 치른 시험에서 7등급을 받고 충격에 휩싸입니다.

남의 일이 아닙니다. 내 아이의 미래일 수도 있죠.
그렇다면 이런 일이 생기는 원인이 무엇일까요?

학년이 올라갈수록
수학 성적이 떨어지는 이유

중학교 때까지 수학을 곧잘 했던 아이가 고등학교 가서 수학을 못하게 되고
결국 '수포자'가 됐다는 말을 주변에서 많이 듣곤 합니다.
실제로 고등학교에 진학한 후,
수학 성적이 많이 떨어지는 경우를 자주 봅니다.

내 아이의 진짜 실력을 모른다

너무 쉬운 수학 시험이 내 아이의 진짜 실력을 가린다

초등학교 수학 시험은 매우 쉽습니다. 학생들 대부분 100점 혹은 90점 이상을 받습니다. 오히려 80점 이하의 점수를 받는 학생을 찾기 힘들 정도입니다. 그래서 부모들은 내 아이가 수학을 잘한다고 착각합니다. 수학 경시학원에서 많은 시간을 투자하며 심화 수학을 하는 학생과, 집에서 교과서만 푸는 학생이 점수가 똑같다는 것은 뭔가 문제가 있는 상황입니다.

중학교의 경우 지역에 따라 시험 문제를 어렵게 내는 중학교도 있지만, 대부분 쉽게 냅니다. 절대평가 방식이기 때문에 A등급(100점 만점 기준 90점 이상)을 많이 만들어서, 특목고나 자사고 입시에서 불이익을 당하지 않도록 하려는 학교 측의 배려(?)라 볼 수 있습니다. 절대평가 방식이기 때문에 가능한 일입니다.

이런 시험의 출제 기조가 고등학교에서도 유지된다면 아무 문제가 없습니다. 그러나 어느 순간 대학 입시 등을 이유로 학생들을 선별할 필요가 생깁니다. 다시 말해 학생들을 성적에 따라 줄을 세워야 한다는 뜻입니다. 그러기 위해서는 변별력 있는 문제를 출제해야 하고, 시험의 난도는 당연히 올라갈 수밖에 없습니다. 난이도가 낮은 학교 수학 시험 성적에 만족하며 수학을 쉽게 공부했던 대부분의 학생들은 발등에 불이 떨어진 듯 그제야 큰 혼란을 느낍니다.

실제로 아이들을 지도해본 경험에 따르면 중학교에서 수학을 90점 이상 받은 학생들이 고1 때 실력에 따라 1~4등급으로 흩어집니다. 기사에 따르면, A등급을 상대평가로 환산하면 백분위 40퍼센트까지 해당되는 학교가 수두룩하다고 합니다. 백분위 40퍼센트를 고등학교 등급으로 환산하면 4등급에 해당됩니다. 중학교에서 수학 A등급을 받았더라도 고등학교에 진학하면 실력에 따라 1등급이 될 수도, 4등급이 될 수도 있다는 뜻이죠. 보통 공부를 잘하는 중학교의 A등급은 고등학교 1~3등급으로, 공부를 못하는 중학교의 A등급은 고등학교 2~4등급으로 흩어집니다.

중등 절대평가 vs 고등 상대평가			
중등 등급		고등 등급	
A등급	90점 이상	1등급	1~4%
		2등급	5~11%
B등급	80~89점	3등급	12~23%
		4등급	24~40%
C등급	70~79점	5등급	41~60%
		6등급	61~77%
D등급	60~69점	7등급	78~89%
		8등급	90~96%
E등급	60점 미만	9등급	97~100%

중학교 때 A등급을 받다가 고등학교에서 4등급을 받은 아이의 부모는 뭐가 문제인지 몰라 혼란에 빠집니다. 사실은 원래 수학을 못했던 아이가 자기 실력에 맞는 점수를 받은 것인데, 현실을 인정하지 않고 '내 아이와 잘 맞는 학원에 보내면 중학생 때처럼 점수가 잘 나올 것'이라는 헛된 희망을 갖고 학원 유랑족이 되어 학원을 옮겨 다니기 바쁩니다.

또한 예전에는 외고를 포함한 특목고에서 학생을 선발할 때 수학 시험을 봤습니다. 때문에 학생들은 많은 시간을 수학에 투자하며 심화능력을 기르고자 노력했고 당연히 학생들의 수학 실력은 올라갔습니다. 비록 특목고에 떨어져 일반고에 진학해도 특목고 입시 준비 과정에서 뛰어난 수학 실력을 가지게 되어 명문대에 합격하는 경우가 많았습니다. 심지어 과학고가 아닌 외고에 입학한 학생들도 수학 실력이 우수하여, 이과 계열 대학을 지원해 어려움 없이 합격하곤 했습니다. 하지만 지금은 특목고 입시에서 수학 시험을 보지 않기 때문에 특목고에 입학해도 수학 실력이 그리 좋지 않습니다. 특히 국제고나 외고 학생들의 경우 정말 형편없는 경우가 많습니다. 그런 학생들이 고등학교에서 변별력 있는 어려운 문제를 접하면 큰 충격에 빠질 수밖에 없습니다. 특목고씩이나 갔으니 스스로 수학을 잘한다고 자신했는데 상대평가의 벽에 부딪치는 거죠.

결론적으로 이렇게 변별력이 떨어지는 초등·중등 시험 때문에 아이들은 수학을 너무 쉽게 공부하고, 부모들은 초등학생 아이가 수학을 잘한다는 착각에 빠지며, 중학교에 올라가서도 그 착각이 어느 정도 유지되는 것입니다. 그러다 고등학교에 진학한 후 내 아이의 수학 성적 백분위와 등급을 매번 확인하면서, 1년에 두 번씩 치르는 전국 단위 혹은 지역 단위 모의고사를 통해서 객관적으로 내 아이의 위치를 알게 됩니다. 원래 수학을 못했던 아이인데, 고등학생이 되어서야 현실을 깨닫게 되는 것이죠.

점점 잘하는 아이들과 경쟁해야 한다

아이가 어떤 학생들과 경쟁하는지도 수학 성적에 영향을 끼칩니다. 결론적으로 말해 아이가 이과를 선택하면 성적은 더 하락하게 됩니다. (2020년 고2부터 문이과 구분이 없어집니다. 문이과 통합의 시대에 필요한 수학 공부 대책은 책 뒤의 별도 문서를 참조해주세요.)

과거를 기준으로 보면 학교에 따라 차이는 있지만, 아이들의 30~40퍼센트는 이과를 선택하고 60~70퍼센트는 문과를 선택했습니다. 문제는 고1 때 1등급, 즉 상위 4퍼센트 안에 들어가는 '수학을 잘하는 아이들'이 고2 때 대부분 이과를 선택한다는 것이죠. 또한 이과 인원이 문과보다 적기 때문에 이과로 진학하면 수학 내신이 1~2등급 하락하게 됩니다.

고3이 되어 수능을 보면 어떻게 될까요? 우수한 재수생들이 들어와 상위권을 차지하고, 수학 성적이 좋지 않아 이과에서 문과로 변경하는 학생들이 빠져나가 수학 성적은 또다시 자연스럽게 1~2등급 하락하게 됩니다.

따라서 초등학교 때 수학 100점, 중학교 때 수학 A등급을 받던 아이가 고1이 되면 평균 3등급 정도의 점수를 받게 되고, 고2가 되어 이과를 선택하면 4등급, 고3 수능 때 5등급을 받는 것이 자연스러운 현상입니다. 수학의 '절대 강자'가 되지 못하면 수능을 치르는 그 순간까지 성적이 계속 하락하는 것이 일반적입니다.

장기적인 안목의 부재

너무 쉬운 수학 시험이 초등·중등 때 객관적인 수학 실력을 파악하지 못하게 방해하고, 쉬운 수학 공부에 길들여진 아이들이 상대 평가를 위한 어려운 시험에 적응하지 못하는 이러한 상황을 부모들이 정확히 알기란 어렵습니다. 그런데 문제는, 학원 원장님이나 선생님들도 이런 현상을 잘 모른다는 것입니다. 초등부 선생님들은 항상 초등학생만 가르치고 중등부 선생님들은 중학생들만 가르치다 보니 장기적인 시야를 가지기 힘듭니다. 지금 이 아이의 진정한 수학 실력, 즉 고등학교 가서도 잘할 수 있는지 여부를 정확히 판단하기 힘듭니다.

이러한 시야는 고3 이과까지 수업을 하는 선생님들만이 가질 수 있습니다. 고3 이과까지 수업을 하는 선생님들은 고1 때 잘했던 학생들도 고3이 되어서 재수생들과 수능에서 경쟁하면 무너지는 현상을 많이 봐왔기 때문에, 진짜 수학을 잘하는 학생들이 어떤 아이들인지 알고 있습니다. 그들의 관점에서는 고1 때 수학 내신 1등급 받았다며 아이가 수학을 잘한다고 자랑하는 부모들이 우습게 느껴질 것입니다.

그러므로 초등학교나 중학교 때 수학 100점 받았다고 '수학 잘한다'라고 말하는 것은 정말 의미 없는 말입니다. 의미가 없다는 것은, 그것으로 수학 실력을 판단하기가 힘들다는 뜻이고, 고3까지 가는 과정에서 너무 많은 변수가 있기에 미래를 예측하기 어렵다는 뜻입니다.

수학의 현실 깨치기

학원이 수학 공부를 방해한다

초등·중등 학원의 양치기 반복학습

초등·중등 수학 학원은 고3까지 바라보는 장기적인 시야를 가지기 힘들기 때문에 초등학생과 중학생을 어떤 방식으로 가르쳐야 수학을 잘 해낼 수 있는지 알지 못합니다. 그리고 현실적으로 알 필요도 없습니다. 초등부는 학생들을 잘 관리해서 중등부로 보내면 되고, 중등부는 학생들 내신 관리만 잘해서 고등부로 올려주면 됩니다.

초등·중등 시절 쉬운 수학 시험 덕에 높은 점수를 받아 한껏 기대에 부푼 학생들을 받은 고등부 학원은 시험을 볼 때마다 원생들의 성적이 하락하고 퇴원을 하는 현상을 고3 때까지 계속 겪게 됩니다. 그래서 초등·중등·고등을 동시에 운영하는 학원들을 보면, 대부분 고등부가 인원이 제일 적습니다. 초등·중등 부모들의 한껏 높아진 눈높이를 고등 단계에서 맞춰주기 힘들기 때문이죠. 그걸 보고 많은 부모들이 초등·중등·고등이 함께 있는 학원을 보내지 말아야 한다, 아이가 고등학생이 되면 고등 전문 학원을 보내야 한다고 착각하는 경우가 있는데, 고등 전문 학원을 보내도 아이의 수학 성적이 안 나오는 것은 마찬가지입니다. 어디를 가든 아이의 수학 실력은 똑같기 때문이죠.

대부분의 초등·중등 수학 학원은 학교 수학 시험이 쉬운데도 불구하고 과도한 내신 대비와 양치기 반복학습, 다시 말해 실력 향상에 도움이 안 되는 반복적 문제풀이로 수학 내신 점수를 만들어내는 데 치중합니다. 또한 쉬운 개념 위주의 빠른 선행으로 부모를 안심시키고 있습니다. 그래서 초등·중등 수학 전문 학원들이 인원이 많고, 퇴원율도 적고, 운영도 잘됩니다. 부모로 하여금 내 아이가 잘하고 있다고 착각하게 만들기 때문입니다.

그러던 아이가 고등학생이 되어 상대평가 시험 방식으로 인해 진짜 성적이 나오면, 부모는 충격을 받습니다. 그런데 내 아이의 실제 수학 실력을 인정하는 대신 "내 아이와 학원이 안 맞는구나!"라고 생각하며 학기마다 학원을 알아보고 옮겨 다니기 바쁩니다. 상대적으로 고등부 수학 학원들이 퇴원율도 높고, 초등·중등 전문 학원보다 대형 학원이 적은 이유이기도 합니다.

스스로 공부하는 능력을 잃어가는 아이들

많은 아이들이 초등학교 때부터 수학 학원에 다니면서 학원에서 커리큘럼 짜주는 대로 공부하고, 사라는 교재를 사고, 내주는 대로 숙제를 하죠. 이걸 계속 반복하면 어떻게 될까요? 자기 학습 계획조차 스스로 짤 줄 모르는 상태가 됩니다. 자기주도적으로 공부를 할 수 없다는 뜻입니다. 왜냐하면 본인 수학 실력과 공부 방식의 문제점을 파악하지 못하기 때문입니다. 메타인지능력이 없는, 즉 내가 뭘 알고 뭘 모르는지 모르는 상태이기 때문에 그저 학원 선생님이 시키는 대로 합니다. 오답(틀린 문제를 다시 풀어보고 정확히 아는 것)하라고 하면 오답을 하고, 문제집 한 권 더 풀라고 하면 더 푸는 식입니다.

문제는 고등 수학부터입니다. 고등 수학은 학습량이 많아서 모든 것을 학원에서 채워줄 수 없습니다. 더군다나 모든 것을 학원에 의존하면 정작 스스로 공부할 시간이 부족해서 성적이 절대 오를 수가 없습니다.

고등 수학부터는 스스로 공부할 수 있는 시간을 확보해야 성적이 나옵니다. 잘하는 아이일수록 학원에 오는 시간을 최소화하고 본인이 스스로 공부하는 시간을 확보하는 것을 볼 수 있습니다. 특목고 등 기숙사 생활을 하는 아이들은 일주일 동안 기숙사에서 스스로 공부하고, 주말에 수학 학원에 와서 모르는 것만 피드백을 받는 방식으로 공부하는 경우도 많습니다.

고등학생이 중학생 때처럼 일주일에 사흘을 투자해 수학 학원에 나와서 많은 숙제를 받고 그게 소화가 안 되면 주말 보충하는 방식으로 공부하면 성적이 나오기 힘듭니다. 특히 지금과 같은 학종(학생부종합전형) 체제에서 그렇게 학원에 많이 다니는 것은 무리입니다. 수행평가 등 생활기록부 챙기기도 바쁜데 학원에 시간을 뺏기니까요. 학종을 챙기지 못하면 수시를 포기해야 하고, 수시를 포기하지 않으려 한다면 수학 이외의 타 과목을 공부할 시간이 부족해서 타 과목 성적이 하락하는 진퇴양난의 상황에 봉착하게 됩니다.

다시 한 번 강조하지만, 학원의 도움으로 성적이 나오는 시기는 초등·중등까지입니다. 고등부터는 반드시 스스로 공부하는 방법을 알아야 합니다. 스스로 공부하는 방법을 알기 위해서는 초등 때부터 스스로 공부하는 경험을 해야 합니다. 각각 초등학생인 제 아이들은 현재 예체능만 학원을 다니며, 주요 과목은 혼자서 공부하고 있습니다. 혼자서 공부하는 방법을 제가 가르쳐줬기 때문에 가능한 일입니다. 물론 수학은 아빠인 저와 같이 하지만, 저의 수업 방식이 스스로 공부하는 학생을 도와주는 방식이라 거의 혼자서 수학 공부를 하고 있다고 봐도 무방합니다.

수학을 제대로 공부하는 방법을 모른다

수학 개념 공부하는 방법을 모른다

수학의 개념이 무엇일까요? 수학의 개념은 크게 정의(약속)와 정리(공식과 성질)로 이루어져 있습니다. 여기에 정의할 수 없는 무정의 용어, 증명할 수 없는 공리라는 것도 있습니다. 이 개념들을 이해하고 암기하여 문제풀이에 적용하는 것이 수학입니다.

초등 수학에서는 기호와 문자를 사용하는 복잡한 개념을 배우지 않습니다. 알아야 하는 개념도 적고 그 내용도 쉽다는 뜻이죠. 따라서 수학 문제를 풀다 보면 자연스럽게 개념을 암기할 수 있습니다.

그러나 중등을 지나 고등으로 갈수록 알아야 하는 개념이 많아지고, 그 과정에서 어려운 용어가 등장하고 복잡해집니다. 특히 대수, 즉 문자를 사용하는 훨씬 복잡한 수학 개념들이 아이 앞에 지뢰처럼 등장합니다. 따라서 개념을 배워서 이해하는 것을 넘어, 의식적으로 암기하는 작업이 꼭 필요합니다.

개념을 암기하는 작업이 없이 초등학교 때 공부했던 방식으로 계속 수학을 공부하면 어떻게 될까요? 조금 지나면 개념을 잊어버리고 진도조차 못 따라갑니다. 물론 독서를 많이 한 학생들은 추상적인 개념을 해석하여 머릿속에 체계적으로 분류해서 저장하는 능력이 탁월하기 때문에, 초등학교 때 공부했던 방식으로 계속 공부해도 자연스럽게 개념을 이해하고 암기할 수도 있습니다. 그러나 대부분의 아이들은 독서를 별로 하지 않아 언어능력이 발달되어 있지 않기 때문에, 의식적으로 영어 단어를 암기하듯이 정의와 정리를 이해했으면 이를 암기하는 작업이 필요합니다. 이때 개념만 달달 암기하지 말고, 개념이 적용되는 필수 예제를 풀이와 함께 보면서 암기해야 합니다. 이런 식으로 개념이 문제 속에 어떻게 녹아나는지 이해하고 암기해야 제대로 개념을 공부했다고 할 수 있습니다. 이 과정을 생략한 채 초등 수학 공부 방식처럼 수동적으로 문제만 풀며 공부하면 중등 수학, 고등 수학으로 갈수록 점점 수학을 어려워하고 공부하기 힘들어합니다.

수학 문제해결력의 부족

아마 대부분의 경우가 이에 해당될 것입니다. 대부분의 아이들은 집에서 공부하든 학원에서 배우든, 자기가 풀 수 있는 수준의 교재로 이해 위주의 반복학습과 빠른 선행학습을 하고 있습니다. 즉, 어려운 문제나 처음 보는 문제를 혼자서 2시간 이상씩 고민하여 기어코 스스로 해결하는 경험을 하기보다는, 엄마에게 물어보거나 학원 선생님에게 질문하거나 해설지를 보거나 인터넷 강의를 보면서 빠른 속도로 해결하는 버릇을 들이기 쉽습니다. 즉 '듣기'와 '보기' 방식으로 수학을 하게 되는 것이죠. 하지만 수학 공부는 '스스로 생각하기'와 직접 연필을 움직여 보는 '쓰기' 방식이 주가 되어야 합니다.

앞에서 예로 들었던 H군의 경우, 중학교 때는 전교 1~2등을 다퉜고 자기주도 학습 습관도 갖추고 있었습니다. 그야말로 엄청나게 빠른 속도로 문제집을 해치웠고, 그 과정에서 질문도 거의 없었죠. H군의 학습량을 따라가기 위해서 엄청난 양의 프린트를 만들어줘야 했습니다. 그런데 고2가 되어 이과에 진학하면서부터 수학 성적이 안 나오기 시작했습니다. 상담을 해보니, 공부를 할 때 항상 해설지를 옆에 펼쳐놓고 눈으로 보면서 공부를 해왔던 것을 알게 됐습니다. 그런 방식은 중학교 때까지는 어떻게 통할 수 있어도, 정말 수학을 잘해야 하는 고등학교에서는 한계에 부딪치게 됩니다.

다른 과목과 달리 수학은 이해하는 것만으로는 실력을 키울 수 없습니다. 이해력이란 미리 존재하는 것(개념이나 문제풀이)에 대한 이해를 뜻합니다. 수학은 개념을 이해하고 암기한 후, 이를 문제에 적용해 풀어나가는 학문입니다. 문제를 풀 때는 문제를 독해하고 분석하는 능력, 배운 개념들을 가지고 어떻게 문제를 풀어나갈지를 설계하는 능력, 주어진 조건들을 보고 추론하는 능력이 필요합니다. 이러한 모든 능력을 저는 문제해결력 혹은 심화능력이라고 부르고 있습니다.

이해력은 문제를 처음 독해하는 과정에만 필요합니다. 독해 이후 문제를 풀어나가는 연습이 따로 필요한 것이죠. 독서를 많이 했거나 타 과목 성적이 우수한 학생들은 이해력이 발달되어 있어서, 아무리 어려운 문제라도 누군가 설명해주거나 해설지를 보게 하면 다 이해합니다. 문제는, 이해는 하나 막상 풀어보라고 하면 못 푼다는 것이죠.

이해 위주로 공부하는 학생들은 힘들 때마다 너무나 쉽게 도움을 받기 때문에 '생각 멈추기'가 습관이 됩니다. 해설지를 옆에 펼쳐놓고 수학 문제를 풀기 시작하는 순간, 조금이라도 어려운 문제가 나오거나 낯선 유형을 접하면 뇌는 그 문제를 해결하려 하지 않고 편하게 '해설지 찬스'를 쓰려 할 것입니다.

집에서 아이들이 수학 문제 푸는 것을 가만히 관찰해보세요. 대부분 학원에서 과도하게 많이 내준 숙제를 대충 끝내려고 빨리 풀고, 못 푸는 문제는 스스로 풀어보려고 애쓰는 대신 학원에서 질문하려고 별표를 쳐두거나 해설지를 읽고 해결하는 모습을 확인하게 될 것입니다. 아무리 많은 숙제라도 1~2시간이면 해결하는 신공(?)을 발휘하죠. 이처럼 조금 생각하고 모르는 것은 질문하거나 해설지를 보는 습관은 대개 초등학교 때부터 길러집니다. 이 버릇을 잡지 않으면, 절대 수학을 잘할 수 없습니다. 문제를 많이 푼다고 해서 수학 실력이 늘지 않습니다. 적은 문제라도 모든 문제를 자기 스스로 고민해서 해결하는 경험을 쌓아야 실력이 늘어납니다.

여기에 덧붙여 부모들은 우리 아이가 남들보다 뒤처질까 봐 학원에 빠른 선행을 요구하게 되고, 아이는 고등학교 올라갈 때까지 제대로 된 심화학습을 경험하지 못하는 경우가 많습니다. 제대로 된 심화란, 대부분의 어려운 문제를 시간이 오래 걸리더라도 자기 스스로 해결하는 것입니다. 한두 문제를 놓고 2시간씩 고민해 기어코 풀어내는 경험입니다. 그러려면 부모는 기다려줘야 되고, 학원 선생님은 대신 문제를 해결해주면 안 됩니다. 당연히 선행이나 진도는 늦을 수 있고, 반복이나 복습도 적을 수 있습니다. 그러나 아이가 일단 제대로 된 문제해결력만 갖추게 되면, 빠른 선행이나 많은 복습이 의미가 없다는 사실을 알게 될 것입니다.

학습량 균형 조절의 실패

이것은 초중고 수학의 전 과정을 꿰뚫어 보는 통찰력의 부족에서 오기도 하고, 고3까지 생각하는 장기적인 관점보다는 당장의 학원생 퇴원을 막는 데 급급한 학원 때문에 생기기도 합니다.

초등에서 중등, 중등에서 고등으로 갈수록 수학이 어려워지고 학습량이 많아집니다. 더불어 학교 시험의 중요성도 초등보다 중등, 중등보다 고등이 훨씬 큽니다. 더군다나 고등 내신의 경우 대학 입시에 직접 영향을 끼칩니다. 그리고 우리나라 수학 교육 방식은 나선형 방식으로 되어 있습니다. 즉, 초등 5학년 1학기 때 배우는 내용과 비슷한 내용이 초등 6학년 1학기 때 반복되며, 초등 때 배웠던 내용은 중1 때 반복 심화되고, 중등 과정은 고1 때 반복 심화되는 형태입니다. 따라서 심하게 수학을 못하는 경우가 아니라면, 초등보다는 중등·고등으로 갈수록 학습량이 많아지는 형태로 학습 계획을 짜야 합니다. 특히 고2 과정부터는 수능에 직접 출제되는 내용이라 고1보다는 고2, 고3 과정을 더 많이 복습할 수 있는 형태로 학습 계획을 짜야 하죠.

가장 바람직한 학습 계획은 중상위권 학생을 예로 들었을 때 다음과 같습니다. 초등 각 학년은 2권 구조(개념교재 1권+심화교재 1권)가 적당합니다. 자율학기제 때문에 시험을 안 치르는 중1 과정은 3권 구조(개념교재 1권+유형교재 1권+심화교재 1권)가 적당하며, 내신 시험을 치르는 중2·중3 과정은 4~5권 구조(개념교재 1권+유형교재 1~2권+심화교재 1~2권)가 적당합니다. 고등 수학부터는 양도 많아지고 난도도 높아지며 내신 등급도 중요하기 때문에, 고1 과정은 6권 구조(개념교재

2권+유형교재 2권+심화교재 2권)가 바람직합니다. 고2부터는 앞서 언급했듯이 대학 입시에 직접 연계되는 과정이라 고1 과정보다 더욱 많은 학습을 해야 하죠.

그러나 현실은 정반대입니다. 초등 과정은 고등 과정의 관점에서 봤을 때 매우 쉽고 비중이 크지 않은 과정임에도 불구하고, 엄마표 수학이든 학원 수업이든 4~5권 구조(개념교재 1권+유형교재 1~2권+심화교재 1~2권)의 학습을 진행합니다.

중등 과정부터는 엄마표 수학이 불가능하기 때문에 대부분 학원을 보내는데, 학원에서는 퇴원율을 줄이기 위해 다음과 같은 전략을 씁니다. 첫 번째는 쉬운 교재 위주로 빠르게 선행을 나감으로써 뭔가 학생이 발전되고 있다는 것을 보여주는 방법이고, 두 번째는 과도한 내신 대비를 통해 안정적 내신 점수를 확보해서 학원을 그만두지 않고 계속 다니게 만드는 방법입니다.

물론 중학교 내신 점수도 잘 받는 게 중요합니다. 하지만 내신 대비에 필요한 노력을 100이라 할 때, 중학교 때는 시간이 많아 200~300의 노력을 쏟는다면 고등학교 때는 오히려 시간이 부족하여 50~70 정도밖에 투자를 못하는 상황입니다. 당연히 고등학교 성적이 좋을 리가 없겠죠. 중학교 내신보다 고등학교 내신이 대학 입시에 직접적으로 영향을 주고 중요하므로, 중학교 내신 대비 기간은 절반으로 줄이고 고등학교 내신 대비 기간은 2배로 늘릴 수 있는 학습 설계가 필요합니다. 예를 들어 중학교 때 내신 대비 기간을 1개월로 했으면 2주로 줄이고, 추가로 얻은 2주를 선행에 투자해 고등 과정 내신 대비에 대한 부담을 줄이는 것입니다.

선행학습 설계 역시 대부분 불균형적으로 이루어지고 있습니다. 능력이 안 되는 아이에게 선행을 강요하는 것도 문제지만, 능력이 되는 아이에게 맞지 않는 전략을 짜주는 것도 문제입니다. 예를 들어 심화를 충분히 하여 선행을 나갈 능력이 있는 중학생을 두고, 대부분의 학원은 고1 과정만 죽어라 반복하며 고2 과정은 거의 나가지 않습니다. 그렇게 되면 고1 과정까지는 선행 덕에 점수를 잘 받아도 고2부터는 성적이 떨어질 가능성이 있습니다. 이는 중등 학원들의 좁은 시야 때문이기도 하지만, 중등 수학 선생님들이 대부분 고1 과정밖에 강의를 하지 못하는 이유도 한몫합니다. 고등학교에 올라오면 내신 대비와 수행 준비로 선행을 한 시간이 절대적으로 부족합니다. 따라서 고1 과정 심화를 일곱 번 돌릴 능력이 있는 아이라면, 이를 고1 과정과 고2 과정으로 분배해서 선행을 나가야 합니다. 앞서 이야기했듯이 고1보다는 고2, 고3 과정을 더 많이 공부하는 방향으로 학습 계획을 짜야 하기 때문입니다.

기초가 부족하여 수학을 너무 못하는 경우가 아니라면, 고3까지 가는 장기적인 시야를 가지고 아이의 능력에 따른 균형 잡힌 학습 계획을 세워야 고등 수학을 잘할 수 있음을 명심해야 합니다.

언어능력의 부족

언어능력은 보통 좋아하고 재미있는 책을 몰입해서 읽을 때, 인과관계를 파악하는 이해력이나 추론능력 등이 발달되어 생깁니다. 가끔 공부를 아주 많이 하거나, 바둑 같은 복잡한 무언가를 매우 열심히 할 경우에도 생겨납니다.

언어능력이 또래보다 2년 이상 높은 경우 수학 선행능력과 심화능력이 모두 뛰어나며, 언어능력이 또래 학년보다 1년 이상 높아도 수학 선행능력이 뛰어납니다. 그런데 언어능력이 또래 평균이거나 그것보다 떨어지는 경우는 수학 선행능력이 떨어져서, 특히 초등 때 중등 과정을 선행하는 경우나 중등 때 고등 과정을 선행하는 경우 매우 어려움을 겪습니다.

언어능력의 부족이 가장 문제가 되는 시기는 개념과 용어, 내용이 갑자기 많아지는 중1 과정이나 고1 과정을 진행할 때입니다. 이때 수포자의 길로 들어서는 학생이 많이 생깁니다. 언어능력이 떨어지면 내용을 체계화하고 분류해서 머릿속에 집어넣는 능력이 떨어지므로 수학 공부에 어려움을 겪게 됩니다. 또한 문장제 문제(서술형 문제) 해석을 어려워하고, 배워도 빨리 잊어버리는 특징이 있습니다. 배워도 빨리 잊어버리는 문제는 여러 번 이해와 암기를 반복해야 극복할 수 있습니다.

수학을 어렸을 때부터 좋아했거나 수학만 열심히 한 학생들의 경우 언어능력이 떨어져도 수학을 잘하지만, 공통적으로 국어를 못하고 다른 과목들도 수학만큼은 잘하지 못하게 되어 대학 입시에 성공하지 못하는 경우가 많습니다.

언어능력이 높은 경우 수학 문제해결력을 형성하는 것이 매우 수월합니다. 초등 시절 언어능력이 높아서 머리가 좋아 보이거나 이해력이 좋은 학생은 반드시 문제해결력을 기르는 연습을 시켜야 합니다.

아이의 언어능력을 기르려면 어떻게 해야 할까요? 유아 시기부터 부모가 헌신적으로 노력해 초등 저학년까지 독서 습관을 잡아야 합니다. 독서 습관이 생겨서 책을 알아서 읽고 독서량이 많아지면 언어능력은 자동으로 또래 아이들보다 2년 이상 높아지니, 아직 아이가 어리다면 독서 습관을 만드는 데 모든 에너지를 쏟기를 추천합니다. 단, 독서 토론 학원을 오래 보낸다고 해서 언어능력이 탁월하게 높아지지는 않음을 명심하시기 바랍니다.

주의할 점은, 언어능력이 높다고 수학 문제해결력이 자연스럽게 높아지지는 않는다는 것입니다. 문제해결력을 기르는 것은 별도의 연습이 필요합니다. 그렇지 않으면 언어능력이 높아서 갖추게 된 뛰어난 이해력으로 개념 선행은 잘 해낼 수 있으나 수학은 여전히 못할 수도 있습니다. 문제해결력을 기르는 법은 수학 공부의 핵심이라 할 수 있으므로, 다음 2장부터 시작해 앞으로 책의 전반에 걸쳐 계속 설명하겠습니다.

내 아이, 지금 수준으로 고등학교 가면 몇 등급을 받을까?

초등·중등 부모를 상담해보면 "아이가 지금은 수학을 잘하는데, 고등학교에 가서도 수학을 잘할 수 있을까요?"라는 질문을 하는 분들이 있습니다. 초등학교와 중학교에서 보는 학교 시험이 수학 실력을 판단할 수 있는 기준이 되지 못한다는 사실은 알지만, 아이의 실제 수학 실력을 파악하는 방법을 모르기 때문에 이러한 질문을 하는 것이지요.

그렇다면 아이가 고등학생이 되어 수학을 잘할 수 있을지를 판단하는 기준은 없을까요?

가장 쉬운 방법은 한국수학인증시험(KMC)이나 학력경시대회(구 성대경시대회) 등 공신력 있는 전국 단위 경시대회에 응시하는 것입니다. 아이의 수준을 정확하게 알 수 있습니다. 대부분 하위 50퍼센트 안에 들 겁니다. 심지어 최상위교재 등으로 심화학습을 한 학생도 점수가 형편없을 가능성이 큽니다. 그것이 초등 시험에서 항상 100점을 받아오는 객관적인 내 아이의 수학 실력이고, 고등학교 가서 충격받을 내 아이의 위치라고 느끼면 됩니다.

또 다른 방법은 학생들이 소화할 수 있는 수학 교재를 가지고 판단하는 것입니다. 여기서 이야기하는 판단 기준은 지역, 학교 수준, 학생의 환경 및 학습능력, 언어능력의 차이에 따라 편차가 존재할 수는 있습니다.

| 초등 |

《디딤돌 기본》이나 《디딤돌 응용》 정도는 혼자서 개념 정리를 하고 풀어
낼 수 있으며 《디딤돌 최상위》 정답률이 80~90퍼센트 정도 되는 학생은
고등학교에서 1~2등급 정도 받는다고 생각하면 됩니다. 특히 《디딤돌 최
상위》 정답률이 90퍼센트 이상에 문제집 가장 뒤에 등장하는 '하이레벨'
도 1~2개 틀리고 오답을 통해 스스로 풀어내거나, 간단한 힌트만으로 해
결하는 학생들은 고등학교에서 안정적으로 1등급을 받을 가능성이 높습
니다. 여기에 수학 경시대회 준비도 하는 학생들은 흔들리지 않고 1등급을
받을 수 있습니다.

《디딤돌 기본》이나 《디딤돌 응용》은 무난하게 혼자서 해내지만, 《디딤돌
최상위S》까지만 소화하는 학생들은 고등 성적으로 2~3등급을 예상할 수
있습니다. 아예 심화문제집을 건드리지 못하는 학생들은 3~4등급 정도의
성적을 받게 됩니다. 마지막으로, 개념교재도 버거워하며 연산교재까지
병행해야 하는 학생들은 5~9등급 성적이라고 보면 됩니다.

소화 가능한 문제집	예상 등급
《디딤돌 기본》《디딤돌 응용》《디딤돌 최상위》	1~2등급
《디딤돌 기본》《디딤돌 응용》《디딤돌 최상위S》	2~3등급
《디딤돌 기본》《디딤돌 응용》	3~4등급
《디딤돌 기본》 및 연산교재	5~9등급

| 중등 |

첫 개념교재로 《쎈수학》을 시작하고 A∼B단계를 소화한 후 C단계까지 무난하게 푸는 학생의 경우 이후 《일품》, 《최고득점》, 《최상위수학》, 《블랙라벨》, 《A급》까지 심화문제집을 거침없이 풀어냅니다. 이런 학생들이 안정적으로 1등급을 받습니다. 여기에 이과 쪽 특목고를 준비하며 경시대회까지 준비했던 학생들은 특목고나 자율형 사립고를 진학해서도 수학 상위권을 유지할 수 있습니다.

일반고에서 2등급을 받을 수 있는 마지막 커트라인 교재는 《일품》과 《최고득점》입니다. 이 정도의 교재를 제대로 소화한 학생들이 고등학교 수준에 따라 1∼2등급을 받는다고 생각하시면 됩니다. 또한 《쎈수학》 C단계까지 소화한 학생들이 2∼3등급, 《쎈수학》 B단계까지 소화한 학생들은 3∼4등급 정도 받는다고 예상할 수 있습니다.

물론 지역과 고등학교 수준에 따라 다를 수 있습니다. 시험 문제가 쉬

소화 가능한 문제집	예상 등급
《최상위수학》《블랙라벨》《A급》	1등급
《최고득점》《최상위수학》《블랙라벨》	1∼2등급
《쎈수학》《일품》《최고득점》	2∼3등급
《쎈수학》(B단계까지 소화)	3∼4등급
《라이트쎈》《알피엠》	3∼5등급

운 중학교의 경우, 교과서나 《라이트쎈》,《알피엠》 정도의 교재만 풀어도 90~100점대의 점수를 받습니다. 그러나 이 정도 학습량을 가지고 고등학교를 가게 되면 학교 수준에 따라 3~5등급 정도의 성적을 받을 가능성이 큽니다.

마지막으로, 고등학교 입학하기 직전 중학교 때 진행한 고등 선행교재로 아이의 수학 실력을 판단하는 기준은 다음과 같습니다.

시작교재	복습교재	예상 등급
《기본 정석》《쎈수학》	《실력 정석》《블랙라벨》	1등급
《개념원리》《알피엠》	《기본 정석》《쎈수학》	1~2등급
《개념원리》《알피엠》	《기본 정석》 또는 《쎈수학》	2~3등급
《개념원리》《라이트쎈》	《알피엠》	3~5등급
《개념쎈》 및 연산교재	《라이트쎈》	4~9등급

다시 말씀드리지만, 지금까지 열거한 기준들은 절대적인 것이 아니며 하나의 예시 정도로만 생각하시기 바랍니다.

◆

P양은 초등학생 때 과학고·영재고 전문 학원에 입학하여 6학년 때부터 《기본 정석》으로 고1 과정을 나갔으나 과학고·영재고에 진학하지 못하고 외고에 진학하게 됩니다.

외고 수업에서 주교재가 선행 때 이미 배웠던 《기본 정석》이었는데도 P양은 항상 수학에 어려움을 느꼈고 내신 등급은 5~6등급을 벗어나지 못했습니다.

수학 때문에 이과도 아닌 문과를 선택했지만, 그럼에도 불구하고 결국 수능에 실패하여 재수하게 됩니다.

초등학생 때 날고 기던 우수한 학생이 왜 이렇게 됐을까요?

2

올바른 수학 공부가
수학 성적을 결정한다

수학 공부를 제대로 이해해야
수학을 잘한다

수학 공부의 본질은 무엇인가

수학은 주어진 명령을 이해하고, 하라는 대로 하는 학문입니다.

수학은 정의와 정리로 구성되어 있습니다. 정의는 쉬운 말로 약속입니다. "A는 B다."의 꼴로 표현합니다. '이름 붙이기', '선언하기'와 비슷하죠. 평행사변형을 예로 들면, "마주 보는 두 변이 평행한 사각형을 '평행사변형'이라고 부르겠다."라는 식으로 선언하는 것이 정의입니다.

정의할 수 없는 '무정의 용어'도 있습니다. "A는 A다."의 형태로 표현되는 것들입니다. 대표적인 무정의 용어가 "점은 점이다."입니다. 어떤 용어를 정의하려면 또 다른 용어가 필요합니다. 가령 평행사변형이라는 용어를 정의하기 위해 '변', '평행', '사각형'이라는 용어를 사용했습니다. 그렇다면 '변', '평행', '사각형'이라는 용어가 의미하는 바는 무엇일까요? 이 용어들에 대한 정의가 필요합니다. 이런 식으로 계속 용어들을 정의하다 보면, 더 이상 다른 용어로 설명할 수 없는 '최초의 용어'가 생깁니다. 이것을 무정의 용어라고 합니다.

정의가 있으면, 정의로부터 나오는 정리(공식 또는 성질이라고도 부릅니다)가 있습니다. 예를 들어 평행사변형의 정의로부터 파생되는 '평행사변형의 정리(성질)'는 '평행사변형에서 두 대각선은 서로 다른 대각선을 이등분한다', '두 쌍의 대변의 길이는 각각 같다', '두 쌍의 대각의 크기가 각각 같다' 등입니다. 정리는 참인 명제이기에 '증명'이 필요합니다. 증명이란 그 명제가 참임을 설명하는 것으로, 정리를 배우면 이 정리가 왜 참인지(성립하는지)를 알기 위해 증명을 배우게 됩니다. 정리를 증명하기 위해 또 다른 '정리'를 사용하기도 합니다. 이것을 '보조 정리'라고 합니다. 증명된 정리로부터 파생되는 정리를 '따름 정리'라고 합니다. 정리 중에서 증명 없이 참으로 받아들이는 정리를 '공리'라고 합니다.

이러한 정의와 정리는 이해의 대상을 넘어 암기의 대상입니다. 대학에서 수학을 전공한 사람은 수학이 암기 과목이라는 것을 이해합니다. 대학교 수학과에서는 이런 무수히 많은 정의와 정리를 이해하고 암기해서, 그것들을 가지고 문제들을 풀어나가는 법을 배웁니다. 비유하자면 내가 하나의 컴퓨터가 되어서 주어진 프로그램(정의와 정리)의 명령어대로 입력값(문제)들을 해석해서 풀어나가는 것입니다. 따라서 수학을 전공해보면, 주어진 조건들과 배운 내용(정의와 정리)들을 이용해서 문제를 해결하는 과정이 수학이라는 것을 이해하게 됩니다. 이는 초중고 수학도 마찬가지입니다.

이런 수학 구조에 맞춰서 대학 교수님들이 수능을 출제합니다. 킬러 문제라고 일컬어지는 30번 문항도 전혀 새로운 내용의 문제가 아닙니다. 기존에 배웠던 정의와 정리를 이용하고, 새롭게 주어진 조건과 정의된 함수를 분석해서, 문제에서 하라는 대로 하다 보면 풀 수 있는 문제입니다.

수학을 올바르게 공부하면 시간이 많이 걸린다!

올바른 수학 공부란, 스스로 개념을 읽고 그 의미를 파악한 후 이를 문제에 적용해 풀어나가는 것을 뜻합니다.

사실 고등학교 수학 정도까지는 혼자서 개념을 읽고 공부할 수 있는 수준입니다. 개념을 읽고 개념의 의미를 파악한다는 것은, 머릿속에서 하나하나 그 의미를 따져보면서 이해하는 능동적인 과정입니다. 그런데 많은 아이들이 주로 학원이나 인터넷 강의를 통해 개념을 공부하고 있죠. 이렇게 공부하면 이해하는 과정이 훨씬 쉽고 개념을 체계적으로 정리할 수 있으며 속도도 빠릅니다. 하지만 이는 수동적인 과정이라 배웠던 개념을 금방 잊어버리게 됩니다. 그리고 새로운 유형의 문제를 접할 때마다 누군가에게 도움을 받아야만 해결할 수 있는 상태가 됩니다.

그에 반해 처음 보는 개념을 스스로 이해하려고 노력하면 시간도 오래 걸리고 효율성도 떨어질 수 있지만, 나중에 낯선 문제를 풀거나 새롭게 정의된 함수를 이용하는 킬러형 고난도 문제를 풀 때 꼭 필요한 문제해석능력을 키워줍니다. 힘든 역경을 겪어봐야 더 강해지듯이, 수학도 힘들고 어렵게 공부해야 탄탄한 수학 실력을 키울 수 있습니다.

스스로 개념을 읽고 이해했다면, 이제 문제를 풀 차례입니다. 문제를 풀다가 막히면 가장 먼저 해야 할 일은 개념을 다시 확인하는 것입니다. 문제를 풀어가는 데 필요한 개념을 놓쳤거나 잊어버리지는 않는지 확인하기도 하고, 혹은 개념을 찬찬히 훑어보면서 어떤 개념을 가져다 써야 이 문제를 해결할 수 있는지 파악해야 합니다. 그런 다음 다시 문제를 풀어봅니다. 그래도 문제가 안 풀리면, 이전에 풀었던 문제 중에 이 문제와 유사한 유형의 문제를 찾아봅니다. 그 문제의 풀이를 확인하고, 다시 한 번 이 문제를 풀어봅니다.

보통 수학의 개념은 추상적인 언어로 표현되어 있기 때문에 머리에도 잘 안 들어오고 쉽게 외울 수도 없습니다. 문제를 풀어가며 문제 속에서 개념이 어떻게 쓰이는지를 확인해야 개념 정리가 됩니다. 즉, 개념 정리는 문제 푸는 행위에 의해 완성됩니다.

여기까지 공부해서 개념 정리를 하고 개념교재에 있는 기본문제를 다 풀었다면, 이제 심화문제를 풀 차례입니다. 심화문제는 기본 개념이 잡힌 후에 푸는 문제이기 때문에, 오랫동안 고민하며 이것도 해보고 저것도 해보면서 풀어야 합니다. 끝까지 고민하다가 잘 모를 때는 힌트를 받습니다. 이 모든 과정은 최대한 자기주도적이어야 합니다.

이렇게 수학을 올바르게 공부하면 시간이 오래 걸릴 수밖에 없고, 그게 정상입니다. 여기서 이야기하는 방식은 제가 실제 수업에서 학생들을 지도하는 방식입니다. 학생이 심화문제를 풀다가 모르겠다고 질문을 하면, 일단 문제를 다시 읽어보고 다시 풀라고 돌려보냅니다. 역시 모르겠다며 다시 찾아오면, 비슷한 유형이나 개념을 찾아주고 그 부분을 복습하고 다시 풀어보라고 시킵니다. 그래도 모르겠다고 했을 때 비로소 힌트를 주고 다시 풀어보라고 합니다. 힌트는 단계별로 2~3개 정도 주고, 그래도 모르면 가르쳐줍니다. 이 방식대로 초등학생들에게 최상위 심화교재를 풀게 하면 1시간에 4~6문제 정도 해결합니다. 이렇게 최대한 학생들이 고민하게 만들어주는 것이 올바른 방식입니다.

등원을 못하거나 기타 이유로 오답이 많이 쌓여 있는 아이들의 경우 앞에서 이야기한 방식대로 오답을 시키면 어떻게 될까요? 수업은 수업대로 진행하면서 숙제는 숙제대로 계속 내주기 때문에 오답이 줄어들지 않은 채 점점 늘어나서 감당하기 힘든 상태가 되기도 합니다. 이럴 때는 어쩔 수 없이 다른 학원 수업 방식이나 과외 선생님같이 모르는 것들을 그냥 설명해줍니다. 최상위 심화교재도 빠르게 진행하면 1시간에 16~18문제 정도 풀어줄 수 있습니다. 최상위 기준 3~4단원 분량의 오답이 해결되는 셈입니다. 이렇게 풀어주고 다시 오답 노트에 정리하라고 숙제를 내줍니다. 그러나 이런 방식은 학생 스스로 푸는 것이 아니라 설명을 듣는 것이기 때문에, 진도는 빨리 나갈 수 있어도 문제해결력을 높이지 못하고 이해력만 향상시킵니다. 더욱이 귀로 듣는 방식이라 금방 잊어버리게 되어, 그 순간에만 들었고 알았고 이해했다는 만족감을 줄 뿐입니다. 이런 경우 일주일만 지나도 백지 상태가 되어 오답했던 문제들을 전혀 못 풀곤 합니다.

결론적으로 진짜 수학 공부를 하기 위해서는 올바른 방식으로 공부해야 하고, 이는 속도가 오래 걸릴 수밖에 없지만 그게 정상입니다. 주변에 진도 빠르고 선행 많이 나가는 아이들을 부러워할 필요가 전혀 없는 이유입니다.

초등부터 반드시
들여야 하는 수학 습관

좋은 습관은 어릴수록 들이기 좋다

고2 때 저희 학원에 온 학생이 있었습니다. 이 학생은 학원에 오기 전에 공부방에 다녔는데, 토요일이면 아침 9시부터 밤 10시까지 학생들을 붙잡아두고, 대여섯 권의 문제집을 풀게 하는 곳이었다고 합니다. 문제집은 난이도가 고만고만하고 심화문제집은 없었습니다. 하루 종일 많은 양의 문제를 반복적으로 풀었고, 집에 빨리 가기 위해서는 대여섯 권의 문제집을 다 풀어야만 했습니다. 이 학생은 집에 빨리 가기 위해서 문제집의 문제를 대충 풀고, 채점 받고, 틀리면 다시 고치는 행위를 반복하며 날림으로 문제집을 푸는 습관이 들었습니다. 그로 인해 시험을 볼 때마다 계산 실수나 문제 오독, 집중력 저하 문제 때문에 50~60점대를 받곤 했습니다.

이 학생의 나쁜 습관을 교정하는 데 1년이 걸렸습니다. 천천히 집중해서 문제 푸는 습관, 정성들여 푸는 습관, 연습장에 식을 써서 정리해서 푸는 습관, 모르는 문제는 오랫동안 고민해서 푸는 습관 등을 만들기까지 매우 힘들었습니다. 다행히 이 학생은 자신의 나쁜 습관을 교정하고자 하는 의지가 있었고 머리도 좋은 학생이라 1년 정도 고생해서 나쁜 습관을 고치니 이과에서 수학 성적이 4~5등급에서 2등급까지 오르게 되었습니다.

수학을 잘하기 위해서는 초등 시절부터 올바른 습관을 가져야 합니다. 가수 박진영이 오디션 프로그램에서 항상 강조하는 게, 나쁜 습관이 없어야 한다는 것입니다. 차라리 아무것도 없는 순수한 백지 상태가 올바른 습관을 만들어가는 데 더 수월합니다. 학생들을 지도하다 보면 엄마표 수학이나 다른 학원에서 안 좋은 습관이 몸에 배서 오는 경우가 있습니다. 중학생만 돼도 교정하기 힘들고, 고등학생 때부터는 교정이 거의 불가능합니다. 처음 수학을 하는 초등 순간부터 올바른 습관을 만들어야 하는 이유입니다.

다음의 다섯 가지 '수학 잘하는 습관'은 초등 때 반드시 익혀야 하는 것들입니다. 이 책의 내용은 이 다섯 가지 습관을 기르기 위한 방법론이라고 해도 과언이 아닙니다.

수학 잘하는 습관 1 | 자기주도성

학생들을 가르쳐보면, 쉬운 개념교재든 어려운 심화교재든 자기주도적으로 풀려고 하는 학생들이 있습니다. 수업시간 내내 혼자서 끙끙대며 문제를 풀고, 한 문제를 가지고 20분 이상 고민하는 것은 기본이며, 가끔 질문을 하더라도 설명을 듣는 중간에 본인이 풀 수 있을 것 같으면 끝까지 설명을 듣지 않고 나머지는 자기가 풀어보겠다며 스스로 푸는 학생들이 있습니다. 이런 습관을 가진 학생들은 현재 쉬운 개념교재를 풀고 있든 어려운 심화교재를 풀고 있든 앞으로 수학을 잘 해낼 것입니다.

반면에 초등 저학년 때부터 엄마표 수학으로 나쁜 습관이 생긴 아이들이 있습니다. 엄마가 옆에 붙어서 과외 선생님같이 문제를 읽어주고, 어떤 의미인지 설명해주며, 아이가 푸는 과정을 지켜보며, 틀릴 때마다 교정해주고, 모르면 바로 가르쳐줍니다. 이런 아이들은 나중에 학년이 올라가도 똑같은 방식으로 공부하게 됩니다. 엄마가 소화하지 못하면 과외 선생님이 그 역할을 대신하는 것이죠. 나중에 고등학생이 되어 혼자 공부를 하게 되면 해설지가 과외 선생님을 대체합니다. 이렇게 누군가 옆에 붙어 미주알고주알 가르쳐주는 방식으로 공부한 학생들은 조금만 모르면 질문하거나 해설지를 펼쳐놓고 공부하기 때문에 절대로 수학 성적이 오르지 않습니다. 유일하게 수학 성적을 올릴 수 있는 방법은 복습과 오답으로 문제를 암기하는 방법밖에 없습니다.

아주 미묘한 부분부터 섬세하게 습관을 만들어주세요. 예를 들어 가급적 2~3시간의 약속된 수학 공부가 다 끝난 후 채점을 하는 것이 좋습니다. 틀린 것은 다음 날 수학 공부시간에 고치게 하면 됩니다. 문제해결력을 망치는 지름길은 모를 때마다 '바로 질문하기'와 '바로 해설 보기'고, 그 다음 안 좋은 것은 '조금만 풀고 채점하기'입니다. 채점도 긴 호흡으로 해야 아이들의 집중력과 문제해결력이 상승합니다.

수학 잘하는 습관 2 | 내 언어로 정리하는 습관

수학 공부를 하면서 따로 노트에 개념 정리를 하는 학생들이 많습니다. 그런데 그 개념 정리가 개념교재나 교과서에 있는 것을 그대로 베끼거나, 엄마나 학원 선생님이 정리해주는 개념을 쓰는 경우가 대부분입니다. 그것보다는 아이 스스로 정리하게 유도하는 것이 바람직합니다.

수학 개념을 자기만의 언어로 정리하여, 개념들의 순서를 본인이 이해하기 편한 방식으로 재배열해서 정리하는 학생들이 있습니다. 제가 수업시간에 개념을 정리해주면, 제가 가르쳐준 개념과 개념교재에 있는 개념 그리고 개념을 이해하는 데 도움이 되는 필수 예제 등을 인과관계에 맞춰서 노트에 정리합니다. 너무 정리를 잘하는 학생의 개념 노트를 보면 가끔은 제 강의 노트로 쓰고 싶을 정도입니다. 이 아이들은 메타인지능력이 뛰어난 학생들입니다. 본인이 '개념을 아는 느낌', '머릿속에 정리된 느낌'이 무엇인지 알기 때문에, 노트에 정리해서 그대로 머릿속에 집어넣으려고 하는 것입니다.

이런 학생들은 개념뿐만 아니라 모르는 문제들도 잘 정리합니다. 질문을 할 때도 한 번에 여러 문제를 질문하지 않고, 2~3문제만 질문한 후 정리할 시간을 달라고 한 다음 그 문제를 본인이 다시 풀어보거나 틀린 문제의 풀이를 정리합니다. 자기만의 언어로 틀린 문제를 노트에 정리하고, 정리 과정에서 잘 이해가 안 되는 부분은 다시 질문을 하기도 합니다. 이 정리 과정이 끝난 후 본인의 메타인지에서 '머릿속에 잘 정리가 됐다'라는 신호가 와야 그 다음 문제들에 대해 질문합니다. 역시 질문은 한 번에 2~3문제를 넘지 않으며, 질문이 끝나면 바로 정리 작업에 들어갑니다.

수학 잘하는 습관 3 | 역질문

대부분의 학생들은 설명을 해주면 그냥 고개를 끄덕이고 받아들이기 바쁩니다. "이해되니?"라고 물어보면 이해된다고 대답하죠.

그런데 가끔 질문을 해서 설명을 해주면 역질문을 하는 학생이 있습니다. 제가 문제를 풀어주면 그 풀이를 보면서, 머릿속에서 같이 풀어가고 계산하고 논리를 따라갑니다. 그러다가 잘 이해가 안 가거나, 본인의 논리와 차이 나는 지점이 있으면 바로 역질문을 합니다. "이 부분은 이렇게 접근하는 것 말고, 다른 방법도 있지 않을까요? 저는 이 부분을 좀 다른 방식으로 생각했거든요. 제 풀이는 뭐가 잘못된 거죠?" 혹은 제가 특수한 해법으로 풀어주면 일반적인 해법을 요구하는 경우도 있습니다. 가령 초등 수학의 규칙성 문제를 '수의 배열에서 규칙성 찾기'를 가지고 풀어주면, 이런 문제를 해결하는 일반적인 해법(고2 수1 과정의 수열)을 요구하는 초등학생도 있습니다. 주로 독서를 많이 했거나 독서 토론 학원에 오래 다닌 학생, 평소 자기 주장이 분명한 학생, 수학뿐만이 아니라 일상에서도 자기만의 논리가 명확한 아이들이 이렇게 역질문을 하곤 합니다. 이런 역질문을 하는 학생들은 스스로 생각하고, 문제를 풀어가는 자기만의 논리에 대한 자신감을 가지고 있기 때문에, 앞으로 수학을 잘 해낼 수 있을 겁니다.

역질문을 하는 것도 습관이고 방법입니다. 수학 문제에 대해 호기심을 가지고, '이 설명이 충분한가? 내가 이해 안 되는 부분은 없나?' 하고 계속 스스로를 되짚어보며 역질문을 하는 습관을 기르면 좋습니다.

오랫동안 앉아 있을 수 있고 많은 학습량을 소화해내는 성실한 학생들이 있습니다. 숙제를 아주 많이 내줘도 밤을 새서 기어코 해옵니다. 마치 불도저처럼 산더미 같은 학습량을 소화해냅니다. 이런 학생들은 이과를 가도 수학을 잘하게 됩니다. 이과의 경우 특히 학습량이 많기 때문에 이런 성실한 태도는 이과 수학을 잘하기 위한 필수조건입니다.

제 제자들 중에 밤을 새며 새벽까지 수학 숙제를 하다가 쓰러지는 바람에 병원 응급실에 실려가서 링거액을 맞은 P군과 J군이 있습니다. 결국 둘 다 수리논술 전형으로 한양대 다이아몬드 세븐 학과에 입학했습니다. 한양대 다이아몬드 세븐 학과는 한양대에서 밀어주는 특성화 7개 학과(파이낸스경영학과, 정책학과, 행정학과, 융합전자공학부, 컴퓨터소프트웨어학부, 에너지공학과, 미래자동차학과)로, 학점이 일정 이상 되면 전액 장학금을 4년간 주고 취업도 잘되는 학과여서 한양대에서 가장 인기가 많고 커트라인이 높은 학과들입니다.

어느 날 P군이 학원에 놀러왔을 때, 때마침 전국 단위 자사고 입학 시험을 보고 온 중3 아이들이 자사고 입학 시험에서 못 푼 수학 문제에 대해서 토론을 하고 있었습니다. 제가 바빠서 P군에게 중3 아이들의 수학 문제 좀 잠깐 봐달라고 부탁했습니다. 그런데 그 문제가 많이 어려웠나 봅니다. P군은 중3 아이들과 저녁 6시부터 밤

10시까지 무려 4시간 동안 자사고 수학 문제를 함께 풀었습니다. 잠깐 놀러온 대학생이 4시간 동안 수학 문제를 푸는 순수한 열정도 대단하고, 함께 토론을 하며 문제를 푼 중3 아이들도 대단합니다. 그 중3 아이들도 고등학교를 졸업하고 명문대에 합격했습니다.

수학 잘하는 습관 5 | 스스로 짜는 학습 계획

고등학교 전교권에 있는 학생들은 스스로 학습 계획을 잘 짰다고 합니다. 학습 계획을 짜는 것은 단순히 수학뿐만 아니라 전 과목을 잘하게 만들어줍니다. 얼마 전 국제고를 졸업하고 고려대 경영학과에 입학한 제자는 초등학교 때부터 스스로 학습 계획을 짰다고 합니다.

자기주도 학습 습관을 극대화하면 본인이 자기 학습 계획을 짤 수 있는 상태가 됩니다. 시험 계획을 짜기도 하고 평상시 공부 계획도 짭니다. 공부를 잘하는 학생들은 대부분 다이어리를 가지고 다니며 거기에 일정 및 학습 계획을 빼곡히 체계적으로 정리합니다. 이렇게 학습 계획을 짜는 행위는 수학적 사고력을 향상시키는 데도 도움을 줍니다.

스스로 학습 계획을 짜는 데 가장 필요한 것은 첫째, 해야 할 일을 우선순위에 맞춰 정리하는 방법을 아는 것이고 둘째, 시간에 맞춰 할 일을 분배할 수 있는 능력입니다.

초등 3학년부터 스스로 계획표를 짜는 데 익숙해지도록 만들어 주세요. 예를 들어 주말에 아이가 자유시간을 가진다면, 매주 어떻게 자유시간을 활용할지 금요일에 주말 계획을 짜게 해주세요. 가령 토요일 오전은 산책, 토요일 오후는 친구와 놀기, 토요일 저녁은 TV 시청, 일요일 오전은 독서, 일요일 오후는 가족과 공원 산책, 일요일 저녁은 블록 놀이 등등 직접 자기가 할 일을 시간에 맞춰 배분하는 연습을 합니다. 그중 1~2개 정도는 부모가 원하는 활동(독서나 운동)을 넣게 타협하세요. 그 외에도 마트에서 장을 볼 때 구입 목록 적기, 여행 계획 짜기, 놀이공원에서 탈 놀이기구와 볼거리와 먹을 음식의 목록 등을 정리하기, 방학 계획표 짜기 등이 도움이 됩니다.

초등 고학년부터는 한 과목이라도 학습 계획을 짜는 연습을 시킵니다. 그런데 모든 과목을 학원에서 공부한다면, 학원에서 커리큘럼을 짜주기 때문에 학습 계획을 짜기가 힘들고 수동적으로 시키는 것만 하게 됩니다. 따라서 가정학습으로 하는 과목에 대해서 학습 계획을 짜게 유도해주세요. 저희 아이들은 영어 학원을 다니지 않습니다. 제가 영어 공부하는 방법만 알려주고, 아이들에게 교재를 사주면 본인들이 매일 일정 분량을 정해서 끝내게 계획을 짜게 시키고 있습니다. 아이들이 한 달간 해야 할 일정을 직접 짤 수 있도록 지도해주세요. 달력을 직접 만들어 벽에 붙여도 좋고, 탁상형 달력을 사도 좋습니다. 또한 플래너나 다이어리를 쓰는 연습을 시켜주세요.

본격적인 학습 계획을 짜는 연습은 첫 내신 시험을 치르는 중2부터 시작하면 좋습니다. 초등 때 이러한 학습 계획 짜는 법을 충분히 익혔다면, 중2 1학기 중간고사 대비를 하면서 스스로 학습 계획을 짜는 것이 어렵지 않을 것입니다. 가능하다면 좀 더 효율적인 방법이나 체계적인 방법을 알려주거나 인터넷상에 잘 정리된 학습 계획을 찾아서 보여주는 것도 도움이 됩니다. 중2부터 중3까지 2년 정도 내신 대비 학습 계획과 평상시 학습 계획을 짜는 연습을 하면, 고등학생이 되어서 제대로 계획을 짤 수 있을 것입니다. 참고로 고등학교 학습 계획을 세우는 구체적이고 체계적인 방법은 7장 '수험생, 슬럼프에 빠지지 않으려면'에 자세히 소개되어 있습니다.

수학 공부의 본질에 대하여

선행이 아닌 심화가
수학 실력을 좌우한다

왜 선행이 성행하게 되었을까: 선행에 대한 경험적 고찰

1997년에 처음 학원강사로 일하기 시작했을 때만 해도 제가 근무했던 학원들은 규모가 그리 크지 않았고, 특별히 선행이라는 것도 없었습니다. 방학 때 다음 학기 과정을 선행학습하고, 학기 중에는 현행을 복습하는 형태였죠.

그러다 2000년대가 되어, 한 학년당 원생이 거의 천 명 가까이 되는 규모가 매우 큰 학원에 입사했습니다. 저는 중3 학생들에게 고등 과정을 가르치는 역할을 했었죠.

당시는 과고와 외고 등 특목고 입시 '붐'이 일던 시절이었고, 그 학원은 특목고 입시에서 탁월한 실적을 내고 있었습니다. 지역 내의 20~30여 개 학교에서 전교 1등하는 학생들이 모두 다녔죠. 그 학원은 철저하게 수학 심화능력에 따라 학생들을 구분하여 반을 편성했습니다. 크게 수학 경시반, 과학 경시반, 외고 준비반, 일반반으로 분류를 했죠. 심화를 하지 못하면 선행을 시켜주지 않았습니다. 초등학교 때부터 한 학기 과정당 4~5권의 심화문제집을 끝내야만 그 다음 선행을 할 수 있었습니다. 강의를 듣는 시간보다 학원에서 심화교재를 푸는 자습시간이 많았죠. 선생님들은 자습하는 학생들의 심화교재 질문을 개별적으로 받아주고, 주기적으로 테스트를 보는 게 일상이었습니다.

그 당시는 과고는 말할 것도 없고 외고 입시에서도 수학이 어렵게 나왔기 때문에 외고 준비생들도 수학 심화를 해야 했습니다. 학생들은 교과 심화가 끝나면 선행을 나갔고, 동시에 수학 경시를 준비하는 학생들은 수학 경시용 교재도 풀어야 했습니다. 심화가 충분히 되면 자연스럽게 선행은 빨라져서 가장 수준이 높은 수학 경시반은 초6~중1이 되면 고1 과정을 《기본 정석》을 교재로 삼아 수업을 시작했습니다. 물론 심화 테스트를 통과해야지만 선행을 했기 때문에, 일반반의 경우는 중3이 되어서야 고등 선행을 시작했습니다.

이것이 저의 빠른 선행에 대한 최초의 경험인데, 워낙 심화가 잘 되어 있는 아이들에게 고등 선행을 가르쳤기 때문에 진도를 나가는 데 거부감이나 큰 어려움은 없었습니다.

2003년경 강남으로 학원을 옮겼습니다. 이곳도 중1 아이들에게 고1 과정을 《기본 정석》으로 선행을 시켰는데, 전에 있던 학원과 다른 점은 평범한 학생들까지 쉬운 교재로 중등 진도를 빨리 빼고 고등 선행을 시킨다는 점이었습니다. 중등 심화도 안 되어 있는 아이들은 당연히 《기본 정석》으로 진행하는 수업을 못 따라갔습니다. 못 따라오는 학생들은 방학 특강을 또 듣게 했습니다. 선행이 하나의 '상품'으로 자리 잡았죠.

지금으로부터 17년 전임에도 불구하고, 강남은 중1 때 고등 선행을 나가는 게 일반적이었습니다. 그 당시 보통 가정당 사교육에 200만 원 이상씩 쏟아부으면서, 수학의 경우는 학원 수업에다 추가로 개인 과외를 더 시켰습니다. 학원에서는 선행을 못 따라오는 학생들의 부모에게 과외를 붙여서 보충해야 될 것 같다고 상담해주면 아무 문제가 없었습니다. 수준이 안 되는 아이들에게 고등 선행을 시킨 건 학원인데, 못 따라가는 아이를 일대일 개인 과외까지 붙여서 따라가게 만드는 것은 학원이 아니라 부모의 몫이었던 셈이죠.

강남에서 제가 느꼈던 가장 큰 충격은, 부모들의 학벌이나 지적 수준이 높음에도 불구하고 스스로 익히는 진짜 공부가 아닌 '듣기와 보기' 형태의 가짜 공부를 아무 비판 없이 받아들인다는 점이었습니다.

강남의 학생들은 과목별로 많은 학원을 다녔고, 한 학원에서도 여러 강좌를 들으면서 정작 본인이 공부할 시간은 확보하지 못하고 있었습니다. 수동적으로 보고 듣기만 하는 강의식 수업을 많이 들으며 스스로 공부를 많이 한다고 착각하는 것 같았습니다.

공부라는 것은 스스로 익히고 정리하는 과정이 꼭 필요합니다. 강의식 수업을 들었으면, 강의를 들은 시간의 3배 이상을 들여 혼자서 복습하고 정리하는 데 써야 합니다. 그런데 거꾸로 혼자서 공부하고 정리하는 시간보다 강의식 수업을 듣는 시간이 3배 정도 많은 상황이었죠. 아이들의 수학 실력이 올바르게 발전하기 힘든 상황이었습니다.

물론 그 당시 강남에도 강의식 수업시간보다 자습시간을 많이 확보해줌으로써 학생들이 복습하고 스스로 익히는 시간을 갖게끔 하고, 개별 첨삭을 통해 학생들의 실력을 올려주는 학원도 있었습니다. 그러나 제가 있던 학원은 선행을 상품으로 만들어서, 실력이 안 되어 과고나 외고 준비를 하지 못하는 학생들을 대상으로 의대반·스카이(SKY)반을 만들어서 '일반고에 진학하여 의대나 스카이에 진학하면 된다'라고 하며 특목고 입시 준비생같이 선행을 빼줬던 곳이었습니다. 문제는 선행만 빼줬지, 심화는 없었다는 것이죠. 애초에 심화가 힘든 학생들을 대상으로 선행을 빼고, 못 따라오면 특강을 또 듣게 하거나 과외를 붙이도록 하여 '알아서 따라오게' 하는 것이었죠. 부모 입장에서는 다른 것은 몰라도 선행 진도만큼은 우수한 특목고 입시 준비반만큼 나가주니, '내 아이가 일반고 가서 의대나 스카이에 합격할 것 같은 꿈'을 꿀 수 있었고요.

결국 경험적으로 비추어봤을 때, 무리한 선행 문화의 출발점은 특목고 입시에 수학이 어렵게 나오는 것과 수학 경시대회 입상이 특목고 입시에 도움이 되었기 때문에 생겨난 것으로 볼 수 있습니다. 특목고 입시 시험이나 수학 경시대회는 최소한 고1 과정이나 고2 과정 중 일부(수열 등)를 선행하면 시험 문제를 푸는 데 유리한 부분이 있었기 때문입니다.

물론 특목고 입시생들은 우수했기 때문에 심화를 충분히 하면서 선행을 진행했고 따라서 선행 부작용도 없었습니다. 그러나 선행을 상품으로 만든 강남 일부 학원들이 심화는 없이 선행만 나가는 학원 프로그램을 만든 것이 강남 전체, 그리고 전국적으로 확산되어 지금에 이르렀다고 볼 수 있습니다. 즉, 특목고 입시생만큼 선행을 빼야 고등학교 가서 뒤처지지 않는다는 학원들의 불안 마케팅이 실력도 부족한 학생들까지 선행으로 내몬 것이죠.

왜 초등부터 선행을 할까: 선행에 대한 현상적 고찰

상대적으로 고등보다 초등과 중등에서 선행을 많이 하는 이유는 무엇일까요?

첫째, 심화를 하는 것보다는 선행을 나가는 것이 학생이든 선생님이든 더 쉽고 편하기 때문입니다. 개념교재까지는 수월하게 진행하나 심화교재부터 막히는 학생을 대상으로 심화를 시키는 것은 학생도 괴롭지만 선생님도 괴로운 일입니다. 수학에서 새로운 개념을 배우고 지식과 정보를 주입하는 일이 어려운 문제를 푸는 것보다 훨씬 쉽습니다. 마치 운동을 할 때, 어느 한 종목에서 프로급 능력을 기르는 것보다 다양한 종목을 어설프게 아는 게 더 쉬운 것과 비슷합니다.

둘째, 고등과 달리 초등과 중등은 학습량이 적어 진도를 빼기가 쉽습니다. 개념교재로만 선행을 빼면 1년에 3~4년치 진도도 충분히 나갈 수 있습니다.

셋째, 1장에서 이야기했듯이 초등과 중등은 시험 문제가 쉽거나 절대평가라서, 아이가 수학 실력이 있는지 없는지 시험 점수만 가지고는 제대로 알기 쉽지 않습니다. 심화교재를 여러 권 풀어서 100점 받은 학생과 기본 과정만 공부해서 100점 받은 학생이 함께 고등학교에 진학하게 되면, 수학 성적 차이가 엄청 벌어집니다. 하지만 이 둘이 초등과 중등에서는 차별화가 안 되는 것이죠. 따라서 학원에서는 차별화의 방법으로 선행을 사용하는 것입니다. 선행을 2~3년 이상 앞서나가고 있으면, 부모의 입장에서는 "우리 아이가 잘하고 있구니!", "점점 발전하고 있구나!"라고 생각할 수 있으니까요. 그래서 초중등 학원에서는 선행이 학원생들 퇴원을 막는 방편이자, 가정학습으로 진도가 느린 학생들을 학원으로 유입시키는 무기입니다.

만약에 초등과 중등도 고등같이 한 학기에 두 번씩 상대평가로 출제되는 시험을 보면, 지금과 같은 심화도 안 하고 진도만 나가는 무리한 선행이 이루어질 수 있을까요?

가령 초등 6학년 과정 선행을 나가고 있는 초등학교 3학년 아이가 학교 수학 시험을 봤는데 5등급을 받았다면 부모가 선행 나가기를 바랄까요? 당장 초등 3학년 과정이라도 심화까지 꼼꼼히 학습시켜주기를 바라겠죠.

고등의 경우 내신 관리와 학종 준비 때문에 학기 중 선행이 거의 불가능합니다. 학기 중에는 내신 대비(현행)만 진행하게 되며, 방학 때 다음 학기 또는 그 다음 학기까지의 선행 또는 선행 복습이 이루어집니다. 고등은 매번 성적이 상대평가로 나오기 때문에, 부모가 내신도 안 나오는 아이가 몇 과정씩 선행을 나가는 건 의미가 없다는 사실을 깨달을 수 있습니다.

그런데 간혹 고등학교에 올라가서 수학 내신 성적이 나쁜 이유를 선행학습이 부족해서라고 잘못 판단하는 부모들이 있습니다.

"선행을 좀 더 빨리 빼서 여러 번 돌렸다면 수학 성적이 더 좋지 않았을까?"라고 생각하시는 것이죠. 그러나 재수생까지 가르쳐본 경험에 따르면, 아이가 아무리 선행을 많이 하고 여러 번 복습을 해도 심화능력이 없다면 못 푸는 문제는 영원히 못 풀어서 점수가 안 나옵니다.

학생들을 수학 실력에 따라 분류해보면 크게 세 그룹으로 나눌 수 있습니다. 심화와 선행이 무리 없이 되는 1그룹(상위 3퍼센트 이내), 심화와 선행을 동시에 심도 있게 진행할 능력이 부족한 2그룹(상위 3~40퍼센트), 심화나 선행이 불가능하고 현행만 힘들게 해나가는 3그룹(상위 40~100퍼센트)입니다.

만약 2그룹에 속하는 학생이 '선행에 쏟을 노력을 느리지만 심화에 집중할 것이냐, 아니면 심화는 시간이 오래 걸리니 선행이나 나갈 것이냐?' 이 둘 중 하나를 선택해야 하는 극단적인 상황에 놓이면 어떤 선택을 해야 할까요?

2그룹에 속하는 학생 A와 B를 예로 들어보겠습니다. A는 심화를 여러 권 하면서, 시간이 부족해 현행 위주로 수학을 공부했습니다. 반면 똑같은 2그룹 학생인 B는 심화는 포기하고, 개념과 유형 교재 위주로 고등 수학까지 빠른 선행을 하여 고등 과정을 여러 번 반복했습니다. A와 B는 둘 다 예비 고1이 되어서 겨울방학 때 고1 과정을 시작합니다. B는 여러 번 고1 과정을 돌았지만, 심화능력이 없기 때문에 여전히 《기본 정석》 연습문제나 《쎈수학》 C단계는 손을 못 대는 상태입니다. 반면 A는 고1 과정을 처음 배우지만 심화 능력을 갖췄기 때문에, 처음 배우는 고1 과정을 《기본 정석》을 주교재로 하고 《쎈수학》을 부교재로 수업해도 개념도 잘 이해하고, 문제도 《기본 정석》 연습문제나 《쎈수학》 C단계까지 무난히 소화해냅니다. 따라서 고1 때 내신 시험을 보면 A는 안정적으로 1등급을 받지만, B는 3~4등급을 넘지 못하게 됩니다.

대부분의 아이들이 선행에만 포커스를 맞추지만, 만약 반드시 하나에 포커스를 두려면 심화에 두는 것이 낫다는 말씀을 드리기 위해 조금은 극단적인 예를 들었습니다(실제로는 선행과 심화를 아이의 수준에 맞게 적절히 조절해야겠지요. 더 자세한 속도 조절 이야기는 6장 '선행과 심화 사이에서 균형을 잡아야 수포자를 방지한다'를 참고하시기 바랍니다). 결론적으로 선행이 부족해서, 혹은 여러 번 반복하지 못해서 고등 수학을 못하는 것은 결코 아닙니다.

선행을 올바르게 하는 방법

초등학생이 중학교 1학년 1학기 과정을 선행학습하면 미지수를 사용하는 방정식을 배우게 됩니다. 방정식을 배우면 초등 심화교재에 나오는 어려운 문제들이 아주 쉽게 풀립니다. 아이가 심화능력, 즉 문제해결력이 생겨서 쉽게 푸는 게 아니라, 쉽게 푸는 방법을 배워서 쉽게 풀 뿐입니다. 부모들은 이런 현상을 보고, '중등 선행을 시켰더니 초등 최상위 심화교재를 쉽게 풀더라, 내 아이의 실력이 높아졌구나' 하고 착각합니다. 마찬가지로 중학교 2학년 1학기에 있는 연립방정식을 배우면, 중학교 1학년 1학기에 배우는 방정식이 좀 더 쉽게 풀립니다. 여기에 고1 과정까지 선행을 하게 되면, 중등 과정 문제들이 쉽게 풀립니다. 왜냐하면 고1 과정은 중학교 전 과정을 복습 심화하는 내용으로 구성되어 있기 때문입니다. 이것이 선행을 하면 수학을 잘하는 것 같이 느껴지는 착시 현상입니다.

문제해결력을 기르기 위해서는 자기 학년에서 배운 내용만 가지고 심화문제를 해결해야 합니다. 그래야 문제해결력이 생깁니다. 즉, 어려운 방법으로 어려운 문제를 풀어야 두뇌가 개발되고 생각하는 힘이 생기며 수학적 사고력이 발달합니다. 쉬운 방법을 가르쳐서 어려운 문제를 풀게 하면 어려운 문제를 더 이상 어렵지 않게 만들어서 생각 주머니 키우는 것을 방해합니다. 가령 초등 수학에서 배우는 '규칙성이 있는 배열' 문제를 고등학교 2학년 때 배우는 '수열'을 가르쳐줘서 적용해 풀게 하면, 아이의 수학적 사고력 발달에 아무 도움도 주지 않는다는 뜻입니다.

올바른 선행이란, 한 학기 과정의 기본개념을 익히고, 심화까지 충분히 진행한 후, 그 다음 과정 선행을 나가는 것을 의미합니다. 심화까지 진행 완료한 다음 선행을 나갈 때 아이의 수학 실력이 높아져 자연스럽게 진도가 빨라지는 것은 아무 문제가 없습니다. 또한 아이가 심화도 잘하고 선행이 3~4년 앞서나가 선행 속도가 너무 빠르다 싶으면 사고력 수학이나 경시대회 준비를 통해 그 속도를 적절히 조절해도 됩니다.

선행보다 심화가 중요한 이유, 문제해결력

수학 문제해결력이란 무엇인가

수학 문제해결력이 뭘까요? 낯선 문제, 비정형적 문제, 어려운 문제 등을 자기 스스로 분석하고 해석해서 오랜 시간 동안 고민하여 해결하는 능력을 뜻합니다.

여기서 가장 중요한 것, 즉 핵심은 '어려운 문제'가 아니라 '자기 스스로'입니다. 즉, 쉬운 문제부터 스스로 해결하는 습관을 만드는 것이 중요합니다. 쉬운 문제의 경우, 질문하거나 해설지를 보지 않고도 개념만 다시 읽어보거나 기존의 비슷한 유형을 찾아서 복습하면 충분히 혼자서 풀 수 있습니다. 그런 방식으로 아이가 혼자 문제를 해결할 수 있도록 유도해야 합니다.

수학 문제해결력이 극대화되면 어떤 현상이 벌어질까요?

한국수학올림피아드(KMO) 입상자들에게 미적분을 강의한 적이 있습니다. 처음 배우는 파트임에도 불구하고, 학생들이 《실력 정석》으로 수업하자고 해서 이것으로 수업교재를 정해 진행했습니다. 개념 강의를 20분 정도 하고 필수 예제를 풀어주려고 했더니, 학생들이 본인들이 풀어보고 모르는 것만 질문하겠다며 풀어주지 말라고 먼저 이야기했습니다. 수업시간이 2시간이었는데, 2시간 동안 학생들은 20분 정도의 개념 강의를 들은 것만으로 혼자서 연습문제까지 모든 문제를 풀어냈습니다. 질문은 한두 문제 정도 나왔습니다.

이처럼 문제해결력이 극대화한 아이들은 일단 개념만 알면 모든 문제를 풀 수 있습니다. 즉, 문제집 한 권만 제대로 풀면 어떤 유형의 문제가 시험에 나와도 100점을 받을 수 있는 상태가 되는 것이죠. 반대로 문제해결력이 없으면 문제집 열 권을 풀고 유형 백 개, 천 개를 암기해야 100점을 받을까 말까 한 상태가 됩니다. 그렇게 유형을 암기해도 못 보던 낯선 유형이 시험에 나오면 또 틀리게 됩니다.

문제해결력을 기르기 위해 연습해야 할 것

15년 전 수업을 할 때, 학원에 서울대를 졸업하신 나이 많은 선배 수학 선생님이 계셨습니다. 이 선생님은 수업 준비를 하는 게 귀찮다 보니, 교재를 풀지 않고 교사용 교재를 받아서 문제 밑에 있는 해설을 한 번 읽어본 후 수업시간에 들어가서 학생들에게 문제를 풀어주셨습니다. 모의고사 해설 강의를 할 때도 해설지의 풀이를 보고 문제 밑에 적고, 그 풀이를 한 번 읽어보고 수업에 들어가서 강의를 하셨죠. 강의를 오랫동안 하셨기 때문에 수업을 진행하는 데는 크게 지장이 없었으나, 학생들이 개별적으로 질문하는 문제들을 못 풀어주는 일이 다반사였고, 해설지를 보면서 학생들에게 설명해주곤 했습니다.

제가 이 선생님을 보면서 느낀 점은 다음과 같습니다. '이 선생님도 젊었을 때는 수학 실력이 좋았을 텐데, 교재를 안 풀고 해설만 읽으니까 문제해결력이 감퇴하게 됐구나!' 문제해결력이나 수학 실력은 계속 연습하지 않으면 줄어들고 퇴화하게 된다는 사실을 알게된 거죠.

이 선생님을 보고, 저는 수업 방식을 바꾸게 됩니다. 교재 연구를 하지 않고, 수업시간에 바로 문제를 풀어주고, 학생들의 질문에 바로 대답하는 '즉문즉답'을 연습하기 시작한 것이죠. 시간적 여유가 있을 때나 일대일로 질문했을 때 문제를 풀어주는 것은 쉬운 일인데, 수업시간에 많은 학생들이 보는 앞에서 처음 보는 문제를 풀어주는 것은 생각보다 굉장히 어려운 일입니다. 쉬는 시간에 혼자 풀면 쉽게 풀릴 만한 문제도 당황하여 잘 안 풀리기도 합니다.

처음에는 막히는 문제도 생기고 힘들었지만 이런 방식으로 1년을 연습하니 모든 문제를 바로 풀어줄 수 있는 상태가 되었습니다. 교재는 학생들이 원하는 걸로 아무거나 사게 하고, 모르는 것은 바로 풀어주니 수업 준비를 따로 할 필요도 없고 매우 편했습니다. 이 경험을 계기로 문제해결력은 연습으로 충분히 형성될 수 있고, 반대로 연습을 안 하면 줄어들 수도 있는 부분이라는 사실을 깨달았습니다.

그렇다면 문제해결력을 기르기 위해선 구체적으로 무엇을 어떻게 해야 할까요?

자기주도 학습

초등학교 때부터 수학을 공부할 때 누구에게 배우지 말고 스스로 개념을 읽고 문제를 푸는 습관을 들이게 하세요. 모르는 문제는 앞의 개념이나 비슷한 유형을 참고해서 스스로 풀게 유도하세요. 이런 연습이 잘 되면, 중학교 과정, 고등학교 과정, 심지어 대학교 과정까지 스스로 교재를 보고 학습하는 것이 가능해집니다. 이는 저의 경험이기도 한데, 학창 시절에 학원을 다니지 않고 수학을 혼자서 공부했습니다. 충분히 가능합니다.

제 대학 후배 E군은 고등학교 때 처음 배우는 과정을 《실력 정석》으로 공부했는데, 누구한테 배우지 않고 스스로 책을 독해하고 모든 문제를 풀어냈다고 합니다. 물론 시간이 오래 걸렸지만(한 학기 과정을 끝내는 데 6개월이 걸렸다고 합니다) 이것이 진짜 공부입니다. 진짜 공부를 해야 실력이 올라갑니다.

제 아이들도 스스로 공부하게 연습시켜서, 수학 공부 시간이 되면 교재를 펼치고 스스로 개념을 읽고 혼자서 풀어나갑니다. 둘째 아이의 경우, 여러 조건(독서, 초3부터 본격적 수학 심화 시작 등)이 맞아 떨어져서 이제는 처음 배우는 과정을 할 때 개념교재는 생략하고 바로 심화교재(최상위)부터 시키고 있습니다. 그러나 다시 한 번 강조하지만, 수학 문제해결력 형성의 핵심은 '어려운'이 아니라 '스스로'입니다. 아무리 쉬운 개념이나 문제라도 스스로 고민하고 이해하고 해결하는 연습이 핵심입니다.

답지와 이별하기

대학에서 수학을 전공한 만큼 어려운 문제들을 오랫동안 고민한 경험들이 많이 있습니다. 계속 고민하다가 머리에 쥐가 난 적도 많았고, 안 풀리는 문제를 오랫동안 고민할 때는 꿈에서 아이디어가 떠올랐다가 아침에 일어나면 잊어버리기도 했습니다. 그래서 그 후로는 잠을 잘 때 머리맡에 연습장과 연필을 두고 자다가, 아이디어가 떠오르면 힘겹게 눈을 떠서 연습장에 아이디어의 핵심만 메모하고 다시 쓰러져 잠드는 경험도 해봤습니다. 아침에 일어나면 정말 문제를 풀 아이디어가 연습장에 적혀 있어서 그것을 이용해서 문제를 해결하곤 했습니다. 이런 경험을 몇 번 하게 되면, 자신에 대한 이런 믿음이 생깁니다.

"아무리 어려운 문제라도, 충분한 시간만 주어진다면 다 풀어낼 수 있겠구나!"

문제를 풀 때의 집중력은 답지가 없을 때 가장 높습니다. 가끔 인터넷에 있는 좋은 문제를 보고 학생들에게 풀게 하면 좋을 것 같아서 다운은 받았는데 답지가 없을 때가 종종 있습니다. 제가 문제를 풀고 답지를 만들어야 되는 상황이 된 것입니다. 한 치의 오차도 없어야 하기 때문에 엄청난 집중력으로 문제를 풀어냅니다.

학생들의 경우는 시험을 보는 상황이 가장 집중력이 높겠죠. 그래서 초등학생의 경우 경시대회에 나가면 문제해결력이 많이 향상됩니다. 어려운 문제를 답지가 없는 상태에서 오랫동안 집중해서 풀 수 있는 상황이 형성되기 때문입니다.

저도 답지가 있을 때는 문제를 대충 풀고, 틀리면 어디를 놓쳤는지 확인하고, "여기서 실수했구나! 이 조건을 못 봤네!" 하며 편하게 풀게 됩니다. 수학 선생님인 제가 이러니 학생의 경우는 말할 것도 없겠죠.

가장 좋은 방법은 답지를 아예 부모가 가지고 있는 것이고, 학원에서 답지를 걷어 선생님이 보관하는 것도 좋습니다. 반대로 가장 좋지 않은 방식은, 아이가 수학 공부를 할 때 답지를 펼쳐놓고 한 문제 풀고 답 맞추고 해설 보는 방식입니다. 이렇게 공부하면 문제가 조금만 막힐 때마다 해설을 보게 만들어 뇌의 생각 멈추기가 습관이 됩니다. 수학을 더욱더 못하게 만들죠.

쉬는 시간 10분 동안 한 문제 해결하기

시간에 쫓기면서 고난도 문제를 해결하는 연습은 시험을 볼 때 낯선 유형을 해결하는 데 많은 도움을 줍니다. 이는 특히 고3이나 재수생에게 유용한 방법인데, 모의고사 4점짜리 중 어려운 것들을 짧은 시간에 푸는 연습을 하면 문제해결력 향상에 엄청난 도움이 됩니다. 그 이하 초중고생이라면 심화문제집의 어려운 문제를 선택해서 연습하면 좋습니다.

쉬는 시간에 친구들 질문 받기

학교에서 쉬는 시간에 자기보다 수학을 못하는 친구들이 질문하는 문제들을 시간에 쫓기면서 풀어주면 좋습니다. 문제해결력도 좋아지고, 친구들의 다양한 문제집에 있는 질문을 받아주면서, 여러 문제집의 어려운 문제만 효율적으로 풀어볼 수 있는 기회도 생기는 셈입니다.

악조건에서 문제 풀기

조용한 곳에서 수학 문제를 풀면 집중도 잘 되고 문제도 잘 풀립니다. 그러나 학교 시험을 치를 때는 긴장이 되고 심장박동도 빨라져 기존에 알고 있던 공식도 생각이 안 나고, 문제 푸는 데 온전히 집중하기 힘든 상황입니다. 따라서 낯선 유형의 문제를 바로 보고 잘 풀기 위해서, 가끔은 악조건에서 수학 문제를 풀면 도움이 많이 됩니다.

장소는 가족들이 떠드는 거실이나 사람들이 커피 마시며 수다 떠는 카페 등 어수선한 곳이 좋습니다. 그런 환경에서 휴대폰 알람 등을 사용해 시간을 재고, 연습장 없이 문제집 또는 시험지의 좁은 여백에 식을 쓰고 문제를 푸는 것입니다. 실제로 연습을 해보면 알겠지만, 어수선한 상황에서 연습장도 사용하지 못하고 시간에 쫓기면서 문제집의 좁은 여백을 활용해 문제를 푸는 것은 여간 힘든 일이 아닙니다. 하지만 힘든 만큼 집중력 향상과 문제해결력 형성에 많은 도움을 줍니다.

선순환의 완성

위와 같이 연습을 한다면, 어느새 수학 성적은 반에서 1등하는 수준이 되어 있을 것이고, 문제집 한 권 푸는 시간도 2주 이내면 충분할 것입니다. 그 정도 수준이 되면 문제집을 풀 때마다 "한 권 풀어서 세 문제 정도 건졌네!"라는 느낌, 즉 더 이상 새롭거나 낯선 유형이 없는 느낌을 받을 것입니다. 그렇게 되면 문제집 푸는 시간이 너무 아까워서, "누군가 내가 모를 만한 문제만 만들어줬으면 좋겠다!"라는 생각까지 하게 될지도 모릅니다. 이럴 때 친구들의 수학 질문을 받아주면, 자연스럽게 친구들이 푸는 문제집에서 어려운 문제만 골라 푸는 셈이 되고, 짧은 쉬는 시간에 문제해결력 연습도 되니, 효율적인 학습과 더불어 심화능력을 강화시켜 수학의 절대 강자가 될 것입니다. 드디어 선순환이 완성되는 순간이죠.

초등 수학 공부,
궁금한 것 여기 다 있다

수학 문제 풀 때, 식을 정리해서 풀어야 할까?

수학 문제를 풀 때 노트에 식을 정리해서 푸는 것은 필요할까요? 수학 실력을 늘리는 데 도움을 줄까요?

초중등 전문학원을 다니다가 고등학생 때 저에게 온 학생들 중에, 노트를 반으로 접어 식을 예쁘게 정리하면서 수학 문제를 푸는 학생들이 있습니다. 보기에도 깔끔해 보입니다. 부모가 보통 좋아하는 형태죠. 뭔가 아이가 수학을 잘하고, 열심히 하는 것 같이 보이니까요. 그러나 경험상 이런 학생들이 수학을 그리 잘하지는 않습니다. 중상위권은 되도 최상위권은 되지 못하는 경우가 많습니다.

중고등학교를 가면 시험에 서술형 문제가 나옵니다. 수학 서술형의 경우, 가끔 수학 해설지 수준의 답안을 써야 한다고 착각하는 학생들이 있습니다. 그러나 중고등학교 서술형 시험 채점 방식을 보면, 문제를 풀어가는 데 꼭 필요한 식과 답이 맞으면 감점을 안 당하고 거의 점수를 다 받습니다. 대학 수리논술의 경우도 논술 학원을 안 다니고 합격한 학생들도 많습니다. 실제 대학에서 발표한 '학생 우수 답안'을 보면 논리적 글쓰기에 한참 모자라는, 필요한 식과 답만 쓴 경우도 꽤 있습니다. 따라서 학교 서술형 문제나 대학 수리논술 시험에서 주가 되는 것은 문제를 풀 수 있는 능력이지, 답안을 형식적·논리적으로 쓰는 것은 중요하지 않다는 사실을 알 수 있습니다.

수학을 잘해서 명문대를 가는 학생들이 수학 문제 푸는 것을 보면, 특별히 식을 정리해서 풀지 않습니다. 그냥 문제를 보고 머릿속에서 문제를 정리한 후 문제를 푸는 데 필요한 식이나 아이디어를 연습장에 적어가면서 답을 냅니다. 즉, 해설지같이 체계적으로 정돈하면서 노트에 식을 쓰며 풀지는 않습니다. 이 아이들은 굳이 식을 예쁘게 쓰지 않아도, 머릿속에서 식을 체계적으로 정리하며 문제 푸는 데 꼭 필요한 계산이나 식을 쓰는 데만 연습장을 활용합니다. 그렇게 푸는 것이 효율적이고 문제 푸는 속도도 높여줍니다.

그런데 수학을 못하는 학생들도 식을 쓰고 정리해서 풀지 않습니다. 이 아이들은 머릿속에서 문제를 정리하며 필요한 식만 연습장에 써 내려가면서 문제 푸는 능력이 없습니다. 그런에도 불구하고 연습장이나 노트에 식을 써서 풀지도 않습니다. 식을 안 쓰는 이유는, 머릿속에서 식을 정리할 능력도 없거니와 연습장에 식을 체계적으로 적으며 풀 능력도 없기 때문입니다. 다시 말해 식을 정리하는 능력 자체가 없습니다. 이 아이들은 주로 문제집에 몇 개의 숫자나 문자를 끄적이고 답을 냅니다. 마치 찍어서 푸는 것같이 보이기도 합니다. 특히 중학생이 되어 방정식 활용 문제를 풀 때는 식을 세우지도 못하고 머릿속에서 정리하지도 못해서 결국 끼워 맞추기 식으로 문제를 풀곤 합니다.

따라서 수학을 못하는 학생들의 경우, 노트에 식을 순서대로 써서 푸는 습관을 길러주면 좋습니다. 손으로 정리를 하다 보면 실력이 붙고, 실력이 붙으면 머릿속에서 정리할 수 있게 되고, 머릿속에서 정리할 수 있게 되면 더 이상 '체계적인 노트 정리'가 필요하지 않게 되어 마침내 수학을 잘하게 됩니다.

처음 연습을 시킬 때는 문제를 풀게 한 후, 해설지를 필사하거나 정리하라고 시킵니다. 이것이 익숙해지면 수학 선생님이나 부모가 문제를 풀어주고, 그것을 보고 노트에 식을 정리해서 쓰라고 합니다. 주변에 노트에 식을 잘 정리해서 문제를 푸는 친구가 있으면 그 친구의 노트를 보여주며 어떤 방향으로 정리해야 하는지를 알려주는 것도 좋습니다.

　여기에 더해 초등학교 때부터 독서를 하고 독서록을 작성하는 습관 만들어주기, '사고력 수학' 교재에서 많이 나오는 서술형 연습하기, 수학 일기 등을 쓰며 자신의 생각을 정리하는 연습하기 등도 수학 노트 정리를 잘하는 데 도움을 줍니다.

내 아이가 선행은 많이 했는데, 현행을 못한다면?

　선행은 하는데, 정작 현행을 못하는 아이를 걱정하는 부모가 있습니다. 예를 들어 "아이가 고등 선행을 하고 있는데, 정작 중1 현행은 못해요. 어떤 문제점이 있을까요?"라고 상담하는 식입니다.

　우리는 무언가를 배우면 잊어버립니다. 아이들도 잊어버리는 것은 당연합니다. 아무리 개념을 튼튼히 배우고 심화를 했어도 시간이 지나면 잊어버립니다. 그것은 학교 선생님들이나 학원 선생님들도 마찬가지입니다. 단지 잊어서는 안 되는 것이 있고, 잊을 수도 있는 것이 있을 뿐입니다.

　우리나라 수학 교육과정은 나선형 교육과정입니다. 매 학년별로 반복되고, 매 과정별로 복습됩니다. 초등 4학년 때 배웠던 내용이 5학년 때 나오고, 6학년 때도 나옵니다. 초등 전 과정은 중1 과정에서 반복·심화됩니다. 중등 전 과정도 고1 과정에서 반복·심화됩니다.

이런 나선형 과정 속에서도 독립적인 단원이나 내용이 있습니다. 대표적으로 초등 4학년 1학기 과정에서 배우는 '큰 수'라는 단원은 선행 과정에서 반복되지 않습니다. 따라서 초등 4학년 때 중1 과정 선행을 하고 있어도 '큰 수'는 배운 지 오래되어 잘하지 못할 수도 있습니다. 이런 독립적인 단원들은 선행을 아무리 많이 해도 반복되지 않고 복습되지 않기 때문에 시간이 지나면 잊어버리게 되어 있습니다. 그러니 잊어버렸거나 모른다고 해서 아이에게 큰 문제가 있는 것은 아닙니다. 그냥 다시 복습하면 됩니다.

중등 수학에도 고등 선행을 하고 있는 아이라도 잘 못할 만한 독립적인 단원들이 있습니다. 예를 들어, 중등 2학년 1학기 '순환 소수' 단원은 중3 과정이나 고등 과정에서 반복되지 않습니다. 특히 중등 도형은 각 학년별로도 독립적이고, 고등 수학과도 독립적입니다. 즉, 중등 2학년 2학기 도형을 배웠다고 중등 1학년 2학기 도형 공부에 도움 되는 것도 아니고, 중등 3학년 2학기 도형을 배웠다고 중등 2학년 2학기 도형을 잘하는 것도 아닙니다. 더욱이 고등 수학에서 배우는 도형은 해석 기하입니다. 중학교 때 배우는 도형인 평면 기하와는 다른 도형입니다. 그러니 고등 선행을 나갔다고 해서 중등 도형을 잘하게 되지는 않습니다.

고등 수학으로 가면 이런 현상이 더 심해집니다. 고1 수학은 중등 3년 과정을 반복 심화하는 내용이라 중등 과정과 연계성이 있지만, 고2부터 배우는 수1, 수2, 미적분, 확률과 통계, 기하는 중등 과정이나 고1 과정과 연계성이 떨어지는 독립적인 수학입니다. 따라서 어느 한 과정을 배웠다고 해서 그게 다른 과정에 도움을 주거나 도움을 받지 않기 때문에, 각 과정별로 독립적으로 학습이 되며, 특정 과정을 집중적으로 공부하면 다른 과정들은 잊어버리는 현상을 반복하게 됩니다. 이러한 현상은 앞에서도 말했지만 선생님들도 겪는 일입니다. 재수종합반에서는 한 반에 수학 선생님이 평균 세 명씩 들어가서 파트를 나누어 수업을 합니다. 수업 파트를 나누다 보면 1년 내내 수2와 미적분만 강의하는 경우도 생기고, 확률과 통계만 강의하는 경우도 생깁니다. 그러면 강의하지 않는 다른 파트들은 내용을 잊어버리게 되고, 학생들에게 질문을 받아도 잘 설명해주지 못하게 됩니다. 그럴 경우 선생님이라 할지라도 다시 복습하여 감을 잡아야 합니다.

결론적으로 고1 선행을 하고 있어도, 중1 현행을 모를 수도 있는 것은 정상입니다.

그런데 반복되거나 복습되지 않는 독립적인 단원이 아니라 계속 반복되는 파트나 유형을 모른다면 아이의 상태를 점검해볼 필요가 있습니다. 대수와 함수는 초등, 중등, 고등까지 매번 반복되는 내용입니다. 초등 방정식 활용 문제 중에 '기차가 터널에 들어가는 문제'가 있습니다. 이 문제는 초4부터 초5, 초6, 중1, 중2 과정까지 반복해서 나옵니다. 중3 과정 선행을 하고 있는 초등 5학년 학생이 이걸 못 푼다면 심각한 일입니다. 마찬가지로 고1 과정 선행을 하고 있는 중2 학생이 함수 문제를 잊어버렸다면 문제가 있는 것입니다. 따라서 매번 반복 심화되는 현행 내용을 모를 때는, 아이의 선행 전 과정과 수학 학습 관련한 모든 부분을 짐짐하고 살펴봐야 합니다.

초등, 문제해결력을 키우려면 오답 시키지 마라?

제 초등 아이들(초3, 초5, 초6)에게는 오답을 안 시킵니다. 주변에서는 오답을 그렇게 강조하면서 정작 자식에게는 그걸 안 시키는 이유가 뭐냐고 물어봅니다.

수학을 많이 못하거나 연산이 너무 안 되면 반복학습이나 오답이 필요합니다. 학원에서도 이런 학생들은 똑같은 문제를 여러 장 복사해서 풀게 하고, 혹은 문제집을 여러 권 풀게 하기도 합니다.

그러나 수학을 아주 못하지는 않는, 중상위권 초등학생들에게 오답을 시키는 것은 약간 고민해볼 만한 주제입니다. 왜냐하면 오답이란 반복학습을 통해 풀이를 암기하는 행위입니다. 반드시 오답을 해야 하는 학생들은 내신 시험이나 수능 시험을 봐서 성과를 내야 하는 중고등학생들입니다. 초등학생 때는 그보다 더 중요한 게 있습니다. 바로 '문제해결력 향상'입니다.

나선형 교육 과정에 따라, 매년 비슷한 내용이 도구만 바뀌어서 다시 나옵니다. 예를 들어 초등 최상위 심화교재를 보면, 4학년 1학기에 나왔던 유형이 5학년 1학기, 6학년 1학기에서도 반복해서 나옵니다. 도구만 자연수에서 분수, 소수로 바뀔 뿐입니다. 이 나선형 교육과정을 해석하는 과정에서 두 가지의 수학 학습 방법을 생각해 볼 수 있습니다.

첫 번째는 완전학습을 통해 한 학기, 한 학년 과정을 완벽하게 정리하는 것입니다. 가령 시간이 걸리더라도 초등 3학년 과정을 개념부터 시작해서 유형, 복습, 오답 등을 통해 모든 것을 완벽하게 끝내놓으면, 비슷한 내용들이 반복되는 초4, 초5, 초6 과정이 매우 쉽게 느껴지고 훨씬 수월하게 진행될 것입니다.

두 번째는 나선형 교육과정 때문에 어차피 내용과 유형이 반복되므로, 초등 3학년 과정을 진행할 때 간결하게 개념교재+심화교재 2권 구조로 학습을 진행하고, 모르는 것들은 설명 한 번 해주고 진도를 빼는 방식입니다. 이런 식으로 학습을 진행하면 아이는 초4, 초5, 초6 과정도 여전히 낯선 유형의 문제를 푸는 느낌이 들고, 익숙하지 않게 느낄 수 있습니다.

제가 초등 수학을 지도하면서 가장 주안점을 두는 부분은 '문제해결력 형성'입니다. 문제해결력은 낯선 문제를 어떻게 풀 것인지 오랫동안 고민하고 풀어가는 과정에서 생깁니다. 한 문제를 2시간씩 오랫동안 고민할 수 있는 건, 시험을 보지 않는 중1까지입니다. 즉 중1이 고등 수학을 잘하기 위한 문제해결력을 여유 있게 연습할 수 있는 마지막 시기입니다. 중2만 되어도 학교 내신 시험을 보느라 한 문제를 오랫동안 고민할 시간이 없습니다.

만일 첫 번째 방법대로 초등 아이들에게 무한 오답을 시켜 최상위 심화교재를 완벽하게 복습시킨다면, 그 다음 과정 최상위부터는 훨씬 익숙해지고 쉬울 수 있습니다. 정답률도 올라갈 것입니다. 그러나 최상위 수준 문제를 풀면서 느껴야 할, 익숙하지 않은 낯선 문제를 푸는 느낌은 많이 사라질 것입니다. 따라서 최상위 교재를 풀어도 문제해결력은 많이 향상되지 않을 가능성이 높습니다.

고등 수학을 잘하기 위한 가장 중요한 요소는 문제해결력입니다. 그래서 저는 제 아이들에게는 최소한 초등 때만이라도 오답을 안 시키려고 합니다.

연산교재, 꼭 풀어야 할까?

수학을 잘하는 중고등학생들에게 물어보면, 연산을 한 학생들도 많지만 안 한 학생들도 많습니다. 언어능력이 발달한 학생들의 경우 굳이 연산을 하지 않아도 교과 수학을 잘 이해하며, 교과 수학에 나오는 연산도 잘 풀어냅니다. 따라서 학습능력을 갖춘 학생들은 굳이 연산교재를 따로 풀 필요가 없습니다.

연산교재의 단점은 단순 반복 연습을 계속 시킴으로써 어렸을 때부터 수학에 질리게 만들 수 있고, 단순 계산이 반복되므로 집중력 없이 문제 푸는 습관이 생길 수도 있다는 점 등입니다. 한편 학원 입장에서 연산교재의 장점은, 연산교재를 따로 집에서 하는 학생을 데리고 수업을 하면 교과 진도를 나가는 데 좀 더 수월한 경향이 있다는 것입니다. 그러나 어느 정도 학습능력을 갖추고 있다면, 교과 수학에 나오는 연산만으로도 충분하니 따로 연산교재를 하지 않는 것을 추천합니다.

일반적으로 수학을 못하는 학생들을 보면 연산부터 안 되는 경우가 많은데, 이런 학생들은 사실 수학만 못하는 것이 아니라 모든 과목을 못할 가능성이 높습니다. 따라서 학습능력을 길러줄 수 있는 활동들을 해야 합니다. 아이가 한 살이라도 어릴 때 근본적인 원인을 해결하려고 노력하는 것이 바람직합니다. 대표적인 해결 방법이 독서이니, 학원만 주야장천 보내기보다는 꾸준한 독서를 통해 공부할 수 있는 능력을 키우는 데 집중하는 게 좋습니다. 독서를 통해 언어능력이 발달하면, 어떤 약속이나 개념을 쉽게 이해하고 체계적으로 머릿속에 집어넣어 오랫동안 기억을 할 수 있게 됩니다. 오랫동안 기억을 하므로 연산의 규칙대로 문제를 정확하게 풀게 되며, 문제를 푸는 과정에서 연산의 규칙을 사용하는 능력이 강화되므로, 연산교재가 따로 필요 없어집니다.

만일 연산에 취약한 문제를 조금이라도 극복할 수 있게 해주고 싶다면, 많은 양의 연산교재를 풀게 하고 채점하고 고치게 하는 학원식 방법보다는 적은 양을 풀게 하더라도 옆에서 아이가 푸는 것을 관찰하면서 틀릴 때마다 교정해주는 방법이 효과적입니다.

사고력 수학은 필요한가?

'사고력 수학'이란 보통 시중에 나와있는 '사고력 수학 브랜드'에서 만든 교재와 학습 내용을 가리킵니다. 대표적인 브랜드로는 cms, 시매쓰, 팩토 수학, 소마 수학 등 다양합니다. 과거 외고 입시에서 '창의 사고력' 수학 문제가 출제되고 영재고가 생기면서, 초등 수학 브랜드 중심으로 만들어진 것으로 알고 있습니다. 영재고가 없고 과학고만 있던 시절에는 초등 경시학원만 있었지 사고력 수학 학원은 없었습니다.

교과 수학은 필수라서 모두 하고, 경시 수학은 최상위권 아이들이 합니다. 그런데 이 사고력 수학의 포지션이 애매하다고 생각하는 부모들이 사고력 수학을 꼭 시킬 필요가 있는지 자주 문의하곤 합니다. 사고력 수학을 해야만 사고력이 길러지는 걸까, 하고 물어보는 것입니다.

수학 공부할 때 사고력을 기르기 위해서는 어떻게 해야 할까요? 오랫동안 생각하고, 고민하면 됩니다. 따라서 사고력을 기르기 위해서 반드시 '사고력 수학'을 해야 하는 것은 아닙니다. 교과 수학이나 심화 수학, 경시 수학에서도 충분히 사고력을 기를 수 있습니다. 수학의 종류에 상관없이, '아이 스스로 오랫동안 생각해서 문제를 푸는 행위'가 사고력을 길러준다고 생각하면 됩니다.

제 아이들에게는 사고력 수학을 3년째 시키고 있습니다. 큰아이가 초4~초6 과정을, 둘째가 초3~초5 과정을, 셋째가 초1~초3 과정을 진행했기 때문에 나름 사고력 수학 전 과정을 파악하고 있습니다. 이 경험을 토대로 저는 사고력 수학을 적극 추천합니다. 교과 수학에서 다루기 힘든, 다양한 수학 접근법이나 재미있는 수학 주제들에 창의적으로 접근할 수 있게 구성되어 있기 때문입니다. 저학년 사고력 수학은 놀이와 흥미 위주가 많습니다. 고학년으로 갈수록 서술형 형태가 많아져, 교과 심화수학이나 수리논술식의 서술형 시험을 치르는 능력을 키우는 데 적합하게 구성되어 있습니다. 매 단원마다 배웠던 내용을 정리하는 꼭지가 있어서, 배웠던 내용을 글의 형태로 설명해야 합니다. 이렇게 알고 있는 수학 내용을 글의 형태로 정리하는 과정은 사고력을 향상시키는 데 도움을 줍니다. 저는 나름대로 만족하므로, 초6 과정까지 사고력 수학을 아이들에게 시킬 예정입니다.

사고력 수학이 사고력 향상에 꼭 필요하진 않지만, 사고력 수학을 한다고 해서 아이의 수학 공부에 해가 되는 것은 전혀 없습니다. 따라서 선행 진도를 빨리 빼기 싫을 때 심화 수학이나 경시대회 준비와 더불어 사고력 수학을 활용하면 좋을 것입니다.

초등 고학년이 되어 사고력 수학을 시작하면 복잡하게 생각하기 싫다며 오히려 거부하는 경우가 많습니다. 차라리 단순한 교과 수학을 하는 것을 원하거나, "교과 심화 수학을 하면 했지, 사고력 수학은 안 하겠다."라는 반응을 보이는 경우도 종종 있습니다. 따라서 사고력 수학을 시킬 예정이라면 가급적 저학년 때부터 사고력 수학을 노출하여 그 매력에 중독되게 만드는 것이 중요합니다. 사고력 수학에 중독되면 교과 수학보다 사고력 수학을 더 좋아하게 되고, 아이의 '생각 주머니'는 점점 커질 것입니다.

초등 심화는 어느 정도 실력이 있어야 가능할까?

강의식 학원에서는 여러 학생들이 같이 수업하므로 일정 수준 이상의 정답률이 나와야 최상위 심화교재를 풀게 합니다. 보통 《디딤돌 기본》의 정답률이 90퍼센트 이상, 《디딤돌 최상위》 정답률이 70퍼센트 이상은 나와야 심화를 시킨다고 보면 됩니다. 한편 개별 첨삭식 학원에서는 학생별로 진도가 다르므로 《디딤돌 기본》의 정답률이 80퍼센트 이상, 《디딤돌 최상위》 정답률이 50~60퍼센트 이상이 되면 심화를 시키곤 합니다. 그러나 초등학생이 엄마표 수학으로 심화를 한다면 정답률은 크게 의미가 없어집니다. 부모의 의지와 아이의 올바른 수학 학습 습관만 있으면 초등 심화를 할 수 있습니다.

일단 아이에게 자기주도 수학 학습 습관, 즉 스스로 개념을 읽고 문제를 푸는 습관을 만들어줬다면(2장 '선행보다 심화가 중요한 이유, 문제해결력' 참고) 개념교재 정도는 혼자서 해낼 것입니다. 그리고 나서 심화를 시키면 됩니다. 여유 있게 한 학기 심화 과정을 6개월 정도 잡고,

최상위 교재를 시작합니다. 공부 시간 2시간 기준으로 두 문제에서 열 문제 정도 풀 가능성이 높습니다. 오답도 많을 수 있고요. 오답이 생기면 스스로 고치게 하면 됩니다. 그래도 안 되는 것들만 힌트를 줘가면서 풀게 하면 됩니다.

처음에는 오답도 많고 질문도 많을 것입니다. 그래도 스스로 풀어가는 것이 습관이 되면, 오답이 많을 수는 있어도 질문은 점점 줄어듭니다. 6개월 정도면 최상위 한 학기 과정을 끝낼 것입니다. 이 루틴을 계속 돌리면 점점 속도도 빨라지고 질문도 줄어듭니다. 이런 방식으로 3년 정도 최상위 심화를 하면, 하루 평균 질문이 1~2개 정도로 줄어들게 되고, 오답이 많더라도 질문으로 해결하려 하기보다는 스스로 고쳐나가려 할 것입니다.

일대일로 지도할 수 있고 아이를 기다려줄 수 있는 가정학습에서는, 아이가 개념교재 정도만 스스로 할 수 있다면 수학 심화를 시킬 수 있습니다. 문제해결력이 없어도 시작할 수 있습니다. 오히려 최상위 심화교재 학습을 통해 없던 문제해결력을 만들 수 있습니다. 따라서 처음 수학을 시작할 때부터 심화까지 진행하는 것이 좋습니다. 그래야 심화까지 하는 게 당연하다 생각해서, 힘들어도 포기하지 않고 최상위 문제를 풀어낼 것입니다.

일반 학원에서는 실력이 안 되면 심화를 시키지 않습니다. 따라서 문제해결력이 없는 학생의 경우 학원을 통해 문제해결력을 기르는 것이 사실상 불가능합니다. 학원을 다니기 전에 미리 심화능력이 만들어진 학생들만 최상위 심화를 시킵니다. 따라서 학년이 올라가도 진도 차이만 있을 뿐 학원에 처음 입학했을 때의 수학 실력이 그대로 유지되는 경우가 많습니다.

그러므로 아이의 실력이 부족해도 심화를 시키고 싶다면 집에서 차근차근 시키면 됩니다. 가급적 초등 3학년부터는 최상위 심화교재를 시작하는 것이 좋습니다. 아이가 실력이 뛰어나다면 속도가 빠를 것이고, 아무리 부족해도 6개월이면 한 학기 과정을 끝낼 수 있습니다. 그리고 점점 속도는 빨라져서 6학년쯤 되면, 1~2개월이면 최상위 심화교재 한 권을 해치울 것입니다.

선행학습 시 개념교재를 건너뛰고
바로 심화교재로 들어가도 될까?

심화교재부터 바로 들어가도 됩니다. 그리고 심화교재부터 들어가면 아이들의 수학 실력을 높이는 데도 굉장한 도움이 됩니다.

아이가 학원을 다니고 뛰어난 수학 실력을 가졌다면, 선생님들이 수학 개념을 설명한 후 바로 심화교재로 수업을 시작할 수도 있습니다. 학원에서는 선생님이 개념 설명을 해주기 때문에 개념에 관련한 문제는 크게 없습니다. 단지 개념교재나 유형교재를 생략하기 때문에, 수학이 약한 학생들의 경우는 심화교재를 못 풀거나 푸는 데 시간이 굉장히 오래 걸릴 수 있습니다. 물론 문제해결력이 뛰어난 아이들은 기본개념만 알면 심화문제나 응용문제를 푸는 데 아무런 어려움을 느끼지 않습니다.

만약 아이가 학원을 다니지 않고 집에서 스스로 개념을 읽고 공부를 한다고 해도, 처음 시작하는 교재를 심화교재로 선택할 수 있습니다. 단, 이 경우는 아이가 개념교재와 유형교재를 하지 않고 바로 심화교재를 하므로 개념을 이해하는 데 어려움을 느낄 수도 있습니다. 따라서 심화교재의 정답률이 평소보다 떨어질 수 있습니다. 그러나 정답률이 떨어진다고 걱정할 필요는 없습니다. 정답률이 떨어지는 이유는 개념을 정확히 모르기 때문인데, 문제를 고치는 과정에서 개념을 정확히 알게 됩니다. 아이가 푼 심화교재를 살펴보면, 앞부분의 개념 파트가 정답률이 떨어지고, 뒷부분의 응용 파트는 오히려 정답률이 높은 경우를 발견할 수 있을 것입니다. 즉, 앞부분의 개념 파트에서 문제를 많이 틀리고, 그것을 고치는 과정에서 개념을 정확히 이해하게 되어, 뒷부분의 응용 및 심화 파트를 잘 풀 수 있는 것입니다. 즉, 아이의 심화능력에는 아무 문제가 없다는 것을 확인할 수 있습니다.

그렇다면 '굳이 처음부터' 심화교재로 공부할 필요가 있을까요?

아주 잘하는 아이들의 경우에는 심화부터 들어가는 게 더 효율적입니다. 개념교재와 유형교재를 너무 쉽게 풀어내기 때문이죠. 즉, 개념교재+유형교재+심화교재를 풀게 하는 대신 심화교재만

3권을 돌리는 방식입니다.

아주 잘하지 않는 아이들의 경우에도 수학 실력의 질적 도약을 위해 심화교재부터 진행하는 것을 추천합니다. 이 경우는 시간이 오래 걸리거나 질문이 많을 수도 있어 학원에서 진행하기는 힘들 수도 있으니, 아이가 올바른 수학 학습 습관을 가졌다면 집에서 도전해볼 만합니다. 물론 학원의 도움 없이 독학으로 처음 배우는 과정을 심화교재부터 시작하면, 아이는 개념을 이해하고 심화문제를 푸는 데 상당한 어려움을 겪습니다. 하지만 그 과정에서 개념 독해 능력과 문제해결력이 급상승하죠. 제 아이들의 경우에도, 진도가 여유 있을 때는 진도도 조정하고 수학 실력도 높이기 위해서 처음 배우는 과정을 심화교재로 나가곤 합니다. 개념을 읽고 스스로 파악하는 습관과 오랫동안 고민하여 스스로 문제 푸는 습관만 있다면 처음부터 심화교재로 공부하는 것을 힘들어하지 않을 것입니다.

개념교재를 생략하고 심화교재부터 바로 들어간 예로, 앞에서도 잠깐 언급했던 제 대학 후배 E군의 이야기를 자세히 들려드리겠습니다. 그는 강원도에서 태어나 학창시절 사교육의 도움을 받지 못했고, 주변 사람들에게 학습에 대한 조언도 듣지 못했습니다. 예비 고1 시절, E군은 서점에 가서 수학 교재를 구입합니다. 수학 학습과 관련해서 아무런 정보도 없었던 E군은 《실력 정석》이 어떤 책인지도 모르고 수학을 처음 공부할 때 쓰는 고1 교재로 선택합니다. 당연히 엄청난 어려움에 부딪쳤고, 혼자서 끙끙대며 고1 과정 《실력 정석》을 1년이 걸려 겨우 마무리합니다. 그런데 그 과정에서 이해 능력과 심화문제를 푸는 문제해결력이 급격히 상승했습니다. 덕분에 고2 때부터는 어려운 교재를 척척 해내게 되어, 고2 과정 《실력 정석》을 매우 빠른 속도로 끝낼 수 있었다고 합니다.

E군이 대학 입시를 치를 당시는 수능과 본고사를 같이 보던 시절이었습니다. 당시 고려대 수학과 교수님들이 본고사 수학 문제를 채점하다가 E군의 답안지를 보고 깜짝 놀랐다고 합니다. 풀이가 너무 뛰어나고 기발했던 거죠. 교수님들은 E군이 수학과에 지원한 것을 기뻐하며 3월이 되어 E군을 만나기를 학수고대했다고 합니다. 어려운 심화교재부터 시작해 좋은 결과를 일궈낸 훌륭한 예시입니다.

수학적 사고력이란 무엇인가

수학적 사고력이란 '일상생활에서 어떠한 문제가 생겼을 경우, 그 문제를 분석하고 이해하여 논리적으로 해결해나가는 능력, 여러 문제를 수학적으로 보고 다양한 전략을 찾아내어 문제를 해결하는 힘'이라고 정의할 수 있습니다. 즉, 어떤 것을 중복되지 않게 분류해서 정리하는 능력입니다.

일상에서 수학적 사고력이 뛰어난 사람들은 여행 계획을 잘 짜거나 일처리를 빠르게 잘한다고 인정받습니다. 요리를 할 때도 낭비되는 시간 없이 가장 효율적인 방법을 쉽게 찾아낼 수 있습니다. 컴퓨터 프로그램을 짤 때도 대학교에서 수학을 전공하고 대학원에서 컴퓨터 공학을 공부한 사람들이, 컴퓨터 공학만 공부한 사람들보다 좀 더 효율적이고 간결한 프로그램을 잘 짜서 비용절감에 기여한다고 합니다.

수학적 사고력과 가장 연관이 있는 수학의 단원은 확률과 통계의 '경우의 수'입니다. 이 단원을 잘하기 위해서는 중복되지 않게 분류해서 셀 수 있는 능력이 필요합니다. 따라서 경우의 수나 확률을 잘하지 못하는 학생은 수학적 사고력이 부족하다고 볼 수 있습니다.

수학적 사고력을 높이는 방법에는 독서와 독서록 쓰기, 배운 수학 개념을 누군가에게 설명하는 형태의 글쓰기(수학 일기), 스스로 오랫동안 고민하여 수학 문제 풀기, 질문하고 탐구하는 자세 갖추기, 블록 등을 가지고 여러 입체 도형 상상하여 만들기, 수학 문제를 풀 때 성냥개비나 종이 접기 등 다양한 아이디어를 이용하여 문제 해결하기 등이 도움이 된다고 합니다.

◆

재수종합반에서 처음 담임을 맡았을 때, 제 옆자리에는 저보다 10년 이상 경력이 많은 선생님이 계셨습니다. 저는 담임이 처음이라 어떻게 할지 몰라 쉬는 시간마다 학생들을 불러서 상담하기 바빴습니다. 그런데 그분은 학생들이 쉬는 시간에 찾아와서 "수학 공부 어떻게 해요?"라고 물어보면, 상담은 해주지 않고 그 학생에게 이렇게 되물었습니다. "너, 수학 열심히 공부해봤니?" 그럼 그 학생은 이렇게 대답합니다. "아니오, 아직 어떻게 공부할지를 몰라서요." 그러면 그는 그 학생에게 이렇게 얘기합니다. "그럼 가서 열심히 공부해보고, 다시 와서 물어봐."

처음에는 상담을 해주지 않고 학생을 돌려보내는 그 선배 강사를 이해할 수 없었지만, 학원 강사 생활을 오래 하다 보니 그가 왜 그랬는지 이해하게 됐습니다.

3

초등 아이
올바른 공부 습관 만들기

고등까지 가는 초등 공부 습관

효과적인 공부법이란 없다

공부의 본질은 무엇인가

　많은 부모들이 아이의 성적을 올릴 수 있는 효과적인 공부법을 찾습니다. 어디 학원이 좋다고 하면 학원을 옮겨보기도 하고, 어떤 책 내용대로 해서 성적이 올랐다고 하면 책을 사서 따라 해보기도 합니다. 이러한 부모들의 니즈에 맞게 시중에는 무수히 많은 공부법과 학습법 관련한 책들이 나와있고, 심지어 공부법만 연구해서 상품으로 만들어 파는 업체도 존재합니다.

공부법에 대한 갈증은 학생들의 경우도 마찬가지입니다. 대학 합격 수기 등을 찾아보면서 성적을 조금이라도 더 효율적으로 올릴 수 있는 방법을 알고 싶어 합니다.

재수종합반에서 수업을 해보면, 상담만 하는 학생들이 보입니다. 학원 각 과목 선생님들이 수업시간에 좋은 학습법이나 공부법, 선배들의 성공 사례들을 자주 이야기해줌에도 불구하고, 상담만 하는 학생들은 교무실에 살다시피하면서 선생님과 상담을 합니다. 모의고사를 본 후, 과목별로 선생님들을 만나서 "저 어떡해요? 이 점수로 대학 갈 수 있을까요? 어떻게 공부해야 해요?" 하면서 상담만 합니다. 과목별로 한 선생님에게만 상담을 받는 것도 아닙니다. 수학 선생님이 세 명 있다면 매일 다른 선생님을 만나 똑같은 상담을 합니다. 모든 과목을 선생님별로 상담하니, 한 번 모의고사를 볼 때마다 상담으로 2주 정도의 시간을 잡아먹습니다. 심지어 질의응답 시간에도 질문은 안 하고 상담을 청합니다.

그런 학생들을 보면 이런 생각이 들었습니다. '상담할 시간에 공부를 하면 성적이 더 많이 오를 텐데.' '공부법 물어볼 시간에 스스로 공부를 해보면, 어떻게 공부를 해야 할지 방법을 찾아낼 수 있을 텐데.'

결국 공부의 본질은 '공부를 하는 것'입니다. '공부를 잘하기 위한 방법'도 '공부를 열심히 하는 것'입니다. 공부법과 학습법의 본질 역시 결국 '공부를 열심히 하는 것'입니다.

초등 학원만 여러 가지 브랜드가 많은 이유

주변의 학원들을 살펴보면, 시중에 유행하는 공부법이나 학습법 등을 이용하여 발 빠르게 상품들을 제일 많이 만들어내는 곳이 초등 과정을 가르치는 학원이라는 것을 알 수 있습니다. 사고력 수학, 메타인지를 이용한 프로그램, 스스로 설명하는 수학 등등 무수히 많은 학원 종류와 프로그램들이 있습니다. 교재도 초등부가 가장 많습니다. 중등으로 갈수록 점점 줄어들다가 고등부터는 아예 찾아볼 수가 없습니다.

왜 이런 현상이 벌어질까요?

초등 부모가 아이 교육에 많은 관심을 가지고 있고 초등학생들이 시간적 여유가 있어서 그럴 수도 있습니다. 또는 중고등으로 갈수록 점점 아이의 실력을 인정하고 환상이 깨지며 현실을 받아들이게 되고, 교과와 내신 그리고 학종을 준비하기도 바쁘기 때문에 다른 프로그램은 생각할 여력도 없어지는 것이 이유일 수도 있습니다.

그러나 제가 볼 때 근본적인 이유는 따로 있습니다. 공부의 본질은 다양한 프로그램이나 학습법이 아니라 '공부를 열심히 하는 것'이기 때문입니다. 학년이 올라갈수록 '성적이 잘 나오려면 공부를 열심히 하는 수밖에는 없다'라는 진리를 체감하게 됩니다. 학생들이 성적이 안 나오고 공부를 못하는 것은 효과적인 학습 프로그램을 이용하지 않아서가 아니라, 공부를 열심히 하지 않아서입니다.

　재수종합반을 보면 잘되는 학원 기준으로 평균 한 반에 60명 정도의 학생을 집어넣고, 70~80년대같이 강의식(주입식) 수업을 합니다. 학생들은 수업을 듣고, 저녁에 자습을 하며 공부를 하죠. 학원 프로그램은 학생들 자습시간에 선생님들이 교대로 남아서 질문을 받아주는 것이 유일합니다. 이 단순한 프로그램에서 학생들은 열심히 공부해서 성적을 올립니다. 초등부나 중등부 학원같이 다양한 프로그램이 없습니다. 학원은 그냥 공부를 시키고, 학생들은 공부를 할 뿐이죠.

　재수생들에게 "열심히 하는 것같이 보이는 A라는 학생이, 막상 시험을 보면 성적이 안 나오는 원인이 뭐냐?"라고 물으면, 학생들은 단호하게 "열심히 안 하거나, 공부하는 척만 해서 그렇다."라고 대답합니다. 여기서 '공부하는 척'이라는 것은, 자습시간이나 쉬는 시간, 수업시간에 공부를 하는 것같이 행동하나 실제로는 집중도 안 하고 딴 생각을 하며 앉아만 있는 경우입니다. 재수생들 중에 이렇게 공부하는 척만 하는 학생들이 정말 많습니다. 아무튼 재수생들이 입을 모아 얘기하는 것이, 본인들이 고등학교 때까지는 공부 안 하다가 재수하면서 공부를 해보니 열심히 공부해서 성적이 오르지 않는 경우는 없다는 사실을 깨달았다고 합니다. 다른 이유는 다 핑계라고 단호하게 말합니다.

고등까지 가는 초등 공부 습관

공부는 습관이다

공부를 하기 위한 동기부여는 필요 없다

재수종합반에서 수업을 할 때 선생님들이 돌아가면서 당직을 섰습니다. 자습실을 돌아다니며 자고 있는 학생들은 깨우고, 딴짓하는 학생들에게는 주의를 주고, 학생들이 질문하러 오면 질문을 받아주는 역할이었죠.

그러다가 한 남학생의 책상을 봤는데, 그 남학생은 포스트잇에 자기 욕을 적어서 책상에 붙여놨습니다. 욕의 내용은 온통 본인의 의지박약을 탓하는 내용이었습니다. 그때는 그 남학생이 딱하기도 하고, 의지가 정말 약한가보다 하고 생각했지요. 이 남학생이 정말로 동기부여가 부족해서 공부가 안 되는 것이었을까요?

　따뜻한 봄날 토요일 오후에 제자 둘이 찾아왔습니다. 둘 다 외고를 졸업하고 한 명은 고려대 경영학부, 한 명은 연세대 언론홍보영상학부에 합격한 아주 우수한 제자들입니다. 고등학교 시절 엄청난 절제력으로 공부만 했던 학생들이었죠.

　제가 "왜 왔냐?"라고 물어보니, 대학교 중간고사 기간인데 도서관에 있다가 공부가 너무 안 돼서 왔다고 했습니다. 고등학교 때는 그렇게 열심히 했는데, 어찌된 영문인지 1시간도 집중하기 힘들다고 합니다. 그래서 심심해서 선생님 얼굴이나 보고, 인터넷이나 좀 하다가 가려고 놀러왔다고 하더라고요. 고등학교 시절 밤을 새면서 그렇게 열심히 공부했는데, 대학교에 올라가니 1시간도 집중해서 공부하기 힘든 이유는 무엇일까요?

　아이들이 공부에 대한 의미를 못 찾고, 공부에 대한 욕심도 없고, 동기부여가 안 돼서 공부를 안 한다고 말씀하시는 부모들이 많습니다. 동기를 부여하기 위해 동기부여 영상도 틀어주고, 캠프나 강연에도 보내고, 윈터스쿨에 보내기도 합니다. 하지만 다 그때뿐이고 시간이 지나면 똑같은 상황이 반복됩니다. 왜일까요?

공부는 의지나 정신 교육, 동기부여로 하는 것이 아니라 반복적이고 지속적인 습관으로 하는 것이기 때문입니다.

공부 습관은 어렸을 때, 미취학 아동 때부터 독서를 통해 만들어 가면 좋습니다. 미취학 때는 틈 나는 대로 아이에게 책을 읽어주고 읽고 싶어 하는 책들을 골라 반복해서 읽어줌으로써 책을 좋아하게 만듭니다. 이렇게 책과 친숙해진 아이는 초등 저학년 때 스스로 책을 읽을 수 있는 '읽기 독립'이 수월해집니다. 독서록을 많이 쓰고 도서관에서 책을 많이 빌려 읽으면 학기가 끝날 때 상을 주는 초등 학교가 많은데, 이런 작은 성취를 이룰 수 있도록 부모가 지지하는 것도 아이가 책과 익숙해지는 데 도움이 많이 됩니다. 그러면 아이는 자연스럽게 오랫동안 앉아서 집중해서 글을 읽는 행위를 어려움 없이 해냅니다. 책을 좋아하는 아이들은 도서관에 보내주면 5~6시간도 집중해서 책을 읽습니다. 여기서 책 읽는 것을 공부로만 살짝 바꿔주면 아이들은 큰 거부감 없이 공부를 하기 시작합니다.

오랫동안 앉아서 활자를 보는 것에 익숙하고 독서를 통해 인과 관계를 파악하는 이해력과 추론능력이 생긴 아이들은, 공부하는 것이 어렵거나 힘들다고 느끼지 않습니다. 이렇게 공부를 하다 보면 습관이 되어 자연스럽게 공부를 많이 하게 되고, 공부를 많이 하니 성적이 오르고, 성적이 오르니 성취감도 생기고, 주변 사람들에게 칭찬도 들어 만족감도 생깁니다. 자기 자신에 대한 긍정적인 무의식이 강화되고 자존감도 커집니다. 그 단계가 되면, 공부에 대한 동기부여가 외부가 아니라 내부에서 생겨나기 시작합니다. 스스로 공부에 대한 동기를 만들어 공부를 더욱더 열심히 합니다.

이것이 공부를 열심히 잘하게 되는 과정입니다. 공부를 안 한다고 해서 정신 교육이나 동기부여 영상을 보여줘도 그때뿐입니다. 누군가 동기부여를 해주는 건 소용이 없습니다. 공부를 열심히 한 결과로 얻은 성취가, 공부에 대한 동기부여로 되돌아오는 것입니다.

공부를 열심히 하면 생기는 일

그렇다면 공부를 정말로 열심히 하면 무슨 일이 벌어질까요?

첫째, 실력이 늘고 성적이 오릅니다.

평소에 공부를 안 했던 학생들이 공부를 열심히 하면 처음에 실력이 늘고 한참 있다가 성적이 오릅니다. 그래서 재수를 했다가 아쉬워서 삼수를 선택하는 경우가 생깁니다. 재수를 해보니 공부하는 법을 알게 됐고 과목별로 실력은 늘었으나, 점수까지 오르기에는 실력이 부족한 것인데, 이런 학생들은 삼수를 하면 점수까지 오를 수 있는 실력이 만들어져 성적이 오릅니다.

실력이 늘고 성적이 오르면 어떤 일이 벌어질까요? "나도 할 수 있다!"라는 자신감이 생기고, 성취욕구가 생기며, 본인에 대한 긍정적인 무의식이 형성됩니다. 성적이 오르면서 맛본 성취감은 스스로 열심히 하게 만드는 강력한 동기이자 원동력이 됩니다. 만일 성적이 많이 올라 전교권에 진입하게 되면, 스스로 그 위치에서 무너지지 않으려고 노력하게 됩니다. 그 순간부터는 "공부해라!"라는 잔소리는 필요 없어지고, "과일 좀 먹고 하렴. 쉬엄쉬엄 하렴. 건강도 신경 쓰면서 해라!"라는 선순환의 긍정적인 잔소리가 시작될 것입니다.

둘째, 힘들어도 공부를 열심히 하다 보면 여러 가지 시행착오를 거치면서 자기만의 효율적인 공부 방법을 찾게 됩니다.

수면 시간을 예로 들면, 7시간 취침하고 하루 종일 공부하는 것이 나에게 맞는지, 아니면 5시간 취침하고 공부하다가 피곤할 때는 쉬는 시간이나 점심시간을 이용해서 잠깐 잠을 자는 것이 나에게 맞는지 알아낼 수 있습니다.

공부시간을 예로 들면, 똑같이 3시간 동안 공부를 해도 한 과목을 3시간 동안 하는 것이 나에게 맞는지, 아니면 과목별로 1시간씩 번갈아가면서 하는 게 나에게 맞는지도 찾아낼 수 있습니다.

이렇게 공부하다가 성적이 더 이상 오르지 않고 한계에 부딪칠 때, 자기의 방식을 스스로 점검하고 조정하게 됩니다. 그럼에도 불구하고 막힐 때 선생님들과 상담을 하게 되면, 선생님들의 조언들이 피부에 와닿고 본인이 무엇이 부족했는지를 깨닫게 되어 더욱 발전할 수 있는 계기로 삼을 수 있습니다. 공부를 열심히 해보지도 않은 채 효과적인 공부법만 알려달라고 하는 것과는 천지 차이입니다.

셋째, 인간이 가지는 본능 중에 호기심과 지적 욕구가 있습니다. 공부를 계속 하다 보면, 공부를 하는 과정에서 얻게 되는 진리나 지식들이 지적 욕구를 만족시켜서 공부하는 것 자체가 재미있어지기도 합니다. 몰랐던 것들을 알게 되었을 때 쾌감(유레카) 때문에 밤새도록 실험하고 연구하는 사람들도 많습니다. 따라서 공부를 지속적으로 오래 하면 공부 자체에서 얻게 되는 기쁨과 만족이 있습니다.

결국 공부를 오랫동안 열심히 하다 보면, 공부를 잘하게 되고, 공부를 좋아하게 됩니다. 공부를 좋아하니 더욱더 공부를 열심히 하고, 공부를 더 잘하게 됩니다. 이렇게 선순환의 고리가 만들어지는 것입니다.

공부습관형성을좌우하는
결정적인시기

공부를 잘하거나 명문대에 합격한 학생들은 어떻게 공부를 잘하게 되는 걸까요? 저도 세 아이를 키우는 아버지의 입장이다 보니, 공부를 잘하고 명문대에 진학하는 제자들이 있으면 그 아이들이 공부를 잘하게 된 로드맵이 궁금하여 항상 물어봅니다. 그러면 놀랍게도 그들이 얘기해주는 로드맵에는 어느 정도 공통된 흐름이 있습니다. 시기별로 나눠보면 미취학 시절부터 초등 4학년까지가 습관과 태도를 만드는 핵심적인 시기고, 초등 5~6학년이 그 습관으로 본격적으로 공부를 하는 시기였습니다. 중등부터는 어느 정도 자기주도성을 가지고 공부하며, 그때부터는 내적동기(경쟁, 칭찬, 성적 등)로 알아서 공부를 열심히 했다고 합니다. 다시 말해 중등 고등은 초등까지 잡힌 학습 습관과 공부에 대한 태도로 인해 만들어진 학습 능력으로 알아서 열심히 하는 시기입니다.

따라서 초등 4학년까지 독서 습관, 일정한 시간에 공부하는 습관, 공부는 무조건 해야 하는 것이라는 인식, 원칙 등을 잘 세워주면, 초등 고학년에 습관이 완성되고, 중등부터는 알아서 굴러갑니다. 시기별로 더 자세히 살펴보겠습니다.

집중력을 기르는 미취학 시기

오랫동안 앉아서 집중할 수 있는 활동들을 한 공동점이 있습니다. 독서, 바둑, 보드게임 혹은 복잡한 종이접기 등이 그것입니다. 모두 어느 정도 오랫동안 집중해서 머리를 써야 하는 활동들입니다.

가장 좋은 것은 독서입니다. 독서가 공부 습관을 잡는 데 가장 연계성도 좋고, 공부에도 직접 도움을 주기 때문입니다.

본격적 공부 습관 형성하는 초등 시기

이 시기는 공통적으로 부모의 역할이 중요했습니다. 부모가 공부 습관을 만들어준 것입니다.

부모가 공부 습관을 만들어주는 두 가지 방법이 있습니다. 하나는 부모가 학원 스케줄을 잡고, 아이는 수동적으로 부모가 보내는 학원에 다니면서 사교육에 의존해서 습관을 만드는 방법입니다. 다른 하나는 아이 스스로 학습 계획을 잡고 자기주도적으로 공부하도록 하는 방법입니다.

인간이 행복을 느끼는 경우는 여러 가지가 있습니다. 맛있는 것을 먹거나, 집을 사거나, 여행을 가거나, 대학에 합격하는 등등 무수히 많은 경우가 있습니다. 표면적으로 인간이 행복을 느끼는 경우를 무의식의 영역에서 분석해보면, 근본적으로 인간은 무언가를 자기주도적으로 진행하고 자신의 영향력을 행사할 때 행복감을 느낀다고 합니다. 따라서 공부의 경우도 자기가 계획을 잡고 자기 스스로 하고 있다고 생각하면 공부하는 자체에서도 행복감을 느낄 수 있습니다. 공부하는 자체가 행복하다면, 사춘기가 돼서도 스스로 자기를 행복하게 해주는 공부를 열심히 할 수 있을 것입니다. 공부 때문에 부모와 부딪칠 일도 없겠죠.

사교육에 의존해 명문대에 들어간 학생과 자기주도적인 공부 습관으로 필요한 것들만 사교육의 도움을 받으면서 명문대에 들어간 학생들의 차이점은, 부모의 역할입니다. 사교육에 의존해 명문대에 합격한 학생의 부모는 고3까지 모든 것에 관여했습니다. 숙제는 제대로 하고 있는지 확인하고 학원 선생님과 상담하며 아이를 믿지 못합니다. 아이는 고3인데 마치 초등학생 학부모를 보는 것 같은 느낌입니다.

반면에 자기주도적인 공부 습관을 갖춰 좋은 성적을 받고 명문대에 합격한 학생의 부모는 철저하게 조력자 역할을 했습니다. 아이의 의견을 충분히 들어주고 원하는 대로 하게 합니다. 물론 그렇다고 아예 손을 놓고 있다는 뜻은 아니고, 아이는 공부에만 집중할 수 있도록 지원하며 입시 정보 등 중요하고 결정적인 외부 정보를 알아보고 노력한다는 뜻입니다.

알아서 굴러가는 중고등 시기

중학교에 올라가면 성적에 따른 서열이 발생하게 됩니다. 초등까지는 누가 잘하고 못하는지 질 몰랐다가, 중학교에 오면 학교 시험 성적에 따른 석차가 생기는 것이죠.

당연히 초등학교 때 공부하는 습관을 잘 잡은 아이들은 중학교에 오게 되면 좋은 성적을 받고 전교권에 듭니다. 여기서부터는 자연스럽게 스스로 열심히 하는 단계가 됩니다. 공부를 잘하니 거기서 얻는 성취감이 있고, 성적이 좋으니 주변의 칭찬을 듣게 되고, 친구들의 부러움을 사게 됩니다. 경쟁이 치열하니 밑에서 올라오는 친구들을 경계하고, 자기 자리를 지키기 위해서 더욱더 열심히 공부하게 됩니다. 이 힘든 과정을 거쳐서 원하던 성적이 나오면 거기에서 행복감을 느낍니다.

고등학교에서 공부를 열심히 잘하는 부류는 크게 두 가지로 나뉩니다. 하나는 앞서 이야기했던 초등학교 때 습관을 잘 잡고 중학교 때 공부를 잘했던 부류이고, 다른 하나는 명확한 꿈을 확립한 부류입니다. 고등학교 때 명확한 꿈을 가지게 된 부류는, 그 꿈을 이루기 위한 강력한 동기가 있다 보니 더욱더 열심히 공부하게 됩니다.

제가 가르쳤던 제자들 중에 게임을 좋아해서 나중에 크면 게임 회사를 만들기로 약속한 두 제자가 있었습니다. 한 명은 일반고에 진학하여 학생부 종합전형으로 연세대 컴퓨터과학과에 합격하고, 다른 한 명은 자사고에 진학하여 수리논술로 중앙대 컴퓨터공학과에 합격합니다. 둘은 자주 연락하면서 본인들의 꿈을 이루기 위해 서로를 격려하고 정보를 공유했다고 합니다. 게임 회사를 만들기 위해, 아무도 시키지 않았는데 중학교 때부터 세계 역사책을 읽으며 게임 시나리오를 썼고, 게임 박람회 등에 참석하며 정보를 얻었습니다. 이러한 목표와 열정이 있는데 원하는 대학과 학과에 못 간다면 오히려 이상한 일입니다.

결국, 초등학교부터 중학교, 고등학교까지 공부를 잘하게 되는 로드맵을 살펴보면 아주 단순합니다. 미취학 시기는 오랫동안 앉아서 집중할 수 있는 무언가를 하고, 초등학교 시기는 부모에 의해 공부하는 습관이 형성되었으며, 중학교부터는 공부를 잘하게 되면서 얻는 만족감과 성취감 때문에 내적 동기가 형성되어서 스스로 열심히 하게 되었고, 고등학교부터는 (만약 있다면) 꿈을 이루기 위한 노력이 추가되면서 공부를 더 잘하게 되었습니다.

막연하게 "잘 먹고 잘살기 위해서는 좋은 대학 가야지!", "평생 게임하고, 편하게 놀고먹으려면 공부를 열심히 해야 한다!", "해외여행 다니고, 멋지게 살려면 돈을 많이 벌어야 돼. 그러려면 좋은 대학을 가야 하고, 지금 공부를 열심히 해야 돼!"라는 말로는 공부를 열심히 하지 않습니다.

왜냐하면 지금 공부를 안 해도 잘 먹고 잘살고 있고, 게임도 할 수 있고, 편하게 놀고먹을 수 있고, 부모님이 알아서 해외여행도 보내줍니다. 지금 이 모든 것을 다 누리고 있다는 것을 의식도 알고 무의식도 아는데, 지금 누릴 수 있는 것을 포기하고 힘든 공부를 하리고 하면 누가 그렇게 할까요?

재수생들을 가르쳐보면, 공부를 열심히 안 하는 학생들에게 말로 하는 동기부여가 의미가 없다는 것을 알게 됩니다. 재수생들은 철이 다 든 상태이고, 대학 입시에 실패한 학생들이며, 1년 동안 스스로를 극복해서 좋은 대학을 들어가야 하는 과제를 안고 있고, 좋은 직장에 취업해야 한다는 것도 알고 있습니다. 그런데 열심히 하는 학생들이 그리 많지는 않습니다. 왜냐하면 공부하는 습관이 형성되지 않았고, 공부를 통해서 작은 성취감들을 맛봐야 하는데 맛보지 못했고, 따라서 "나도 할 수 있겠구나!"라는 자신감도 형성되지 않았기 때문입니다. 대신 그들의 잠재의식에는 20년 동안 쌓아

온 자신에 대한 부정적인 이미지로 가득합니다.

억지 동기부여는 공부에 도움이 되지 않습니다. 미취학 시기부터 쌓아 올린 꾸준함과 성실함을 바탕으로 한 공부 습관이 핵심입니다. 따라서 아이를 말로 유혹하기보다는 공부를 해야 하는 것, 당연한 것이라고 가르치고 이끌어야 합니다. 부모가 아이에게 알려주고 물려줄 수 있는 최고의 공부 자산입니다.

공부 습관이 잡히지 않을 때

엉덩이의 힘부터 길러라

공부를 열심히 안 하는 학생들과 상담해보면, 공부를 안 하는 이유에 대해서 대부분 이렇게 얘기합니다.

"왜 공부를 해야 하는지도 알고, 이렇게 살면 안 된다는 것도 아는데, 실천이 안 돼요. 공부하려고 하면 집중도 안 되고, 책상에 오랫동안 앉아 있는 게 너무 힘들어요. 좀이 쑤시고 머리가 아프고 답답해요."

재수종합반에서는 이런 학생들을 어떻게 공부시킬까요? 결론부터 말하면 강제적으로 습관을 만들어줍니다. 기숙학원은 잠자는 시간부터 일어나는 시간, 밥 먹는 시간, 쉬는 시간, 공부시간, 이 모든 것을 담임 선생님이 관리해줍니다.

기숙학원이 아닌 재수종합반은 수면 관리를 하지 못한다는 치명적인 단점이 있습니다. 아이들이 늦잠 자고 지각하는 경우도 꽤 많고, 집에서 새벽까지 딴짓을 하다가 수업시간과 자습시간에 잠만 자다 가는 경우도 많습니다. 따라서 재수종합반 담임 선생님들은 공부 습관이 들지 않은 재수생에게 처음 2주 동안은 엄하게 혼내고 혹독하게 대하는 경우가 많습니다.

아이들이 재수종합반에 입학하면, 학원에서는 짧게는 2주에서 길게는 한 달 안에 무슨 수를 써서라도 아이들의 공부 습관을 잡아줍니다. 유명한 학원이라고 해서 특별한 프로그램이 있는 게 아닙니다. 강제로 습관만 잡아주면 아이들은 오랫동안 앉아 있는 것이 습관이 됩니다. 처음에는 앉아 있어도 집중도 안 되고, 공부도 안 되지만 나중에는 점점 집중이 되고 공부가 되기 시작합니다. 그 다음부터는 앞서 설명한 똑같은 패턴이 이어집니다. 공부를 하니 성적이 오르고, 성적이 오르니 성취감이 생기고, 내적 동기가 만들어져서 스스로 더 열심히 공부하게 됩니다.

기억에 남는 제자 중에 고등학교 3년 동안 게임만 하다가 온 제자가 있었습니다. 게임을 너무 좋아해서 학교에서는 하루 종일 잠만 자고, 집에 오면 방에 들어가 학교 가기 전까지 8시간 동안 화장실도 안 가고 게임만 했다고 합니다. 이 학생이 나름의 목표를 가지고 재수를 하기 위해 학원에 왔고, 담임이었던 저에게 묵언 수행(말을 한 마디도 하지 않고 공부만 하는 것)을 하겠다며 같은 반 친구들에게 양해를 구해달라고 부탁을 했습니다. 그 부탁대로 저는 조회시간에 이 아이는 묵언 수행 중이니 말을 걸거나 귀찮게 하지 말라고 같은 반 학생들에게 알렸습니다. 이 학생은 다른 것은 몰라도 진득하게 앉아서 오랫동안 공부하는 것은 어려워하지 않았습니다. 8시간 동안 한 자리에서 움직이지 않고 게임하는 습관이 3년 동안 들었던 것 때문이었죠. 결국 이 학생은 동국대 기계공학과에 합격합니다.

이처럼 재수생은 강제적으로 공부하는 습관을 비교적 만들기 쉽습니다. 그렇다면 중고등학생은 어떻게 해야 할까요? 앞서 이야기했지만, 대부분의 공부 습관이 들지 않은 중고등학생들도 공부를 해야 하는 이유는 다 알고 있습니다. 몸이 안 따라갈 뿐이죠. 마약 중독자나 알코올 중독자와 약간은 비슷하다고 보면 됩니다.

저는 정말로 변하고 싶어 하는 중고등학생들에게는 다음과 같은 단계로 연습하라고 권합니다.

1단계는 앉아 있는 습관 만들기입니다. 학생들에게 스마트폰, 태블릿 PC 등 전자기기는 다른 곳에 치우고, 일단 공부를 하라고 시킵니다. 당연히 공부하기가 힘들고 집중도 안 됩니다. 그렇게 버티다가 힘들면 만화책이라도 읽고, 다시 괜찮아지면 공부하라고 시킵니다. 이런 식으로 3~4시간에서 많게는 10~12시간 동안 앉아 있는 습관을 기르라고 합니다. 이 단계가 익숙해지면, 2단계로 만화책 대신 소설책 같은 재미있는 글줄책으로 바꾸리고 합니다. 이 단계가 극복되면, 3단계로 재미있는 책 대신 중고등 추천 필독도서로 바꿔서 해보라고 합니다. 이 단계가 극복되면, 드디어 공부만으로 버텨보라고 합니다.

많은 학생들이 오랫동안 앉아서 공부하면 집중도 안 되고 효율성이 떨어진다고 얘기를 합니다. 이것은 공부 습관이 안 잡혀서 그런 것입니다. 습관이 되고 연습이 되면, 하루 14~16시간을 공부해도 시험 보기 전날의 집중력으로 공부할 수 있습니다. 이것은 저도 경험해본 것이고, 공부를 잘하는 학생들을 관찰해봐도 알 수 있는 사실입니다.

한편, 엉덩이의 힘이 없는 초등학생들은 독서 습관이 잡히지 않은 경우입니다. 독서 습관이 공부 습관으로 자연스럽게 자리 잡는 과정을 거치지 못한 것이죠. 이런 아이들의 엉덩이 힘을 기르려면 어떻게 해야 할까요?

바로 공부 대신 독서를 시키는 것입니다. 시간이 날 때마다 부모가 아이를 무릎에 앉히고 책을 읽어주고, 일주일에 하루를 수학 공부 대신 책 읽기로 바꾸어 스스로 책을 읽게 하는 것입니다. 예를 들어 일주일에 다섯 번 수학 공부를 한다면, 하루는 책 읽기로 바꿔줍니다. 주로 집에서 부모가 읽어줬던 책을 스스로 읽게 하며, 공부하는 대신 책을 읽을 때는 집중해서 읽게 합니다. 책 읽기를 싫어하는 아이가 제대로 책을 읽을까 싶지만, 아무리 책 읽기를 싫어하는 아이라도 더 하기 싫은 공부 대신에 책을 읽으라고 하면 열심히 책을 읽습니다. 다 읽으면 독서록을 작성하도록 합니다. 그리고 가끔 사달라는 책이 있으면 바로 사줌으로써 책에 대한 흥미를 갖게 합니다. 이런 과정을 거쳐 독서가 습관이 되면, 엉덩이에 힘이 붙습니다.

포인트는 책 읽기나 공부나 스스로 하고자 하는 마음이 있어야 제대로 한다는 점입니다. 아이가 기본적인 독서 습관이 없는 상태에서 독서 토론 학원을 보내봤자, 독서가 형식적인 숙제가 되어서 의미가 없습니다. 그러니 위에서 말한 방법을 통해 독서 습관을 자연스럽게 잡는 것이 먼저입니다.

항상 마무리하는 습관을 길러라

집에서 혹은 다른 학원에서 공부하다가 제 학원에 온 학생들의 수학 교재를 보면 아주 엉망인 경우가 자주 있습니다. 채점이 안 된 부분도 있고 오답을 안 한 문제도 있고, 어려운 문제는 건너뛰기도 하며 듬성듬성 풀어놓은 경우도 수두룩합니다.

모든 과목이 마찬가지겠지만 수학의 경우는 특히 처음부터 꼼꼼히 풀고, 틀린 문제는 반드시 오답하고, 어려운 문제라고 건너뛰지 말고 전부 푸는 것이 중요합니다. 시간이 오래 걸리더라도 어려운 문제는 해결하고 넘어가는 습관을 길러야 하죠. 힘들다고 포기하고 쉬운 문제부터 풀기 시작하면, 학교 시험도 어려운 문제는 못 풀고 쉬운 문제만 풀게 되고, 나아가 인생도 그렇게 살게 됩니다. 무언가 시도하다 힘들면 포기하고 쉬운 다른 것을 찾는 것이죠.

성공한 사람들의 특징 중에 그릿(GRIT) 점수라는 게 있습니다. 하버드대 연구팀은 학생 130명에게 러닝머신을 뛰게 하는 실험을 했는데, 체력의 한계에 부딪쳤을 때 포기하지 않고 몇 발자국을 더 내딛었는지 여부를 가지고 측정한 게 그릿 점수입니다. 이 그릿 점수가 높을수록 재능과 상관없이 40년이 지난 후 성공하는 비율이 높았다고 합니다.

그렇다면 그릿 점수는 어떻게 높일 수 있을까요? 일상에서 아주 작은 것도 확실히 마무리하고 포기하지 않는 습관을 가지면 그릿 점수가 높아집니다. 즉, 아이에게 아주 사소한 것부터 성공하는 습관을 만들어주고, 거기서 작은 성취감을 느끼게 해주는 것이죠. 예를 들어 아이와 등산을 갔는데, 생각보다 길이 험하고 시간이 걸리더라도 아이가 끝까지 가고 싶어 하면 반드시 정상까지 함께 가줘야 합니다. 배드민턴을 아이에게 처음 가르칠 때 너무 못해서 "다음에 좀 더 크면 해보자. 아직 네가 어려서 이 운동이 지금 너에게는 조금 힘든 것 같아."라고 말을 했는데, 아이가 계속 해보겠다고 하면, 몇 시간이고 아이가 원할 때까지 해줘야 합니다.

제 아이들에게 큐브를 가르쳤을 때의 일입니다. 첫째와 셋째는 큐브를 빨리 배우고 잘했지만, 둘째만 유독 가르쳐줘도 잘 이해를 하지 못하고 느렸습니다. 그런데 몇 주씩 계속 포기하지 않고 연습을 하더니, 어느 순간 형제 중에서 가장 빨리 큐브를 맞추게 되었습니다. 이뿐만이 아니라 큐브를 연습하는 과정에서 여러 가지 응용 공식들도 스스로 만들어냈고요. 나중에는 저보다 훨씬 큐브를 잘하게 되었습니다. 제 둘째 아이에게는 이런 경험들이 본인의 그릿 점수를 점점 높여서 성공하는 삶을 사는 데 도움을 줄 것입니다.

인터넷에서 본 어느 의대생의 합격 수기에서도 같은 말을 하고 있습니다. 그 학생은 재수를 했는데, 재수를 하기 전에 수능 점수가 의대는커녕 인서울도 들어가기 힘든 점수였던 것으로 기억합니다. 이 학생은 재수를 하면서 "1시간만이라도 서울대 의대 합격생이 공부하는 것처럼 공부해보자!"라는 작은 목표에서 출발했다고 합니다. 그렇게 1시간을 성공하면, 다시 1시간을 추가하는 방식이었죠. 시간 단위도 서서히 늘려, 1시간을 넘어 하루로 바꿨습니다. 즉 매일 아침 눈을 뜨면, "오늘 하루만 서울대 의대 합격생같이 공부해보자!"라고 목표를 잡고, 하루를 서울대 의대 합격생같이 공부하는 데 성공했으면 그 다음 날도 똑같이 "오늘 하루만 서울대 의대생같이 살아보자!"라는 목표를 잡았다고 합니다. 이런 작은 성공과 성취감들이 점점 자신감을 높였고 자신의 무의식을 서서히 긍정적으로 변화시켰습니다. 그리고 현재 성적과 서울대 의대 합격생의 성적 차이를 줄이는 데 무의식이 역할을 하기 시작했습니다. 즉, 공부할 때 좀 더 집중할 수 있도록 무의식이 "오랫동안 공부해도 힘들지 않다."라는 생각을 가지게 만든 거죠. 성적이 계속 오르다 보니, 이 학생은 나중에 "이러다 징말 서울대 의대에 합격하는 것이 아닐까?"라는 생각도 들었다고 합니다. 결국 연세대 의대에 합격했다고 합니다.

이 학생의 예를 봐도 작은 성공을 맛보고, 목표를 달성하는 것이 큰 성공을 만드는 밑거름이라는 것을 알 수 있습니다. 그릿 점수는 이렇게 작은 성공을 통해 높아집니다. 아이들에게 포기하지 않고 하던 것들을 마무리하는 습관을 길러주세요. 공부도 알아서 잘하게 될 것입니다.

공부할 때 무의식의 도움을 받는 법

무의식은 의식이 믿고 있는 것과 현실의 간극을 좁힐 수 있도록 우리 몸과 의식을 바꿔주는 역할을 합니다. 따라서 습관을 만들기 위해 의식적으로 노력을 해도 안 될 때는 무의식을 이용해야 합니다.

재수종합반에서 담임 교육을 받으면, 의식뿐만 아니라 무의식도 고려하는 법을 배우게 됩니다. 아이들의 무의식 속에 수업하는 교실은 공부하는 곳이라는 인식을 심어주기 위해, 교실에서 절대로 잠을 자지 못하게 하거나(잠을 자기 시작하면 뇌가 교실을 침실이라고 착각하기 때문) 떠들지 못하도록(뇌가 무의식중에 교실을 휴게실이라고 받아들일 수 있음) 하고 있습니다. 그 외에도 재수생들이 성적을 쉽게 못 올리는 이유가, 20년간 몸에 밴 패배주의와 자기 자신에 대한 부정적인 무의식(어차피 해도 안 돼!) 때문이니 의식뿐만 아니라 학생들의 무의식까지 변화시켜야 한다고 교육받습니다.

아이들을 바꾸고 싶으면, 의식을 바꾸는 것으로는 한계가 있습니다. 무의식을 바꿔줘야 합니다. 그렇다면 무의식을 바꿀 수 있는 방법에는 무엇이 있을까요?

말하기

말하기는 내가 원하는 것을 구체적으로 말하는 것입니다. 여기서 중요한 것은 반복해서 자주 말하는 것과, 부정적인 내용이 들어가지 않도록 말하는 것입니다. 대표적으로 공부하는 학생들에게 도움이 되는 문장들을 몇 개 소개하겠습니다. 이러한 문장을 아침에 일어날 때부터 시작해서 혼자 산책할 때나 길을 걸을 때 속삭이듯 말하면 좋습니다. 너무 크게 말하면 주변에서 이상하게 생각하니까요.

"나는 날마다 모든 것이 좋아진다."
"나는 수학의 신이다. 모든 문제를 풀어내겠다."
"나는 공부가 쉽다. 공부가 즐겁다. 공부가 재미있다."
"나는 노력한 것보다 시험을 잘 본다."
"나는 서울대생이다. 나는 서울대에 합격한다."

여기서 주의할 점은 긍정적인 문장을 사용해야 한다는 것입니다. 부정적인 문장은 사용하지 않는 것이 좋습니다.

"나는 시험 볼 때 실수하지 않는다." (×)
"나는 시험 볼 때 정확하고 꼼꼼하게 풀어낸다." (○)

"신은 내 노력을 배반하지 않는다." (×)
"신은 항상 나를 도와준다." (○)

듣기

반복해서 긍정의 메시지를 듣는 것입니다. 듣기를 통해 자기 암시와 세뇌가 됩니다. 가장 좋은 방법은 유튜브에 있는 긍정의 명상 영상들을 필요한 부분만 녹음해서 잠을 잘 때 반복해서 듣는 것입니다. 8시간 정도 반복하게 설정해놓고 들릴락 말락 하는 정도로 작게 틀어놓고 자면 됩니다. 무슨 말인지 잘 안 들려도 상관없습니다. 어차피 무의식을 위한 것이니, 내가 잠을 자는 동안 무의식 속에 암시되면 그만인 것입니다.

상상하기

내가 되고 싶거나 하고 싶은 것을 상상하는 방법입니다. 공부와 관련해 얘기하면, 이번 중간고사에서 반 1등을 해서 친구들이 깜짝 놀라고, 담임 선생님이 칭찬하고, 부모님이 기뻐하는 모습을 상상하는 것입니다. 이 상상하기는 구체적으로 스토리를 만들어서 마치 시나리오를 쓰듯이 상상하면 좋습니다. 주로 공부하다가 힘들 때 이런 상상을 하면 재미도 있고, 힘든 공부를 이겨내는 데도 도움이 됩니다.

예를 들어 초등학생이라면 수학 관련해서 이런 시나리오를 만들어서 상상할 수 있습니다.

혼자서 어려운 수학 심화문제집을 풀고, 학교 수학 시험을 봤는데 반에서 1등을 하게 됩니다. 담임 선생님이 "OO이는 학원도 안 다니고 혼자 공부하는데, 수학 시험 1등을 했네!"라고 친구들 앞에서 칭찬을 해줍니다. 그리고 수학 재능이 뛰어난 것 같으니 경시대회에 나가 보라며 경시대회 문제집을 선물로 사주십니다. 선생님이 사주신 경시대회 문제집을 힘들지만 열심히 풀어서 경시대회에서 대상을 받게 됩니다. 교장 선생님이 학교 방송시간에 내 이름을 호명하며 전교생 앞에서 칭찬을 하십니다. 나는 성취감과 자신감을 가지고, 더욱 열심히 공부해서 세계 수학 경시대회 한국 대표로 뽑히게 되고 세계 대회에서 입상합니다. 그리고 세계 수학 경시대회를 주최한 미국의 하버드 대학에 입학 허가를 받습니다. 초등학교 때 하버드 대학 합격증을 받은 셈입니다. 한국에 돌아오니 신문과 뉴스에 내 이름이 소개되며 방송국을 비롯한 각종 매체에서 인터뷰를 하게 됩니다.

이런 긴 시나리오를 매일매일 공부를 하면서 조금씩 살을 붙이면서 상상해갑니다. 처음에는 어렵지만, 하다 보면 재미도 있고 기분도 좋아지기 때문에 여러 가지 버전의 시나리오를 만드는 것도 가능해집니다. 이러한 상상을 계속 하다 보면, 정말 그렇게 될 것 같은 믿음이 생겨납니다. 그런 믿음이 생겨나면 "나는 수학을 잘하는 사람이다."라는 무의식이 생겨나고, 이때부터 무의식은 실제의 나(아직 수학 실력이 부족한 나)와 무의식에서 믿는 나(세계 수학 경시대회에 입상하는 나)와의 간극을 좁히도록 도와줍니다. 그때부터 수학 문제가 잘 풀리기 시작하고, 수학 공부가 재밌어지며, 수학 성적이 오르기 시작합니다.

수학 공부 제대로 시키려면
아이에게서 해설지를 빼앗아라

해설지를 보지 말아야 하는 이유는 무엇일까요?

우선 수학 해설을 보게 되면 뇌의 생각 멈추기가 습관이 되고 도움을 받는 데 익숙해집니다. 그러면 실전 시험에서 낯선 유형이나 어려운 문제와 맞닥뜨리면, 뇌는 즉시 생각을 멈추고 누군가 도와주기를 기다립니다. 따라서 해설을 보면서 수학을 공부하면 가장 어려운 《실력 정석》을 푼다고 해도 실력이 늘지 않습니다.

또한 수학 해설을 보게 되면 문제를 푸는 집중력이 떨어집니다. 문제를 푸는 데 필요한 아이디어가 떠오르면 바로 해설을 보고 내 아이디어가 맞았는지 확인합니다. 맞았으면 문제를 풀기 시작하고, 틀렸으면 해설지를 참고하여 문제를 풀어나갑니다. 문제를 풀다가도 3분의 2 정도 풀면 해설을 보고 "이 방향대로 풀면 답이 나오겠구나!" 하며 답을 끝까지 안 내고 넘어가기도 합니다. 해설지를 펼쳐놨거나, 아니면 해설지를 참고할 것이기 때문에 계산도 대충 하게 되며, 답이 틀린 경우는 해설지를 보며 "방향은 맞았으니 다시 풀어보지 않아도 돼!" 하며 스스로 위안하고 넘어갑니다. 그러니 문제를 대충 읽고 집중력 없게 푸는 게 습관이 되어 결국 실전 시험에서 점수가 잘 나오지 않습니다. 문제를 잘못 읽어 틀리거나, 단순 계산 실수를 하거나, 절반 정도는 접근을 했으나 마무리가 안 되는 등 실수가 습관이 되어 답이 틀리곤 합니다. 해설지를 참조하며 끝까지 답을 내지 않는 것이 습관이 되었기 때문에, 문제를 읽고 접근하는 방법은 떠오르더라도 끝까지 완벽하게 답이 나오지 않는 것입니다.

그러니 공부를 제대로 하려면, 최대한 해설지를 멀리해야 합니다.

그런데 착각하지 말아야 할 것이, 해설지를 보지 말라 했다고 선생님을 쫓아가 질문으로 해결하려고 하는 건 괜찮다고 생각하는 것입니다. 질문하는 행위와 해설지를 보는 행위는 본질적으로 같습니다. 따라서 해설을 보지 않고 모르는 것들을 질문으로 해결해도 똑같은 문제점이 생기게 됩니다.

여기서 재미있는 것이, 해설을 많이 보는 학생들은 국어 성적이 오르는 기이한 현상을 보인다는 사실입니다. 해설지의 구조는 전형적인 비문학 지문입니다. 그래서 어려운 해설지를 독해하면서 이해력과 비문학 독해 능력이 향상되는 거죠. 수학 성적은 그대로이나 국어 성적은 오르니 신기한 일입니다.

아무튼, 모르는 것들을 질문도 하지 말아야 하고 해설지도 보지 말아야 한다면, 어떻게 해결해야 할까요?

| 초중등 |

초중등의 경우는 해설지를 아이의 손이 닿지 않는 곳에 보관하세요. 대신 질문으로 해결할 수 있도록 하는 것이 바람직합니다.

아이들이 개념문제를 질문하는 경우는, 바로 설명을 해주거나 개념교재를 다시 읽어보고 풀 수 있도록 도와줘야 합니다. 개념이 안 잡혔다면 다시 풀어보라고 해도 계속 틀리게 되기 때문입니다.

문제해결력을 요구하는 어려운 문제(개념을 충분히 학습해도 응용력이 없으면 못 푸는 문제)를 질문하는 경우는, 일단 5분간 다시 풀어보고 오라고 시킵니다. 문제만 다시 읽어보거나 5분 정도 고민해보면 풀리는 문제가 상당수 있습니다. 그래도 모를 경우는 힌트를 조금씩 주는데, 부모의 수학 실력이 부족할 경우 해설지를 참고하여 힌트를 주면 됩니다.

| 고등 이상 |

고등이나 재수생의 경우는 수학이 어렵고 양도 많고 공부할 시간도 부족한 경우가 많습니다. 더욱이 질문을 편하게 할 수 없는 상황인 경우도 생깁니다. 이런 경우는 어쩔 수 없이 해설을 봐야 합니다. 그러니 아이에게 최대한 올바르게 해설지를 보는 방법을 알려주십시오. 문제 푸는 시점과 해설을 보는 시점을 떨어뜨려, 자신의 뇌가 "누군가에게 도움을 받을 수 없다!"라는 것을 인식하게 하는 것입니다.

일단 해설지를 사물함같이 손이 쉽게 닿지 않는 곳에 둬야 합니다. 1일차는 문제만 풉니다. 어려운 문제도 고민하여 풀기만 합니다. 2일차는 채점을 하고 오답을 합니다. 오답을 해도 해결이 안 되는 것들만 따로 표시를 해둡니다. 3일차에 오답을 해도 안 풀리는 문제들만 해설을 보고 이해합니다. 해설을 봐도 이해가 안 되는 문제들은 추려서 수학 선생님에게 질문해서 해결합니다. 풀이가 생각이 안 날 때쯤(최소 일주일), 내 힘으로 해결하지 못한(해설지를 보거나 질문한) 문제들에 대해 다시 오답을 합니다. 이처럼 해설지 보는 시점을 문제 푸는 시점과 최대한 떨어뜨리면 해설지가 문제해결력을 기르는 데 방해되지 않습니다.

◆

B군의 어머니는 아이가 공부를 잘하기를 바랐지만, 단 한 번도 공부를 1순위에 두지 않습니다. 가족 행사가 있을 때는 학원을 빠지거나 숙제를 안 해오는 게 당연했고, 가족 여행도 학원 스케줄을 고려하지 않고 짜서 수업 결손이 많을 때는 3주가 넘는 적도 있었습니다. B군은 게임을 하느라 공부는 뒷전이었는데, 알고 보니 B군의 아버지도 퇴근하면 방에 틀어박혀서 저녁 내내 게임만 했다고 합니다.

이 아이는 어떻게 되었을까요?
아니 그전에, 이렇게 행동하는 부모를 아이들이 인정할 수 있을까요?

엄마표 수학과 독학 수학

실패하지 않는 법

가정학습을 효율적으로
하는 법은 없을까?

가정학습이 힘든 이유는 '뇌' 때문

뇌는 무의식중에 어떤 공간에 대한 정의를 내린다고 합니다. 가령 침대는 잠을 자는 곳, 독서실은 공부를 하는 곳 등등. 그런데 침대에 누워서 책도 보고 전화도 하고 잠도 잔다면 어떻게 될까요? 뇌는 침대가 잠을 자는 곳인지, 책을 보는 곳인지, 이야기를 하는 곳인지 헷갈려서 침대에 누워도 잠이 안 온다고 합니다. 독서실도 마찬가지로 독서실 책상에 앉아서 공부만 해야 하는데, 휴대폰 가지고 딴짓도 하고 엎드려 잠도 자면 독서실 책상에 앉는 순간 뇌가 혼란을 느껴 공부가 안 된다고 합니다. 그럴 때는 과감히 독서실을 옮겨야 하겠죠.

아이들이 집에서 공부하는 경우는 어떨까요? 집이라는 장소는 밥도 먹고 대화도 하고 놀기도 하는 복합 공간입니다. 따라서 집에서 아이들을 공부시키는 게 힘들 수밖에 없습니다. 아이들 입장에서도 집에서 공부하려고 하면 집중이 잘 안 된다고 느낄 것입니다.

예전에 고등학교에서 방과 후 수업을 해본 적이 있습니다. 학원에서 학생들은 수업도 열심히 듣고 면학 분위기도 좋은데, 학교에서 가르쳐보니 속된 말로 난장판이었습니다. 수업에 늦게 들어오는 학생들부터 떠드는 학생까지, 학원에서는 경험해보지 못한 분위기였습니다. 만일 이런 분위기가 학교의 일반적인 수업 분위기라면 저는 도저히 학교 선생님은 못 하겠다고 생각할 정도였습니다.

저의 고등학교 방과 후 수업을 들었던 학생들 중 일부가 방학이 되어 제가 수업하는 학원에 와서 방학 특강을 들었습니다. 그런데 그렇게 산만했던 학생들이 학원에 오자 태도가 달라졌습니다. 얌전해진 것은 물론 열심히 공부를 했습니다. 마치 학교가 자기 집에서 텃세 부리는 느낌이라면, 학원은 남의 집에 와서 눈치 보는 느낌이었습니다.

이 느낌이 바로 아이들을 집에서 공부시킬 때와 학원에서 공부시킬 때의 차이와 비슷합니다.

가정학습의 또 다른 힘든 점은 부모와 아이의 관계입니다. 가정학습은 부모가 교습자가 되어, 아이를 공부시키고 관리하는 것입니다. 가정학습을 하면, 아이의 뇌는 앞에 있는 이 사람이 부모인지 교습자인지도 헷갈려합니다. 평상시 부모와 교습자로서의 부모는 다를 수밖에 없으며, 아이들은 혼란을 느낄 수밖에 없습니다. 잘 놀아주고 얘기도 잘 들어줬던 엄마 혹은 아빠가, 공부를 가르치니 갑자기 엄하게 혼낸다면 아이는 가정학습에 대한 좋은 이미지를 가질 수 없고 심한 경우 부모와의 관계도 안 좋아집니다. 이런 관계는 아이가 사춘기가 되면 걷잡을 수 없어지기도 합니다.

결론적으로 저는 20년이 넘게 학원에서 강의를 했지만 가정학습은 원래 힘들다는 결론을 내렸습니다. 실제 가정학습을 해보니 아이들과의 관계도 관계이지만 집에서 하다 보니 아이들의 자세도 흐트러지고 집중력도 떨어지는 것이 큰 문제입니다. 학원에서 학생들을 지도하기 때문에 면학 분위기를 잘 알고, 아이들이 집중해서 열심히 공부하는 게 무엇인지도 알고 있습니다. 학원에서 다른 학생들이 어떻게 공부하고 있는지를 알기 때문에, 집에서 아이들이 공부하는 모습을 보고 심각함을 느낄 수밖에 없었습니다.

저의 경우 무조건 제가 운영하는 학원에 아이들을 데리고 가서 다른 학원생들과 함께 공부시킵니다. 학원에서 다른 학생들과 함께 공부를 시키면, 아이들은 순한 양이 되어 학습 분위기에 맞춰 열심히 공부합니다. 심지어 코로나 때문에 학원을 쉴 때도, 아이들과 함께 공부하는 시간에는 번거롭더라도 온 가족이 학원까지 가서 공부하고 집으로 돌아왔습니다. 물론 다른 학생들이 없어서 아이들의 집중력은 더 떨어지긴 하지만 집에서 공부시키는 것보다는 낫습니다.

가끔 아이가 한 명이거나, 나이 터울이 많은 아이를 가진 부모들 중에 가정학습을 훌륭하게 해내는 사람들이 있습니다. 정말 부러운 일입니다. 하지만 그런 사례는 소수입니다. 저와 같이 사교육에 몸담은 사람도 가정학습을 힘들어하니 부모가 직접 가정에서 가르치는 것은 더더욱 힘든 일이라고 생각합니다.

그럼에도 불구하고 가정학습을 해야 하는 이유는 많습니다. 코로나19 같은 바이러스가 닥쳐 학원에 나가지 못하는 상황이 언제든 생길 수 있고, 혹은 보낼 학원이 마땅치 않을 수도 있습니다.

어떻게 해야 효과적으로 가정학습을 할 수 있을까요?

효율적인 가정학습 1 | 시간표 짜기

초등 아이가 언제 공부를 하고 언제 쉬는지 시간표를 짜세요. 하루를 기준으로 과목별 공부 시간과 휴식 시간, (만약 시킨다면) 예체능 학원을 가는 시간을 아이와 상의해 시간표를 짜서 아이의 방과 거실에 붙여놓습니다.

막연하게 '될 때까지' 시키거나, 학습량을 정해서 그것이 끝날 때까지 계속 공부시키는 방식은 가급적 취하지 마세요. 그렇게 공부를 시키면 집중력도 떨어지고 더 하기 싫어집니다. 약속한 시간 동안 공부했으면, 칼같이 멈춰주세요. 어차피 가정학습이니 숙제는 내주지 말고 다음 날 또 시키면 됩니다.

학교를 가지 않는 온라인 클라스 기준, 저의 초등 아이들의 평일 시간표는 다음과 같습니다. 예체능 학원 이외에 다른 학원을 보내지 않기 때문에 자유시간이 꽤 많은 편입니다.

시간	할 일
오전	온라인 클래스 독서 자유시간
오후	수학 예체능 학원 강아지 산책
저녁	영어 독서 자유시간

온라인 클라스는 아이들이 일어나는 시간별로 진행합니다. 보통 저희 부부보다 아이들이 일찍 일어나는 편이고(학교를 갈 때도 스스로 일어나게 교육을 시켜서 초등학교부터는 아이들을 깨운 적이 없습니다), 일어나자

마자 아침 7~8시 사이에 온라인 클래스를 시작합니다. 식사는 아침 9~10시 사이에 먹으며, 저희 부부가 오전 운동을 하고 올 동안 온라인 클라스가 일찍 끝난 아이는 독서를 하거나 자유시간을 보냅니다. 점심을 먹고, 제가 운영하는 수학 학원으로 가서 다른 학원생들과 함께 수학 공부를 2시간 30분~3시간 정도 하게 됩니다. 따로 숙제는 없고 주어진 시간만 공부하고 집에 갑니다. 집에 가면 예체능 학원을 가거나 강아지 산책을 하고, 저녁을 먹고 영어 공부(스스로 공부하고, 나중에 얼마나 했는지만 엄마가 검사)를 끝낸 후 자유시간을 갖습니다. 자유시간에는 독서나 놀이만 가능하고, 게임/TV/전자기기 등은 금지됩니다.

독서와 강아지 산책은 주말 TV포인트로 적립되기 때문에 약간의 의무사항이 있습니다. 독서의 경우, 420쪽을 의무적으로 읽어야 토요일과 일요일에 총 7시간 동안 TV 또는 유튜브를 시청할 수 있습니다. 추가적으로 읽은 양은 페이지에 비례하여 현금으로 통장에 입금되어 대학 등록금으로 적립됩니다. 저도 과외나 강사 일을 하며 대학 등록금을 스스로 벌어서 다녔기 때문에, 제 아이들도 대학 등록금을 스스로 벌게 하고 있습니다. 금액별로 나누어진 각종 집안일(설거지 1000원, 강아지 화장실 치우기 300원 등등)을 할 때마다 용돈을 주면, 용돈의 일부는 아이들이 필요한 것을 구입하게 하고 나머지는 대학 등록금으로 저축하도록 하고 있습니다. 아이들 개인 스마트폰은 없으며, 게임은 금지하고 있습니다.

이렇게 시간표를 짠 후, 2주~4주까지는 단호하게 아이가 지킬 수 있도록 이끌어주어 이를 습관으로 만드세요. 습관만 생기면 관성적으로 굴러갑니다. 2주~4주간은 예외를 두지 말고, 일관성 있게 정해진 시간에 공부를 시켜주세요.

효율적인 가정학습 2 | 공부 장소를 따로 정하기

앞서 이야기했다시피 아이들이 공부하기에 가장 좋은 장소는 집 이외의 공부만 하는 공간입니다. 공부를 수월하게 하기 위해서는 가능하다면 집이 아닌 장소(스터디룸 같은 곳)를 빌려서 하거나, 아이의 친구와 함께 공부를 시키는 방법이 좋습니다. 한결 수월해지고 아이의 집중력도 올라갑니다.

그러나 그런 공간을 만드는 것이 불가능한 경우도 있습니다. 그렇다면 집에서라도 하나의 공간을 정해, 그 공간에서만 공부를 하게끔 만들어주면 좋습니다. 방이 여러 개 있으면 한 방에서는 공부만 시키고, 또 다른 방은 아이 침실로 활용하고, 또 다른 방은 아이가 쉴 수 있는 공간으로 쓴다면, 아이는 공부방에 들어가는 순간 집중해서 공부를 잘할 수 있을 것입니다. 이렇게 동일 장소에서 동일 행동을 하는 것이 집중력을 높이는 데 도움을 줍니다. 이것이 조금 비현실적이라면, 공부하는 방만이라도 따로 마련하거나 공부만 하는 공간을 따로 정해주세요. 정해진 공부 장소에서는 아이들이 좀 더 차분해지고, 공부에 집중하기도 쉽습니다.

뇌는 하나의 장소에서 하나의 활동만 할 때 혼란스러움을 느끼지 않고 집중할 수 있습니다. 따라서 공부 장소를 정할 때는 정말 공부만 할 수 있는 장소로 해주세요. 만약 식탁에서 공부한다면, 뇌는 이곳이 공부하는 장소인지 먹는 장소인지 혼란을 느껴 공부하는 중에 무언가를 먹고 싶어질 것입니다.

효율적인 가정학습 3 | 가르치지 말기

가정학습에서 대부분의 갈등은 가르치면서 생깁니다. 대부분의 부모들은 아이 옆에 짝 달라붙어서, 개념 설명을 해주고, 문제를 읽어주고, 아이가 문제를 잘 이해하지 못하면 읽은 내용을 쉬운 말로 설명해주고, 아이가 푸는 것을 관찰하다가 틀릴 때마다 가르쳐줍니다.

이 '가르치기'는 부모와 아이의 관계를 망치는 주범이자 아이가 공부를 싫어하게 만드는 지름길입니다. 하나하나 가르쳐주면 결국 아이의 학습능력을 망치고, 안 좋은 습관을 갖게 하며, 나중에는 아이가 공부를 못하게 만들 수도 있다는 것을 명심해야 합니다.

초등 시절 엄마들이 아이를 '가르치는' 이유는, 대부분의 부모가 올바른 교습법을 몰라서이기도 하지만 초등 수학이 쉬워서 가르칠 만하기 때문이기도 합니다. 그런데 부모에게 초등 수학이 쉬우면 아이에게도 쉽습니다. 본인이 수학 교재를 보고 아이에게 설명할 만하다면, 아이도 스스로 수학 교재를 읽고 개념을 이해하고 문제를 풀어낼 수 있습니다. 아이를 믿으십시오. 부모의 역할은 관리자, 자습 감독자, 조력자에 제한되어 있다는 점을 명심해야 합니다.

아이를 믿지 않고 옆에 앉아서 하나부터 열까지 설명하고 가르치기 시작하면, 아이는 학습에서 혼자서 할 수 있는 것이 아무것도 없게 됩니다. 매번 누군가 설명해줘야 개념을 알 수 있다고 인식하게 되어, 모르는 것이 생길 때마다 스스로 생각하는 대신 질문하기 시작할 것입니다. 아이들이 공부하는 시간 동안 가르쳐주는 대신 멀리 떨어져서 책을 읽든지 공부를 하든지 무언가를 하시기 바랍니다. 아이가 정말 몰라서 물어볼 때만 도와주면 됩니다.

아이에게 수학뿐만이 아니라 모든 공부는 자기가 혼자 할 수 있다는 인식을 심어줘야 합니다. 물론 처음에는 시간이 오래 걸릴 수 있습니다. 그러나 시간이 1~2년 지나면 점점 속도가 빨라질 것입니다. 5학년, 6학년만 돼도 날아다니게 됩니다. 아이는 열심히 공부하고, 스스로 수학을 해낼 것이며, 옆에서 부모는 너무 편해집니다.

혹시 아이에게만 맡겨두면 아이가 개념을 정확히 모를까 봐 불안할 수도 있습니다. 그러나 걱정하지 않아도 됩니다. 계속 강조하지만, 우리나라 교육과정은 나선형 교육과정이라 학년별로 내용이 반복 심화하는 형태입니다. 5학년 때 배운 것을 6학년 때 다시 배우고, 중학교 때 다시 배웁니다. 그리고 부모보다 훨씬 전문가인 학교 선생님이 느리게 다시 설명해줍니다.

또한 아이 혼자 개념을 읽고 이해하고 문제를 풀어가면 그 과정에서 오히려 개념을 잊어버리지 않고 오랫동안 기억하게 되며, 개념의 의미를 정확히 파악하는 것도 가능해집니다. 만일 그래도 불안하다면 아이가 스스로 공부한 후 부모가 다시 질문하는 방식으로 개념을 확인하면 좋습니다. 가령 "최대 공약수가 뭐니?", "어떤 두 수의 공약수를 구할 때, 최대 공약수를 활용해서 구하는 방법이 뭐지?" 이런 식으로 질문을 던지고 아이가 대답하게 하는 방식입니다.

부모와 아이의 관계가 안 좋아지는 이유는 아이를 부모가 가르치는 데 있습니다. 가르치지 말고 조력자가 되어주세요.

효율적인 가정학습 4 | 시간 기준 공부법

양이 아닌 시간 기준으로 공부하라는 이야기는 앞서 시간표 이야기를 할 때 잠깐 설명한 바 있습니다. 더 자세히 설명하겠습니다.

공부시키는 방법에는 어떤 학습량을 내주고 그것을 마무리할 때까지 시키는 '학습량 단위 공부법'이 있고, 일정한 시간에만 공부시키는 '시간 단위 공부법'이 있습니다.

일단 학습량 단위 공부법의 대표적인 예가 숙제입니다. 학원에서는 일정한 시간 동안 수업을 진행합니다. 수업이 끝나면 아이들이 스스로 공부를 안 하기 때문에 학원에서는 숙제를 내줍니다. 이 숙제를 성실히 하고 채점과 오답까지 마무리해서 모르는 것만 질문하는 학생도 있지만, 대부분의 학생들은 학원에 오기 직전에 날림 방식으로 1시간 내외로 숙제를 끝내옵니다. 날림 방식이란 숙제를 할 때 풀 수 있는 것만 빠르게 풀고, 객관식은 찍기도 하고, 답지도 참고하고, 해설도 읽으면서, 모르는 것은 1분 정도 생각해보고 별표 쳐놓고, 계산도 문제집에 지저분하게 대충 하는 것을 뜻합니다.

그렇게 숙제를 해도 숙제를 안 한 것은 아니니 혼나지는 않습니다. 어차피 선생님들이 어려운 문제들은 칠판에다 풀어주므로, 그 풀이를 문제집에 적어 오답하면 됩니다. 만일 학원이 강의식 수업 방식이 아니라 개별 첨삭식 수업일 때는 학원에서 종일 오답만 하고 오면 됩니다. 숙제를 안 한 것이 아니라, 몰라서 많이 못했다고 하면 혼날 일은 없습니다.

강의식 학원은 학생이 제대로 숙제를 하지 않아도 무시하고 진도를 빼는 구조이고, 개별 첨삭식 학원은 학생이 제대로 숙제를 안 해오면 오답을 시키다가 진도를 못 빼는 구조입니다. 즉, 강의식 학원은 진도는 나가지만 숙제와 오답이 제대로 진행되지 않기 때문에 구멍이 많이 생겨 진도 나간 게 의미가 없어지고, 개별 첨삭식 학원은 오답을 꼼꼼히 마무리시키고 진도를 빼니 구멍은 안 생기지만 진도가 느려집니다.

원인은 둘 다 학생이 숙제를 제대로 안 해온 데 있습니다. 다르게 얘기하면, 학생이 공부를 열심히 안 해서가 맞을 것입니다. 문제는 대부분의 학생들이 이렇게 학원을 다니고 공부한다는 사실입니다. 그래서 학원을 오래 다녀도 실력이 늘지 않고, 성적이 오르지 않습니다. 진짜 공부를 하지 않기 때문입니다.

학원 숙제를 날림으로 할 경우 학원 다니는 것이 의미가 없어지기에 양 단위 숙제가 아닌 시간 단위 숙제를 고민해볼 수도 있습니다. 시간 단위 숙제는, 학원에서 숙제를 시간 단위로 내주는 것입니다. 예를 들어 '3시간 문제 풀기' 식입니다. 물론 부모가 옆에서 3시간 동안 수학 문제집을 풀도록 관리해주는 것이 필요합니다.

이런 시간 단위 공부는 장점과 단점이 있습니다.

장점부터 이야기하면, 우선 양에 구애받지 않기 때문에 아이들이 문제를 천천히 꼼꼼하게 풉니다. 따라서 계산 실수가 줄어들며, 문제를 날림으로 푸는 습관도 교정이 됩니다.

둘째, 어려운 문제를 오랫동안 고민해서 풀 수 있는 여유가 생깁니다. 수학 문제해결력과 심화능력은 어려운 문제를 오랫동안 고민하여 내 힘으로 풀어나갈 때 생기는 것입니다. 시간 단위 공부법의 최고의 장점일 수 있습니다.

셋째, 주어진 시간 동안만 수학 공부를 하면 되기 때문에 아이들이 수학에 질리지 않고 수학 공부를 하는 것에 대한 거부감도 많이 줄일 수 있습니다. 예를 들어 50문제를 다 풀고 오답까지 다 해야 수학 공부가 끝난다고 하면 아이들은 시작하기 전부터 숨이 막히고 지칠 수 있는데, 끝나는 시간이 정해져 있으면 부담이 많이 줄어듭니다.

그렇다면 단점은 무엇이 있을까요?

첫째, 집중해서 하면 빨리 끝낼 수 있는 것도 지루해하고 늘어질 수 있습니다. 즉 시간 때우기 형태의 공부가 될 수 있습니다. 능률이 오르지 않고 진도가 뒤처질 위험이 있습니다.

둘째, 주어진 시간 동안 제대로 수학 공부를 하고 있는지 관리가 필요합니다. 학습량 단위 공부법은 얼마나 공부했는지를 확인하면 되지만, 시간 단위는 확인할 방법이 없습니다. 그래서 부모가 아이가 공부하는 것을 먼발치에서라도 확인해야 할 필요가 있어 조금 번거롭습니다.

그럼에도 불구하고 가정학습은 매일 공부를 시킬 수 있으니 따로 숙제를 내줄 필요가 없습니다. 따라서 학습량 단위 공부법보다는 시간을 정해서 일관성 있게 시키는 시간 단위 공부법이 더 적합합니다. 일정한 시간 동안 주기적으로 수학을 시키면서 공부하는 습관도 만들 수 있고, 수학에서 가장 중요한 문제해결력을 기르는 데도 도움이 됩니다. 따라서 공부하는 습관을 만들어야 하는 초등학생 때만이라도 시간 단위 공부법으로 수학을 시키는 것을 추천합니다. 저 역시 아이들의 수학 공부를 시간 단위로 시키고 있습니다.

엄마표 수학에서 주의할 점

사교육을 시키지 않고 집에서 부모가 직접 수학을 지도하는 것을 흔히 '엄마표 수학'이라고 부릅니다. 그런데 잘못된 엄마표 수학이 오히려 아이를 망칠 수도 있습니다. 어떻게 해야 아이에게 수학을 잘 지도할 수 있을까요? 엄마표 수학에서 주의할 것들은 무엇이 있으며, 부모가 갖춰야 할 태도와 관점은 무엇인지 자세히 살펴보겠습니다.

양육태도의 일관성

학원에서 학생들을 지도하다 보면, 부모가 바라는 것과 실제 행동이 모순될 때가 많습니다. 가령 아이가 공부를 잘하기를 바라면서 실제 부모의 행동은 정말로 아이가 공부를 잘하기를 바라는 게 맞는지 의심스러운 경우입니다.

K군과 B군의 예를 들어보겠습니다. 우선 K군의 어머니는 아이가 공부를 잘하기를 바랐습니다. K군이 초등학교 시절 이유 없이 학원 숙제를 안 한 적이 있었는데, 그 이후 어머니는 학원 숙제하는 것을 우선순위가 되도록 모든 스케줄을 조절했다고 합니다. 예를 들어 가족 행사가 있어도 숙제를 먼저 마무리하고 가족 행사에 참여하도록 했다고 합니다. K군은 중고등 시절에도 가족 휴가를 갈 때마다 어머니가 학원 스케줄을 확인하고 수업 결손을 최소화하는 방식으로 일정을 짰다고 합니다. 항상 1순위가 K군의 공부가 되게한 것입니다. 당연히 K군은 어머님의 일관적인 공부에 대한 태도에서 공부의 중요성을 알게 되었고, 자신의 삶에서 공부를 1순위에 두게 되었습니다. K군은 연세대에 합격하게 됩니다.

반면 B군의 어머니는 똑같이 아이가 공부를 잘하기를 바랐지만, 단 한 번도 공부를 1순위에 두지 않습니다. 가족 행사가 있을 때는 학원을 빠지거나 숙제를 안 해오는 게 당연했고, 가족 여행 계획도 학원 스케줄을 고려하지 않고 짜서 수업 결손이 많을 때는 3주가 넘은 적도 있었습니다. B군은 게임을 하느라 공부는 뒷전이었는데, 알고 보니 B군의 아버지도 퇴근하면 방에 틀어박혀서 저녁 내내 게임만 했다고 합니다. B군은 지방대에 합격합니다.

아이들은 무의식중에 부모님이 정말로 중요하게 여기는 것을 느낄 수 있습니다. 놀 것 다 놀고, 여행갈 것 다 가고, 게임하고 싶으면 하고, 보고 싶은 영화 보고, 원하는 만큼 운동하며 공부까지 잘할 수는 없습니다. 가장 중요한 우선순위가 있으면, 그걸 먼저 하게 해야 합니다. 그럴 자신이 없으면 말로만 잘하기를 바라지 않아야 합니다.

정말 아이가 공부를 잘하기를 바란다면 아이의 삶과 가족의 삶에서 아이의 공부가 1순위가 되게 해주세요. 모든 스케줄을 아이의 공부 위주로 짜고, 공부에 방해되지 않도록 조절하는 것입니다.

아이가 공부할 때 함께 공부하기

집에서 아이가 공부할 때 옆에서 같이 공부하면 좋습니다. 공부가 힘들다면 독서라도 좋습니다. 공부 습관이 들지 않은 아이들이 2~3시간 공부하는 게 힘들다는 것을 부모도 느껴봐야 합니다. 옆에서 자격증 시험을 공부하든, 뇌 과학 책을 읽든, 아니면 아이에게 도움이 되어줄 수학을 공부하든, 한번 직접 해보세요. 아마 30분만 지나도 좀이 쑤실 것입니다. 마찬가지로 아이들도 습관이 안 들어서 똑같이 힘듭니다.

이렇게 함께 공부를 해야 아이들을 이해할 수가 있고, 나아가 아이들도 부모를 인정할 수 있습니다. "내가 공부할 때 엄마는 유튜브 보고 인터넷만 하면서 나한테만 공부하라고 해!"라는 반간이 없어집니다. 아이들이 공부할 때, 가르쳐주지 않아도 됩니다. 그저 옆에서 함께 공부하세요.

가르치는 과목에 대해서 공부하기

엄마표 수학에서는 부모가 선생이 아니라 조력자 역할이라고 했습니다. 그렇다 하더라도 부모는 수학을 공부해둬야 합니다. 최상위 심화문제에 대해 힌트를 주거나 아이가 질문했을 때 설명해주기 위해서입니다. 따라서 수학 관련 인터넷 강의도 들어보고, 교과서도 읽어보고, 아이가 푸는 문제집도 미리 풀어보는 것이 좋습니다. 아이가 공부하는 바로 그 시간에 엄마도 함께 가르치는 그 과목을 공부하면, 아이에게 모범도 보이고 공부하는 아이의 마음도 이해하는 일석이조의 효과를 누릴 수 있습니다.

이성적으로 대하기

학원에서 학생들을 가르치다 보면 별의별 학생들을 만납니다. 처음에는 적응이 안 되지만, 5년 정도 학원에서 아이들을 가르쳐보면 '이런 아이도 있고 저런 아이도 있지' 하며 어느 정도 적응을 하게 됩니다.

정말 느리고 이해를 잘하지 못하는 아이들도 많이 만나게 됩니다. 학원에서도 보고, 일대일 수업 즉 과외로도 많이 접합니다. 처음에는 답답하고 울화통이 터지지만, 교습 경험이 쌓이면 감정을 컨트롤할 수 있는 능력이 생깁니다. 화가 나지 않아도 화가 난 것처럼 연기하며 무섭게 혼낼 수도 있고, 반대로 화가 나도 감정을 억제하고 웃으며 가르칠 수 있습니다.

이런 감정 컨트롤 능력은 오랫동안 아이들을 가르쳐야 생기는 능력입니다. 그렇다면 난생처음 아이들을 가르치는 부모의 경우는 어떨까요?

제 아이들은 엄마와 수학 공부하는 것보다는 저랑 하는 것을 좋아합니다. 그 이유가 "아빠는 화를 내거나 소리쳐도 무섭지가 않은데, 엄마는 무서워서 울게 돼요."입니다. 엄마는 감정을 실어 혼을 내는데, 저는 그냥 행동에 대해 혼을 냅니다. 아이들은 그 차이를 귀신같이 파악합니다.

감정을 실어 혼을 내면 아이들은 자존감에 타격을 받습니다. 이러한 상황을 견디기 힘들기 때문에 저와 수학 공부를 하려고 하는 것입니다. 엄마표 수학을 하는 여러 부모들도 제 아내와 비슷하게 행동할 가능성이 있습니다.

실제로 직접 아이를 지도하다 보면 아이를 감정적으로 대하는 경우가 많습니다. 가르치다 보면 답답하기도 하고 울화통이 터져 '등짝 스매싱'을 날리거나 머리를 쥐어박을 수도 있습니다. 아울러 내 아이가 생각했던 것보다 수학을 못하면 거기에 대한 실망감과 좌절감으로 아이에게 화를 낼 수도 있고요. 그 와중에 아이가 열심히 하지도 않고 공부하기도 싫어하면, 그동안 참아왔던 것이 폭발하여 아이에게 해서는 안 될 폭언이나 자존감을 갉아먹는 말들을 할 수도 있을 것입니다.

물론 아이가 집중하지 않거나, 숙제를 다 하지 않거나, 오랫동안 고민하지 않고 질문하는 등의 행동에 대해서 혼낼 수 있습니다. 그러나 부모 입장에서는 내 자식이다 보니, 감정이 앞서 학습능력 자체에 대해 혼내는 경우가 많이 있습니다. "이것도 몰라? 큰일 났네. 3학년인데 이것도 모르면 어떡하지?"와 같은 말들은 아이에게 위기감과 불안감을 조성하고, 아이의 자존감을 바닥으로 끌어내리는 말들입니다. 아이는 이런 말을 들으면서 점점 수학에 자신감을 잃어갈 것입니다. 아이의 능력과 관련된 부모의 심한 말은 아이의 존재 자체에 대한 부정과 같습니다. 아이는 부모의 심한 말을 들으면서, 자신이 필요 없는 존재라고 생각할 수도 있고, 자신이 존재 자체로 사랑받을 만한 자격이 없다고 생각할 수도 있습니다.

아이는 공부를 잘해야만 부모에게 사랑받을 수 있다고 생각하며, 처음에는 공부를 열심히 하고 부모의 기대에 부응할 수도 있습니다. 그러나 공부가 어려워지는 중고등학생이 되어 한계에 봉착하면, 자기는 더 이상 사랑받을 수 없는 필요 없는 존재라고 생각할 수 있습니다. 이때 심한 사춘기를 겪으면서 부모에게 반항하고 자기의 인생을 망가뜨리게 됩니다.

혼내더라도 행동에 대해서만 이성적으로 혼내야 합니다. 예를 들어 딴짓을 했으면 공부를 하지 않고 딴짓을 한 행위 자체만 혼내고, 너는 게으르고 공부할 의지가 없다는 식으로 이야기하지는 말아야 합니다. 아이의 자질이나 성격에 대해 언급하는 것만 피해도 감정적인 언어는 어느 정도 피할 수 있습니다.

칭찬을 해주되 일희일비하지 않기

아이는 칭찬을 먹고 살아간다고들 합니다. 칭찬은 많이 할수록 좋습니다. 그러나 일희일비는 하지 마세요. 예를 들어 다 맞았을 때는 마치 세상을 다 가진 양 기뻐하면서 칭찬하고, 그 다음 시험에서 아이가 하나만 틀리면 온갖 걱정을 하면서 다음과 같은 말들을 늘어놓는 것입니다.

"왜 틀렸지? 문제를 집중해서 보지 못했니? 아니면 복습을 제대로 못 했어? 실수도 실력인데, 더 완벽해야지."

이런 식으로 부모가 감정의 기복을 보이면 좋지 않습니다. 아이에게 한없이 부담을 줄 수 있습니다.

아이들에 대한 적절한 기대 유지하기

우리 아이가 앞으로 공부를 잘할 것이라는 믿음을 가지고, 그렇게 되도록 노력은 하되, 지나치게 큰 기대는 하지 않기를 바랍니다. 초등학교 부모들을 보면, 아이가 어리면 어릴수록 "내 아이는 천재가 아닐까? 앞으로 스카이는 들어가겠지?"와 같은 근거가 부족한 막연한 기대를 합니다. 하지만 초등부터 재수생까지 다 가르쳐본 저의 경험에 따르면, 초등학교 때 선행으로 고등 수학 《기본 정석》까지 했던 학생들이 여러 가지 이유로 고등학교 와서 성적이 떨어지는 모습을 많이 봐왔습니다.

아이들이 대학까지 가는 과정은 장기 레이스입니다. 여러 가지 변수가 있기 때문에, 끝까지 열심히 할 수 있는 끈기를 갖고 꾸준히 노력할 수 있는 사람이 되도록 만들어야 합니다. 초등학교 때 아무리 뛰어나 보여도 중학교, 고등학교에 올라가면 평범해지는 경우가 많습니다.

이 장기 레이스에서 고3까지 아이들을 지도해보거나 키워본 사람은 초등학생들의 능력을 섣불리 판단하지 않고 칭찬하지도 않습니다. 고3까지 아이들을 다 키운 부모들은 젊은 초등 부모가 자기 아이 자랑하는 얘기를 들으면 콧방귀를 뀔 수도 있습니다. 초등 저학년 부모일수록 아이가 천재라고 느껴서 입시 전문가들에게 평가를 받고 싶어 합니다. 이런 부모가 듣고 싶은 말들을 해주는 학원들이 있을 것입니다. 하지만 그런 학원들은 어차피 먼 미래, 즉 대학 입시에 대한 책임을 회피할 수 있어서, 그런 사탕발림을 들려줄 수 있는 것입니다.

아이에게 믿음은 갖되 무리한 기대는 하지 마시길 바랍니다. 아이에 대한 부담감을 내려놓고, 부모가 할 수 있는 만큼 해주고, 아이들을 믿어주세요.

좀 더 좋은 방법은, 공부하는 '방법'을 가르쳐주는 것입니다. 사교육에 의존하면 진도는 나가도 공부하는 방법은 배우지 못합니다. 고등학생이 되어 밑천이 드러나면 사교육은 더 이상 힘을 발휘하지 못합니다. 튼튼한 기초를 쌓아주는 것이 진정으로 아이를 위하는 길입니다.

수학 독학할 때 주의할 점

독학만 한 학생이 최상위권에 못 드는 이유

　재수종합반에서 수업을 할 때, 독학 재수를 하다 실패하고 삼수를 하는 학생이 있었습니다. 이 학생은 재수할 때 재수종합반에서 공부하다가 자기가 모르거나 약한 부분만 효율적으로 공부하고 싶어서 독학으로 전환했던 학생이었습니다. 보통 재수종합반에서는 학생들이 초반에 의욕이 넘쳐서 열심히 공부를 합니다. 그러다 보면 공부할 것은 많은데 시간은 너무 부족하다 느끼므로 학원 수업을 안 듣고 자습하는 경우가 많습니다. 상위권과 중하위권을 가리지 않고 나타나는 공통된 현상입니다. 수업을 안 듣고 자습실에서 자습을 하다가, 아예 재수종합반을 그만두고 독학을 하는 경우도 많습니다. 이 삼수생도 이런 전철을 밟은 것이었죠.

이 학생의 말에 의하면 이렇게 독학을 해서는 절대로 성적이 오를 수 없다고 합니다. 자습실이나 독서실 등에서 독학을 하게 되면 실제로 열심히 공부하지 않는다고 합니다. 누군가 관리해주는 사람이 없기 때문에 인터넷 강의를 듣다가 인터넷을 하거나 영화 등을 보기도 하고, 공부하다가 졸리면 잠을 자기도 해서 나중에는 수면관리가 되지 않아 낮에 자고 새벽에 깨어 있는 상태가 된다고 합니다. 거기까지 가자 결국 공부 습관이 무너져 재수에 실패했다고 이야기했습니다.

수학의 경우 이 학생은 어떻게 공부했을까요? 혼자 공부를 하면서 자신이 풀 수 있는 수준의 문제까지만 공부해서 실력이 늘지 않았다고 합니다. 자기가 풀 만한 적당한 교재를 선정하고 모르는 것은 해설지를 보며 이해력 위주로 공부를 하게 되어, 문제해결력(심화 능력)이 향상되지 않아 수학 실력이 늘지 않았다고 합니다.

중학교 전교 1~2등만이 갈 수 있는 자사고에 합격한 학생을 가르친 적이 있습니다. 이 학생은 중학교 때까지 독학으로 수학을 공부했다고 했습니다. 자습실에서 해설지를 펼쳐놓고 《실력 정석》을 푸는 모습을 보고, 수학 공부에 어떤 어려움이 있는지, 점수가 어느 정도 나오는지 상담을 했습니다. 아니나 다를까, 내신 성적을 물어보니 수학은 5~7등급 사이를 받는다고 합니다.

이 학생들의 예에서 볼 수 있듯이, 독학으로 수학을 공부할 경우 '자기가 잘할 수 있는 수준만큼만' 공부를 하게 되는 경향이 크고, 해설지의 유혹도 뿌리치기가 힘듭니다. 즉 잘못된 수학 공부 습관이 몸에 배기 쉽습니다. 중학교 때까지는 수학이 쉽기 때문에 잘못된 방식으로 독학을 해도 100점을 받을 수 있지만, 고등부터는 이렇게 해서는 성적이 안 나옵니다. 특히 경쟁이 치열한 특목고나 자사고에 입학하면 수학 성적을 잘 받기는 더더욱 힘듭니다.

수학 문제의 자기주도성을 길러라

학원에서 학생들을 지도하다 보면, 초등 시절 독학이나 엄마표 수학을 하다가 학원에 온 경우를 보곤 합니다. 독학을 하다가 온 학생들은 학습에서 자기주도성은 가지고 있으나, '수학 문제를 풀 때'의 자기주도성은 가지고 있지 않은 경우가 많습니다.

독학하다 온 학생들이 수학 공부하는 걸 보면 둘 중 하나입니다. 해설지를 자주 보거나, 질문이 굉장히 많습니다. 이처럼 이해력 위주의 잘못된 방식으로 수학을 공부한 학생들은 이해력만 높고 수학 문제해결력은 높지 않습니다. 이런 학생들은 학습량 대비 수학 성적이 안 나오는 경우가 굉장히 많습니다. 또한 중상위권까지는 갈 수 있어도 최상위권으로는 진입하지 못합니다. 적당히 잘하면 초등학교 중학교, 후하게 잡으면 고등 문과 수학까지는 큰 어려움을 못 느낄 수도 있지만, 그 이상부터는 한계에 봉착하여 3~4등급 사이의 성적을 받을 가능성이 높습니다.

가끔 독학으로 성공하는 케이스도 있는데, 초등 시절부터 수학 공부하는 방법을 제대로 배워 문제해결력을 갖춘 채로 고등학교부터 독학하는 경우입니다. 이런 아이는 올바른 방법으로 수학을 독학하기 때문에 수학도 잘하게 되지만, 독학을 하면서 얻는 시간적 여유로 타 과목을 공부할 시간도 확보하기 때문에 내신 성적을 고르게 받아서 수시로 대학도 잘 갑니다. 마치 외고나 국제고를 준비하면서 중학교 때 수능 영어 수준까지 영어를 공부하면, 고등 시절에 군이 영어 학원을 안 다니고 혼자 공부해도 되는 것과 마찬가지입니다. 초등학교 시절부터 탄탄한 독서 습관을 잡아놓아 언어 능력이 뛰어나서 고등학교 때 군이 국어 학원을 안 다녀도 국어 1등급을 받는 현상과도 비슷합니다.

그러면 가정학습으로 초등이나 중등 때 수학 독학을 하면, 문제해결력을 높이지 못해 실패하게 될까요?

그렇지 않습니다. 제가 앞서 서술한 올바른 방식으로 초등학교부터 수학 공부 습관을 만들어주고 독학을 하면, 고등학교 가서도 혼자서 수학을 잘 해낼 수 있습니다. 오히려 많은 학원들이 진행하는 양치기 반복학습에서 벗어나 제대로 된 수학 공부를 시키는 것이 아이에게 기회가 될 수 있습니다. 2장의 '초등부터 반드시 들여야 하는 수학 습관'에서 서술한 자기주도성, 내 언어로 정리하는 습관, 역질문, 성실성, 스스로 짜는 학습 계획 원칙을 꼭 기억해야 합니다.

독서를 통한 언어능력 기르기

독서를 통한 언어능력을 기르는 방법은 수많은 독서법 책이 나와있으니 굳이 여기에서 자세하게 설명하지 않겠습니다. 다만 수학을 지도하면서 얻은 경험을 통해, 수학 공부에 있어서 언어능력을 길러야 하는 필요성에 대해 이야기하겠습니다.

재수생들을 가르쳐보면 성적이 폭발적으로 오르는 학생들이 있습니다. 공통점이 뭘까요? 상담을 해보면 한결같이 어렸을 때 독서를 많이 했습니다. 독서를 많이 하다 보니 전반적인 이해력이 뛰어나고, 이해력이 좋다 보니 많은 양을 잘 받아들이고, 거기다 재수하면서 열심히 공부까지 하니 성적이 안 오를 수가 없습니다.

언어능력이 높다고 꼭 수학을 잘하는 것은 아닙니다. 언어능력이 높은 아이들이 대부분 수학을 잘하나, 일부 문제해결력을 기르지 못한 아이들은 수학을 못합니다. 언어능력은 수학 개념을 빨리 이해하게 해주고 추론 능력을 향상시키지만, 문제해결력은 별도의 연습으로 길러야 하기 때문입니다. 그래서 언어능력이 높아 전 과목은 잘하지만 수학만 못하는 학생이 생길 수도 있는 것입니다. 그러나 언어능력이 높으면서 수학도 잘하는 학생들은 대부분 전 과목을 잘해서 성적이 전교권입니다.

반면에 언어능력이 떨어지면 어떨까요? 대부분 수학뿐만이 아니라 전 과목을 못합니다. 한편 언어능력은 떨어지지만 오랫동안 고민하여 문제를 해결하는 문제해결력을 길러서 수학은 잘하는 학생들이 있습니다. 이 학생들의 경우는 수학만 잘하고 타 과목은 잘하지 못하며, 수학의 경우도 새로운 내용을 배울 때는 이해력 부족으로 시간이 오래 걸리는 경향이 있습니다.

학원에서 학생들을 지도하다 보면, 사춘기 때 공부를 안 했다가 기초가 부족한 상태로 오는 학생들이 있습니다. 언어능력 평가를 했을 때, 언어능력 점수가 자기 학년보다 1년 정도 늦는 경우는 기초가 부족해도 어느 정도 극복이 가능합니다. 하지만 2년 정도 늦으면 극복하는 것이 매우 힘들고, 3년 이상 늦으면 극복되는 경우를 거의 보지 못했습니다. 이 학생들은 과외를 해도 극복하는 것이 불가능한 경우가 대부분입니다.

따라서 초등 시절 독서는 선택이 아니라 필수입니다. 독서를 통해 언어능력이 발달하면, 사춘기 때 1~2년 공부를 안 해도 극복이 가능하고, 재수하면서도 1년 만에 성적을 올릴 수도 있습니다.

한편 언어능력이 떨어지면 초등학교 때 최상위 심화교재를 잘 풀었어도, 중학교 과정부터는 헤매고 밀리기 시작합니다. 중학교 과정을 무사히 넘겨도, 고등학교 과정에 들어가면 속도가 거의 나지 않습니다. 심화는커녕 가장 쉬운 교재로 하는 선행도 불가능한 상태가 되는 것입니다.

따라서 초등과 중등까지는 독서를 많이 시켜서 언어능력을 기르는 것이 중요합니다. 다만 독서 토론 학원에 맡기고 안심하기보다는, 학원을 보낼 때 보내더라도 부모 역시 독서 교육에 관심을 가지고 직접 독서법 관련 책을 읽고 아이와 함께 독서를 해나가는 것을 추천합니다.

엄마표 수학, 초중고 로드맵

미취학 시기

미취학 시기에 수학을 따로 시킬 필요는 없습니다. 독서를 기본으로 보드게임이나 레고, 블록 쌓기 등 오랫동안 집중할 수 있는 것들을 시켜주세요. 독서는 아직까지는 엄마가 읽어줘야 하는 단계입니다. 헌신적인 부모의 책 읽기가 아이의 미래를 바꿉니다. 유아 시절 부모의 책 읽어주기가 초등 저학년 시기에 자연스럽게 스스로 책 읽는 아이를 만듭니다. 굳이 수학을 시키고 싶다면, 교구 수학 정도를 시키면 적당합니다.

초등 시기

좋은 습관을 길러야 하는 시기입니다. 초등 저학년 때는 연산이나 사고력 수학만 시키는 것을 추천합니다.

초3부터 본격적으로 교과와 심화를 해야 하는 시기입니다. 교재는 2권 구조(개념교재+심화교재)로 잡습니다. 시간 단위 학습법으로 지도하고, 개념교재는 스스로 개념을 읽고 교재를 풀 수 있도록 합니다. 개념교재에서 질문을 하면, 앞의 내용을 다시 읽어보라고 하든가, 개념 설명을 가볍게 해줘도 무방합니다. 한편 심화교재로 들어가면 처음에는 시간이 많이 걸릴 것입니다. 2시간 동안 두 문제밖에 못 풀 수도 있습니다. 그래도 혼자서 풀어갈 수 있도록 끝까지 기다려주고, 질문을 하는 경우 힌트를 주면 됩니다. 부모가 힌트를 주기에는 수학 실력이 부족하다면 해설지를 보고 힌트를 줘도 되고, 아니면 대학생 아르바이트생을 구해서 아이가 수학 공부할 때 자습 감독, 채점, 질문 시 힌트 주기 등을 부탁해도 됩니다. 수능을 치른 대학생의 경우, 문·이과 상관없이 초등 최상위 심화교재에 있는 문제 정도는 질문을 받고 답변해줄 수 있습니다. 직접 교습을 하는 것이 아니므로 쉽게 구할 수 있습니다.

이런 방식으로 2년 정도 공부하여 초등 고학년(5, 6학년)이 되면,

속도도 빨라지고 개념교재와 심화교재를 스스로 알아서 잘 해낼 것입니다. 진도도 자연스럽게 빨라져, 초등 5학년이나 6학년쯤 되면 중등 선행을 나가게 됩니다. 제 아이들을 초등 3학년 때부터 이런 방식으로 직접 가르쳐보고 얻은 경험이니, 신뢰하셔도 괜찮습니다. 그럼 학년별로 나누어 자세히 설명하겠습니다.

초등 1~2학년

본격적으로 아이의 독서 습관을 만들어줘야 하는 시기입니다. 유아 시절 엄마가 읽어주던 책 읽기에서 '스스로 책 읽기'로 만들어줘야 합니다. 제 아이들(첫째와 둘째)은 이 시기에 연간 400~500권의 책을 읽었습니다. 독서와 공부의 공통점은 오래 앉아 있기, 활자를 읽고 이해하기입니다. 따라서 독서 습관은 자연스럽게 공부 습관으로 바뀌게 됩니다. 더불어 독서를 통해 얻은 독해력은 공부를 쉽게 만드는 밑거름이 됩니다.

한편 초등 저학년 시기에 수학을 시키는 것은 많은 주의가 필요합니다. 아이들이 활자를 이해하고 의미를 파악하는 능력이 아직 부족하다 보니, 서술형이나 응용문제의 경우 문제 자체를 이해하지 못하는 경우도 많습니다. 그러면 부모가 옆에 붙어서 과외 선생님같이 일일이 문제를 해석해주고 설명해주는 방식의 학습이 되기 쉽습니다. 하지만 이러면 자기주도적인 습관이 처음부터 들어설 수 없어, 아이는 계속 엄마가 옆에서 다 가르쳐주기를 바라는 잘못된 학습 습관이 듭니다. 출발이 잘못된 아이는 의존적인 공부 습관이 생기고, 엄마표 수학이 힘든 중등이나 고등 때는 과외나 학원에서 배워야만 공부할 수 있게 됩니다.

따라서 이 시기에 수학을 꼭 한다면 아이가 스스로 편하게 할 수 있는 가벼운 연산교재나 사고력 수학만 하는 것을 추천합니다. 교과 개념 수학이나 교과 심화 수학은 3학년부터 시작해도 늦지 않습니다.

부모는 학습에 관여하지 말고, 채점만 해주고, 질문하면 방향만 알려주세요. 공부는 자기 스스로 하는 것임을 인식시켜줘야 합니다.

아이가 커갈수록 수학 성적과 실력은 스스로 문제를 풀어내는 문제해결력이 결정합니다. 이 문제해결력을 기르는 데 가장 중요한 태도가 자기주도성입니다. 수학 공부에 있어 자기주도성은 그냥 스스로 공부하는 습관 그 이상의 의미로, 수학을 잘하는 데 핵심적인 역할을 합니다. 따라서 부모의 욕심 때문에 스스로 학습을 하기에는 아직 덜 성숙한 아이들을 가르치다가 수학에서 가장 중요한 자기주도적 학습 태도를 잃어버리게 되는 우를 범하지 말아야 합니다.

초등 3~4학년

올바른 수학 공부 습관을 만들어야 하는 첫 관문입니다. 교재는 2권 구조(개념교재+심화교재)를 추천합니다. 초등 저학년까지 독서를 열심히 해왔다면, 연산교재는 따로 할 필요가 없습니다. 바로 초등

3학년 1학기 《디딤돌 기본》(개념교재)을 들어가고, 스스로 개념을 읽어 이해하며 문제를 풀게 하고, 아이가 잘 모르는 것만 가르쳐주면 됩니다.

적절한 공부 시간은 다음과 같습니다. 방학 중에는 주 5일 기준 12.5시간까지 시키며, 학기 중에는 주 3회 정도로 횟수가 줄어듭니다. 학기 중에라도 사교육을 아예 안 시켜서 시간적 여유가 있다면 횟수를 주 5일로 해도 좋습니다.

	횟수	시간	총 시간(일주일)
방학	주 5일	2.5	12.5
학기 중	주 3일	3	9
학기 중 (기타 사교육 X)	주 5일	2	10

초등 3학년 1학기 개념교재는 대부분의 아이들이 혼자서 풀 수 있습니다. 만약 이것도 혼자서 풀기 힘들다면 상당히 심각한 상태입니다. 고등학교로 치면 7~9등급 정도의 수준이라고 보시면 됩니다. 연산교재부터 차근차근 시켜도 벌어진 격차를 극복하기 힘들수도 있습니다. 이 경우 학습능력을 강화하려면 수학 공부보다 독서에 시간을 많이 투자해야 합니다.

초등 3학년 1학기 개념교재까지는 쉽게 한다고 해도, 문제는 심화교재입니다. 처음 접하는 심화교재인 《디딤돌 최상위》를 시키는 것이 무척 힘들 수도 있습니다. 언어능력을 잘 기른 아이의 경우 한 권을 다 소화하는 데 소요되는 시간이 3개월 정도고, 그렇지 못한 아이는 6개월 정도 걸릴 것입니다. 특히 심화교재의 경우 3학년 과정이 가장 어렵습니다.

3학년부터 6학년까지 최상위 교재를 풀어본 학생들에게 물어보면, 한결같이 3학년 최상위 교재가 가장 어려웠다고 얘기합니다. 학년이 올라갈수록 점점 쉬워진다고 얘기합니다. 실제로 학년이 올라갈수록 점점 쉬워질 수도 있지만, 우리나라의 나선형 교육과정의 특성상 매년 학습 내용이 반복되다 보니 익숙해져서 쉽다고 느낄 수도 있습니다. 특히 3학년 때 최상위를 처음 접하게 되면 방정식을 이용하여 푸는 문제를 특히 어려워할 것입니다. 아직 이항이나 미지수를 사용하는 데 익숙하지 않은 학년이다 보니 설명하기가 난감합니다.

이렇듯 초등 3학년 과정이 가장 힘들고 중요합니다. 개념교재와 심화교재를 활용해 올바르게 공부하는 습관을 길러줘야 하고, 공부 자체를 처음 한다면 공부하는 습관도 만들어줘야 합니다.

무사히 초등 3학년 과정을 2권 구조(개념교재 1권+심화교재 1권)로 마무리하면, 초등 4학년 과정도 똑같이 2권 구조로 진행합니다. 간혹 개념교재를 선택할 때 《디딤돌 기본》이 너무 쉽다면 《디딤돌 응용》

을 선택해도 상관없습니다. 그러나 심화교재는 가급적《디딤돌 최상위》를 시키세요. 아이가 최상위 심화교재를 푸는 것이 당연하다고 스스로 여기게 해줘야 최상위 심화교재를 두려워하지 않고 그냥 해야 할 것으로 생각하며 거부감 없이 풀게 됩니다. 3학년 과정만 무사히 지나면 4학년부터는 한결 익숙해지고 쉬워집니다. 아이도 부모도 편해질 것입니다.

아이가 우수하여 진도가 너무 빠르다면 사고력 수학이나 경시대회 준비를 통해 선행 속도를 조정할 수 있습니다. 저는 제 아이들에게 사고력 수학과 경시대회 준비를 시키며 선행 속도를 조정했습니다.

사고력 수학은 아이들이 수학에 흥미도 갖게 하고 딱딱한 교과 수학 이외의 다양한 수학의 접근법들을 배우게 해주므로 시간과 여력이 되면 시키는 것을 추천합니다. 저희 세 아이들도 교과 수학보다 사고력 수학을 더 재밌어하고 좋아합니다. 간혹 고학년 때 사고력 수학을 시작하면 어렵다고 하기 싫어하는 경우도 꽤 있습니다. 그러므로 사고력 수학을 시키려면, 초등 1학년 때부터 시작하면 가장 좋습니다. 늦어도 초등 3학년 때부터는 시켜서 사고력 수학에 '감염'될 수 있도록 만들어주세요.

한편 경시대회 준비 및 참가는 수학을 좋아하고 잘하는 아이에게 적극 추천합니다. 수학 문제해결력을 상승시키는 데 가장 좋은 것은 오랫동안 어려운 문제를 고민하는 행위입니다. 이런 행위를 시켜주는 것이 경시대회입니다. 따라서 아이들이 경시대회에 참가하게 되면 수학 문제해결력이 질적으로 발전하게 됩니다. 심화도 잘하고 선행이 3~4년 앞서가는 우수한 아이라면 경시대회를 준비하기 위해 굳이 경시학원에 들어가려고 애쓸 필요가 없습니다. 경시대회 기출 문제집을 구입하여 풀고, 경시대회에 응시하면 됩니다.

그러나 부작용도 있으니 주의하시기 바랍니다. 수학에 자신이 없거나 그리 잘하지 않는 학생의 경우 경시대회를 준비하는 과정부터 스트레스를 받아, 수학에 질리고 아예 흥미를 잃을 수도 있습니다. 더욱이 경시대회를 실제로 치르는 과정에서 본인이 풀 수 있는 문제가 거의 없다고 느끼면 큰 좌절을 겪게 되고 수학에 자신감을 잃을 수도 있습니다. 따라서 경시대회 준비 및 참가는 아이의 실력과 상태를 잘 관찰하고 객관적으로 판단하여 결정하기 바랍니다. 이를 위해 경시학원 입학 테스트를 치러보는 것도 한 방법입니다.

초등 5~6학년

3학년과 4학년을 무사히 넘겼다면, 5학년부터 아이들은 날아다닐 것입니다. 개념교재는 거의 질문도 없이 1개월이면 아이 스스로 끝내고, 최상위 심화교재도 하루 2~3시간 공부하면 2~4문제 정도 질문하고 나머지는 혼자서 다 풀어낼 것입니다. 이때부터는 최상위 심화교재도 1~2개월이면 끝나게 되어, 점점 진도가 빨라집니다. 경시대회나 사고력 수학 등으로 선행 진도를 늦추지 않았다면 5학년부터 중등 선행을 나갈 것이고, 경시대회와 사고력 수학을 병행했다면 6학년부터 중등 선행을 나갈 것입니다.

초등 6학년 최상위까지 마무리하고 중등 선행을 나가게 되면, 언어능력에 따라 중등 선행 속도가 큰 차이를 보일 것입니다. 왜냐하면 중등 수학부터는 추상적인 언어 및 기호(문자와 식)가 사용되기에, 이것을 이해할 수 있는 언어능력이 필수적이기 때문입니다.

언어능력이 떨어지는 경우, 중등 1학년 1학기 진도를 나갈 때 연산교재를 병행해야 합니다. 보통 연산교재(《수력 충전》), 개념교재(《개념쎈》), 쉬운 유형교재(《라이트쎈》), 중간 유형교재(《알피엠》), 어려운 유형교재(《쎈수학》)까지 총 5권은 풀어야 되는 경우가 많습니다. 반면 언어능력이 높은 경우는 개념교재(《개념+유형(파워)》), 어려운 유형교재(《쎈수학》), 쉬운 심화교재(《일품》)까지 총 3권 정도로 학습을 마무리할 수 있습니다. 독서를 좋아하는 아이의 경우, 개념교재로 《숨마쿰라우데 개념기본서》를 사용하면 좋습니다. 수학사나 수학 관련한 이야깃거리가 많고, 내용 설명이 충분하여 딱딱한 수학을 책 읽듯이 재미있게 공부할 수 있습니다. 언어능력이 높고 독서를 좋아하는 아이의 경우, 개념교재(《숨마쿰라우데 개념기본서》), 어려운 유형교재(《쎈수학》), 심화교재(《블랙라벨》) 또는 개념교재(《숨마쿰라우데 개념기본서》), 쉬운 심화교재(《일품》), 심화교재(《A급》)를 선택해도 좋습니다.

중학생이 되기 전까지 중등 선행은 가능하다면 3권 구조(개념교재 1권+유형교재 1권+심화교재 1권) 정도로 학습 계획을 잡고 진도를 빼면 무난합니다. 왜냐하면 중학교에 올라가면 학교에서 현행 진도를 나가거나 내신 시험 대비를 해야 할 때 1~2권 정도 복습을 해야 하기 때문에, 3권 구조 정도면 충분합니다. 이런 식으로 진도를 나가면 자연스럽게 중2부터는 고등 과정 진도를 나가게 될 것입니다.

초등 3학년 때부터 수학을 시작하면서 개념교재와 심화교재를 스스로 풀고 사고력 수학과 경시대회 준비까지 해도, 중등 2학년부터는 고등 선행을 나갈 수 있기 때문에 결코 선행 속도가 느리지 않습니다. 게다가 올바른 방식으로 공부했기 때문에, 문제해결력도 충분히 길러져 있고, 혼자서 수학을 공부하는 방법도 알고 있는 상태입니다. 모든 조건들을 다 채웠기 때문에 고등학교에 가게 되면 수학을 잘할 수밖에 없습니다.

수학 공부 시간은 일주일 기준으로 방학 때는 하루 3시간씩 주 5일로 총 15시간이 적당하며, 학교를 다닐 때는 하루 2시간씩 주 5일로 총 10시간 정도 시키면 적당합니다.

중등 시기

초등부터 제가 추천한 방식대로 공부했다면, 아이는 선행과 심화가 동시에 가능한 1그룹 아이가 되어 있을 것입니다. 중1이 되는 순간 선행 진도는 중2~중3 과정을 나갈 가능성이 많습니다. 중등 1학년까지가 초등과 마찬가지로 여유 있게 심화교재까지 연습하며 공부할 수 있는 마지막 시기입니다. 중1의 경우 자유학기제라 대부분의 학교에서 시험을 보지 않기 때문이죠. 2학년부터는 내신 대비를 하기 위해 시간을 소비해야 합니다.

중등 과정부터는 학생들이 많이 어려워하므로, 한국 검인정교과서협회 혹은 교보문고에서 교과서를 미리 구입하여 쉬운 유형별 교재(《라이트쎈》, 《알피엠》 등등)와 함께 개념교재로 활용하면 좋습니다. 물론 쉬운 개념교재(《개념쎈》, 《체크 체크》, 《개념+유형(라이트)》 등등)를 첫 교재로 사용해도 좋으나, 간혹 중등 개념교재 중에는 개념 설명 및 증명 과정이 생략된 경우도 있으니 그런 책은 가급적 피하시기 바랍니다. 더 확실한 방법은 개념교재와 교과서를 병행하는 것입니다.

역시 개념은 스스로 읽고 공부하면 되나, 학생이 힘들어할 경우 EBS 인터넷 강의 등을 활용해도 됩니다. 1학년의 경우 3권 구조(개념교재 1권+유형교재 1권+심화교재 1권)로 진도를 나가고, 2학년부터는 내신 시험을 보기 때문에 4권 구조(개념교재 1권+유형교재 1~2권+심화교재 1~2권)로 진도를 나가면 됩니다.

중등 2학년 과정부터는 선행을 3권 구조(개념교재 1권+유형교재 1권+심화교재 1권)로 나가고, 내신 대비를 위해 현행 복습용으로 유형 또는 심화교재 1~2권을 공부하면 됩니다. 즉, 중학교 2학년 1학기 3월이 되면, 선행 진도를 나감과 동시에 중학교 2학년 1학기 현행 복습을 병행합니다. 시험 보기 2주 전부터는 선행을 멈추고 현행 교재와 기출문제, 교과서, 학교 프린트 등으로 내신 대비를 합니다. 중등 과정보다 고등 과정이 훨씬 양이 많고 어렵고 중요하므로, 중등 내신 대비에 너무 많은 시간을 쓰지 않는 것을 추천합니다.

중등부터는 아이가 모르는 문제를 부모가 설명해주기 힘듭니다. 따라서 이때부터 해설지 등을 활용하여 모르는 문제를 직접 해결해야 합니다. 이때는 3장 '수학 공부 제대로 시키려면 아이에게서 해설지를 빼앗아라'를 참고하여 해설을 볼 수 있도록 합니다. 또한 심화교재의 경우, 대학생 과외로 해결이 힘든 경우가 있습니다. 이때는 개별 첨삭식 학원의 도움을 받는 것도 고려해볼 수 있습니다. 이런 방식으로 공부를 하게 되면 2학년 때 자연스럽게 고등 과정 선행에 들어갈 것입니다.

고등 시기

중등 시기와 비슷합니다. 단지 학습 내용이 훨씬 많고 어렵습니다. 그리고 고등학생이 되면 학교 다니면서 공부할 시간이 중학교에 비해 현저히 적어집니다. 수학(상), 수학(하), 수1, 수2, 미적분, 확률과 통계까지 꿰뚫는 장기적인 안목을 가지고 균형 잡힌 선행과 심화 계획을 짜야 합니다.

안정적 내신을 위해서는 방학을 이용해서 다음 학기 선행 및 이번 학기 심화를 동시에 하고, 학기 중에는 현행만 반복합니다. 즉, 방학에는 선행 진도와 현행 심화를 병행합니다. 학기가 시작되면 선행을 멈추고 현행(내신) 과정만 반복합니다.

방학 중 선행 과정은 3권(쉬운 개념교재 1권+쉬운 유형교재 1권+어려운 개념교재 1권), 현행 과정은 2권(어려운 유형교재 1권+심화교재 1권) 구조의 학습이 바람직합니다. 안정적 내신을 위해서는 여기에 1~2권 정도 추가해도 괜찮습니다. 수시의 비중이 큰 현행 입시에서는 내신을 곧 대학 입시로 봐야 하기 때문입니다. 모든 과정을 5~7권 학습을 할 수 있도록 짜면 가장 좋습니다.

고등 역시 개념의 경우 스스로 개념교재를 보며 학습하는 것이 수학 실력을 높이는 데 가장 좋습니다. 힘들 경우 인터넷 강의 등을 활용합니다. 해설지를 이용하여 모르는 것을 해결하는 것이 싫으면 개별 첨삭식 학원을 활용합니다.

수학 교재, 어떤 걸 선택해야 할까

　여기에서 추천하는 교재는 다분히 저의 주관이 많이 들어갔으니 참고하시기 바랍니다. 주로 학생들을 지도할 때, 아이들을 가르칠 때 사용한 교재들을 안내해드립니다.

| 초등 수학 교재 |

　디딤돌 출판사 교재를 주로 사용합니다. 디딤돌 교재는 난이도에 따라 다음과 같이 정리할 수 있습니다.

> 원리 <<< 기본 < 기본+응용 < 응용 < 문제유형 <<< 최상
> 위S < 최상위 << 최상위 사고력 < 3% 올림피아드

　너무 수학을 못하는 경우가 아니라면 개념교재로는 기본이나 응용을 사용하면 좋습니다. 《디딤돌 기본+응용》이나 《디딤돌 문제유형》 교재는 문제가 너무 많아 아이들이 수학에 질릴 수 있으므로 개인적으로는 추천하지 않습니다. 심화교재는 《디딤돌 최상위S》나 《디딤돌 최상위》를 사용하면 좋습니다. 《디딤돌 최상위S》와 《디딤돌 최상위》는 난이도 차이가 크지 않아, 제 아이의 경우는 《디딤돌 최상위》를 사용했습니다. 《디딤돌 최상위

사고력》교재는 사고력을 연습할 수 있는 고난도 문제들로 구성되어 있고, 《디딤돌 3% 올림피아드》의 경우 아주 어려워 문제 푸는 시간도 오래 걸리고 풀이법도 초등학생에 맞게 고민해서 설명해야 되기 때문에 지도하기가 어렵습니다. 차라리 《디딤돌 최상위》를 끝내고, 더 어려운 교재를 원한다면 경시대회 기출 문제집을 추천합니다.

제 아이들의 경우, 연산교재는 사용하지 않아 따로 추천할 만한 책은 없습니다. 독서를 통한 언어능력을 갖춘 경우, 굳이 연산교재를 사용하지 않아도 수학하는 데 어려움이 없습니다. 초등부 선생님들의 경우, 수학이 약한 학생들에게는 《디딤돌 원리》로 개념 수업을 하고, 연산교재로 《기적의 계산법》이나 디딤돌 연산교재를 사용하기도 합니다.

사고력 수학의 경우 《CMS》나 《시매쓰》, 《소마》, 《팩토》 등 많이 있으니, 저학년 때는 그중에서 재미있고 쉬운 교재를 선택해서 시키시면 좋습니다.

시중에 나와있는 사고력 수학 교재는 구성이나 내용이 서로 비슷하기 때문에 어떤 걸 선택해도 큰 차이는 없습니다. 단, 사고력 수학은 심화 수학이나 경시 수학은 아니니, 수학적 호기심을 자극할 수 있는 재미있고 흥미를 끄는 책을 추천합니다. 교구를 이용하거나 만들기나 실험할 수 있는 것들이 많은 교재를 사용하면 좋습니다. 초등 고학년 때는 수학 일기나 서술형 등을 연습할 수 있는 사고력 교재를 선정하면 좋습니다.

| 중등 수학 교재 |

중등 수학 교재는 개념교재, 유형교재, 심화교재로 나뉩니다. 제가 주로 사용하는 개념교재는 《개념쎈》, 《체크 체크》, 《개념+유형(라이트)》이며, 잘하는 학생들은 《개념+유형(파워)》를 사용하기도 합니다. 유형교재는 난이

도별로 《라이트쎈》, 《알피엠》, 《쎈수학》을 주로 사용하며, 심화교재로는 《일품》, 《최고득점》, 《최상위수학》, 《블랙라벨》, 《A급》 중에서 2권 정도를 골라 시킵니다. 심화교재의 경우 《일품》, 《최고득점》, 《최상위수학》, 《블랙라벨》, 《A급》 순으로 어려워집니다. 제 아이의 경우, 중등 수학도 스스로 개념을 읽고 독학하는 형태로 공부를 시키기 때문에 개념교재로 "교과서+《숨마쿰라우데 개념기본서》"조합을 사용합니다.

초등 수학을 어느 정도 하던 아이들도 중등 수학부터는 많이 어려워합니다. 초등학교 때 《최상위S》나 《최상위》까지 학습을 해야, 중등 유형별 교재 《쎈수학》을 소화합니다. 중등부터는 초등과 달리 《쎈수학》의 난도가 상당히 올라가서, 아이들은 중등 《쎈수학》을 초등 《디딤돌 최상위》 정도 난이도로 체감합니다. 중등부터는 심화교재의 경우도 《일품》과 《최고득점》 수준에서 멈추는 학생들이 있습니다. 보통 중등에서 '수학을 잘한다'라는 것은 《최상위수학》, 《블랙라벨》, 《A급》을 소화하는 경우를 뜻하며, 이 정도의 학생들이 고등 이과에서 안정적으로 1등급을 받는다고 보면 됩니다.

즉, 중등은 소화할 수 있는 교재에 따라 학생들의 수준이 나누어지고 고등에서의 수학 등급을 예측할 수 있습니다. 《쎈수학》을 소화하지 못하는 그룹은 고등 수학에서 4~5등급을 받고, 《쎈수학》까지 소화하는 그룹은 고등 수학에서 3~4등급, 《일품》과 《최고득점》까지 소화하는 그룹은 2~3등급, 《최상위수학》, 《블랙라벨》, 《A급》까지 소화하는 그룹이 고등 수학에서 1등급을 받는다고 보면 적당합니다.

| 고등 수학 교재 |

저의 경우, 고등 수학은 개념교재로 《개념원리》나 《기본 정석》을 많이 사용합니다. 그 이외의 개념교재들은 잘 사용하지 않고 있습니다. 제 기준에서 마음에 안 드는 문제가 있거나, 너무 쓸데없는 설명이 많거나, 너무 수능 유형이 많아 처음 배우는 학생에게 적합하지 않은 등 여러 이유가 있습니다.

유형교재로는 《알피엠》과 《쎈수학》을 많이 사용하나, 수학이 약한 학생의 경우 《라이트쎈》을 사용하는 경우도 있습니다.

심화교재로는 《일품》, 《블랙라벨》, 《일등급 수학》, 《내신 고쟁이》 등을 사용합니다. 난이도는 《일품》, 《일등급 수학》, 《내신 고쟁이》, 《블랙라벨》, 《실력 정석》(개념교재이나 심화교재처럼 사용) 순으로 어려워집니다. 고등의 경우 내신이 중요하기 때문에 내신 복습 교재(현행)로 《일등급 만들기》, 《올림포스》, 《자이 스토리》 등을 사용하기도 합니다.

| 학생 수준별 고등 수학 교재 선택 예시 |

학생 수준	선행 교재	겨울방학 현행 복습 교재	1학기 내신 대비 교재
하위권	《베이직쎈》 《개념쎈라이트》	《개념쎈》	교과서 《라이트쎈》
중하위권	《개념쎈》 《라이트쎈》	《개념원리》	교과서 《알피엠》
중상위권	《개념원리》 《알피엠》 《기본 정석》	《쎈수학》	《일품》 《올림포스》
상위권	《기본 정석》 《알피엠》 《실력 정석》	《쎈수학》	《일품》 《올림포스》 《블랙라벨》

◆

S군은 지역에서 가장 잘 나가는 수학 학원에 다니기 시작했습니다. 이 학원은 수업시간도 길고, 선행도 빠르게 나가주며, 심화까지 시켜주는 학원이었습니다. 당연히 숙제도 많았고, 의무 자습시간도 길어 한번 학원을 가면 오랫동안 있어야 했습니다. 방학 때는 하루 종일 수학 학원에서 특강과 정규수업을 듣고 자습까지 해야 했습니다. 이런 시스템에서 자연스럽게 S군의 수학 학습 시간은 늘어났으나, 오히려 수학 성적은 하락했고 개념도 구멍이 많이 생겼습니다. 더욱이 수학에 너무 많은 시간을 쏟게 되어 다른 과목 성적도 하락하게 됩니다.

부푼 기대를 안고 들어간 좋은 학원이었는데
왜 이런 결론에 다다랐을까요?

5

수학 학원,
잘 보내고 잘 다니려면

학년이 올라갈수록 어려워지는 수학.

학원에 의지해야 하는 순간을 맞곤 합니다.

그러나 수학 학원을 보내서 성공하는 경우가 얼마나 있을까요?

수학 학원의 종류와 특징

공부방 및 오피스텔

공부방은 주로 아파트에서 운영합니다. 대부분 초등 위주로 운영되며, 개인 혹은 프랜차이즈 형태로 운영됩니다. 주로 개별 맞춤식 수업 방식으로 진행됩니다. 공부방은 한 선생님이 한 과목만 가르칠 수 있으며, 부부가 운영하는 경우는 예외로 하되 부부가 각 한 과목씩 두 과목까지만 수업이 가능합니다. 따라서 부부가 아닌데 두 과목 이상 가르치는 경우, 부부인데 세 과목 이상 가르치는 경우는 다 불법입니다.

사실 공부방이라는 인허가증은 존재하지 않습니다. 개인 과외 신고증입니다. 개인 과외 신고는 학력과 상관없이 아무나 할 수 있습니다. 단, 장소는 학생 집이나 선생님 집에서만 가능합니다. 선생님의 집에서 하는 경우, 집 외부에 개인 과외 교습을 하는 장소라는 표시를 부착해야 합니다. 이런 표시와 신고증은 필수로 확인해야 합니다.

장점으로는 아파트 단지 안, 집 근처에 있어 관리받기 편하다는 점, 거주지에서 운영하다 보니 상대적으로 운영비가 절감되어 수강료가 저렴한 점 등이 있습니다. 단점으로는 전문성이 떨어지기 때문에 연산이나 기본개념 위주의 수업만 진행되고 심화나 중등 이상의 수학은 기대하기 힘들다는 점입니다. 보편적으로 봤을 때 실력이 있고, 아이들을 많이 모을 자신이 있는 사람들은 간판을 걸고 하는 학원이나 교습소에서 광고를 하며 수업하기를 선호합니다. 물론 고등까지 수업 가능하고 실력이 좋으나 여러 가지 이유로 거주지에서 공부방을 운영하시는 분들도 있습니다.

한편 오피스텔은 학생의 거주지와 멀리 떨어진 오피스텔에서 운영됩니다. 주로 중고등학생을 대상으로 하며, 나름 실력 있는 선생님들이 일대일 과외나 그룹식 수업을 합니다. 밤 12시 넘어서도 수업이나 자습이 진행되는 경우가 많습니다. 입소문으로 아는 사람만 다니는 구조입니다.

이러한 오피스텔은 완전히 불법이나 암암리에 유지되고 있습니다. 간혹 범죄 이력 등의 이유로 학원에 취업을 못 하는 사람이나, 고액 과외 등을 하는 사람들이 오피스텔 공부방을 불법으로 운영합니다. 특히 코로나로 학원에 못 가서 오피스텔에서 불법 과외를 받기도 합니다. 오피스텔 말고 거주지(아파트나 빌라)에서 수업하는 것은 합법이나, 신고를 하지 않고 운영하는 곳도 꽤 많습니다. 신고를 하지 않는 경우는 역시 불법입니다. 신고를 하지 않는 경우는 주로 자신이 거주하지 않는 아파트를 빌려 수업 공간으로 활용하는 경우가 많습니다.

교습소

1인 수업만 가능한 공간입니다. 주로 대형 학원에 강사로 있다가 자기 학원을 차릴 때 가장 규모가 작고 운영비 부담이 적은 교습소 형태로 시작합니다.

교습소의 장점은 원장 직강의 수업이라는 점과, 처음 학원을 경영하는 젊고 패기 있는 원장님이 운영하므로 열정을 가지고 아이를 가르친다는 점입니다. 아이가 못 따라오는 경우는 매주 주말 보충까지 하며 헌신적으로 아이를 가르치기도 합니다. 가끔 개원한 지 얼마 안 된 교습소를 잘 찾으면, 원생이 늘어나기 전까지 반에 인원이 없어 학원비를 내고 일대일 과외를 받는 행운도 얻을 수 있습니다.

단점은 원장 혼자서 모든 수업을 하고, 이제 처음 시작하면서 원생들을 모집하는 단계이기 때문에 안정적으로 운영되기 힘든 구조라는 점입니다. 학생들이 적다 보니 수준별 반 편성이 힘든 경우가 많습니다. 원장 혼자서 모든 수업을 다 하다 보니, 초등부터 중등, 고등, 심지어 재수생까지 다니는 경우가 많아 학년별 전문성이 떨어지고 분위기가 전체적으로 산만할 수 있습니다.

원장의 학벌·강의력·실력 등 원장의 능력을 보고 선택하기 때문에 학원 고유의 특별한 프로그램은 없는 곳이 대부분입니다. 반당 인원수는 1~4명 사이가 가장 많습니다.

중소형 강의식 수학 전문 학원

교습소에서 원생들이 늘어나면 소규모 학원으로 확장을 합니다. 원장 포함 선생님들이 2~3명 정도 되는 규모입니다. 선생님들이 2~3명이라 초등·중등·고등이 분리가 되어 수업이 진행되며, 어느 정도 수준별 수업도 가능합니다. 이 역시 학원 자체의 특별한 프로그램보다는 가르치는 선생님들의 능력에 의존해 운영하는 구조입니다. 반당 인원수도 3~8명 정도로 아이들과 선생님이 소통할 수 있는 구조가 많습니다. 대형 학원으로 확장이 가능해도 대형으로 확장했을 때 면밀한 관리가 잘 되지 않을 것을 염려하고, 또 중소형 학원에서 안정적 순수익을 꾸준히 내는 상황이라면 일부러 확장을 하지 않는 경우도 있습니다.

이런 형태의 학원은 경험도 많고 실력도 우수한 강사진을 보유한 곳들이 있는 반면에, 교습소와 유사하게 원장 중심의 운영을 하며 아르바이트 강사(대학생 첨삭 아르바이트생 또는 대학생 강사)를 쓰는 곳도 있으니 주의하기 바랍니다. 대학생 강사라도 실력도 우수하고 강의력도 뛰어난 경우도 있긴 하지만, 본업이 아니기 때문에 대부분 6개월 안에 퇴사하는 등 책임감이 부족한 경우도 많습니다.

대형 강의식 수학 전문 학원

학년당 많게는 10여 개의 반이 수준별로 존재하는 학원입니다. 대규모로 운영되고, 한 반의 인원수도 8~20명 수준으로, 균질하고 통일된 운영을 위해 학원 고유의 프로그램이 있는 곳이 많습니다. 학생들이 많기 때문에, 학원에서 월례고사라도 보면 학교와 비슷하게 아이의 위치를 냉정하게 파악할 수 있는 장점이 있습니다. 일정한 프로그램 하에서 수준별 반 편성을 하기 때문에, 진도가 느리거나 입학시험에 합격하지 못하면 학원 등록 자체가 힘듭니다. 즉, 다니고 싶다고 해서 아무 때나 다닐 수 있는 구조가 아닙니다.

학원 규모가 크기 때문에 학생과 강사 양쪽 다 관리가 어려운 경우가 많습니다. 그래서 대개 교무 회의나 강사 회의를 통해 선생님들을 관리 통제해야 하는 구조를 갖추고 있습니다. 즉, 담임 강사가 부모와 상담을 했는지 여부를 상담 기록지에 쓰게 한다든지, 전체 회의 때 학생 퇴원율이 높거나 부모의 항의를 받은 강사를 공개하는 등의 방법으로 강사 관리를 합니다. 그리고 선생님 개인의 창의성이나 열정보다는 전체적으로 통일된 학원 이미지와 프로그램을 강조하기 때문에 선생님들의 개인 역량이 충분히 발휘되기 힘든 구조입니다. 따라서 월급제로 운영되는 대형 학원의 경우 선생님들이 소위 '공무원 마인드'를 갖는 경우가 많습니다.

한 반에 수학 선생님이 2~3명까지 들어가서 수업하는 대형 학원도 있습니다. 학생 입장에서는 여러 선생님의 수업을 다양하게 듣는 장점이 있는 반면에, 선생님들끼리 합이 좋지 않을 때는 보충 수업을 서로 미루는 등 책임감 있는 관리를 받지 못하는 단점도 존재합니다.

학원 자체적으로 원생들을 모을 수 있는 프로그램이 있기 때문에, 상대적으로 강사의 능력이 많이 중요하지 않아서 강사진이 우수하지 않은 경우도 종종 있습니다. 특히 고학년이나 상위반 위주로 경험 많고 실력 있는 강사진이 배치되고, 저학년이나 하위반에는 신입 강사나 아직 실력이 부족한 강사진이 배치되는 경우가 많기 때문에, 하위반의 경우 같은 수강료를 낸 입장에서 약간 억울한 감이 있을 수 있습니다.

간혹 대규모 수학 전문 학원 중에서도 강사 급여 책정 방식이 비율제, 즉 학생 수에 따라 책정되는 경우도 존재합니다. 대개 중고등 단과가 그러합니다. 이 경우 장점은 강사들이 원장이 되어 자기가 가르치는 학생들이 퇴원하지 않도록 최선을 다한다는 점입니다. 단점이 있다면 수준별 반 편성이나 이동이 쉽게 되지 않아(아이들 이동이 담당 강사 급여 변화에 영향을 끼치므로), 마치 학원은 대형인데 반별로 강사가 소규모 교습소를 운영하는 형태를 띨 수 있습니다. 이런 경우 수업도 학원 자체의 통일된 프로그램이 아니라 강사 개인 역량에 따라 진행되는 경우가 많아 대형 학원의 장점을 누릴 수 없다는 아쉬움이 있습니다.

개별 첨삭식 수학 전문 학원

대치동에서 처음 인기를 얻은 학원 구조입니다. 과거에도 대치동은 학생들이 중학생 시절에 대부분의 고등 선행을 마무리했습니다. 문제는 강의는 여러 번 들어서 고등 선행을 마무리했지만, 실제 다지기(문제 풀기 및 오답)는 전혀 되지 않아 고등학생이 되어도 수학 성적이 향상되지 않는다는 점이었습니다. 그래서 예전부터 대치동에서는 개별 첨삭식의 관리형 학원이 인기가 있었습니다. 아이들이 제대로 학습을 했는지 확인하기 위해 문제를 풀게 하고, 틀린 것들은 반복적으로 오답을 거쳐서 완벽하게 알게 하는 방식의 학원들이었습니다.

현재는 학령인구 감소와 강의식 학원의 단점이 부각되면서 전국적으로 개별 첨삭식 학원들이 인기를 얻고 있습니다. 첨삭식 학원은 학생들을 번갈아가면서 과외하는 방식이기 때문에, 학년과 수준이 다른 아이들을 같은 반에 모아놓고 수업할 수 있는 구조입니다. 따라서 강의식 학원과 달리 수준이 다른 학생들을 쉽게 받을 수 있어서, 안정적으로 원생을 확보할 수 있습니다. 부모 입장에서는 비싼 과외는 부담스럽고 강의식 학원 스타일과는 내 아이가 맞지 않을 때 선택할 수 있는 대안입니다. 특히 아이가 자기주도적 학습 습관을 갖춘 경우, 개별 첨삭식 학원 프로그램과 시너지를 발휘할 수 있습니다.

학생들의 학습 상황에 맞춰 진도를 나가기 때문에, 중간에 소위 '빵꾸 나는' 일이 없이 꼼꼼하게 수업할 수 있다는 장점이 있습니다. 즉, 아이가 숙제를 해오고 오답까지 마무리하여 한 단원이 충분히 소화됐다는 것이 확인되어야 그 다음 진도를 나가기 때문에, 아이 입장에서는 이해되지 않은 채로 건너뛰는 것이 없다는 느낌이 듭니다.

단점을 살펴보자면 다음과 같습니다. 우선 일대일 과외가 아니기 때문에, 수학을 너무 못하거나 질문이 너무 많은 학생들은 만족도가 떨어질 수 있습니다. 한 선생님이 여러 명의 학생을 두고 일대일로 번갈아가면서 수업하는 방식이기 때문에, 수학을 못하는 학생은 개념 설명이 부족하다고 느낄 수 있고, 질문이 많은 학생은 질문을 충분히 하지 못한다고 생각할 수 있습니다.

강의식 학원과의 가장 큰 차이점은, 강의식 학원은 학생이 숙제를 안 해오거나 개념을 이해하지 못해도 진도 계획에 맞춰 진도를 나가지만, 첨삭식 학원은 학생이 그 단원을 소화해야 그 다음 진도를 나간다는 점입니다. 따라서 첨삭식 학원은 강의식 학원에 비해 진도가 느린 경우가 많습니다. 잘못하면 한없이 진도가 늘어집니다. 그리고 학생 입장에서는 다른 친구들과 함께 경쟁하고 자극받으면서 수업하는 강의식 학원에 비해 열심히 하고자 하는 동기부여가 떨어질 수도 있습니다. 즉 다른 학생과의 경쟁을 통해 개인의 잠재력을 끌어올리기 힘듭니다.

수학 단과 학원

수학 단과 학원은, 여러 가지 과목들 중 원하는 과목을 개별적으로 선택해서 들을 수 있는 단과 학원의 수학 단과를 뜻합니다. 예전에는 많았지만 인터넷 강의가 활성화되면서 지금은 대치동과 목동 등 일부 학원가에만 있는 구조입니다. 각 과목별 강사들이 수업을 개설하면, 학생들이 원하는 강사의 수업을 듣는 방식입니다. 반당 인원은 최소 20명에서 많게는 100명을 넘어가는 경우도 종종 있습니다. 대치동이나 목동 등 주요 학군지에서는 유명한 일타 강사들이 유명 단과 학원에 수업을 개설합니다. 서울이 아닌 수도권 학군지에서는 일타는 아니지만, 강의에 자신 있는 강사들이 수업을 개설합니다.

장점은 양질의 강의를 들을 수 있다는 점입니다. 아무래도 강의력이 뛰어난 강사들이 수업을 하기 때문입니다.

단점은 강사들이 여러 학원을 돌아다니기 때문에 학생에 대한 개별 관리나 질의응답이 부족하다는 점입니다. 또한 한 반의 인원 수도 많기 때문에 일반 수학 전문 학원 수준의 관리는 아예 포기해야 합니다.

이런 형태는 스스로 관리할 수 있는 상위권 학생들에게는 최적화된 수업이라고 할 수 있습니다. 그러나 스스로 관리할 수 있는 상위권 학생들은 많은 인원이 듣는 단과 수업을 굳이 들으려 하지 않고, 인터넷 강의를 활용하여 필요한 부분만 공부하는 것을 선호하기도 합니다.

종합반 학원

예전에 많았지만 지금은 거의 사라진 학원 구조입니다. 그러나 아직까지 수도권이나 지방 중심으로 종합반 학원이 운영되는 곳이 있습니다.

재수종합반과 비슷한 구조로, 한 학원에서 시간표에 맞춰서 주요 과목들의 수업을 듣는 방식입니다. 일주일에 3일에서 6일을 다니며 그곳에서 모든 과목의 학습이 이루어집니다.

한 학원에서 전 과목 수업이 해결되니 시간도 절약되고 학원비도 절감되는 효과가 있습니다. 일반적으로 종합반 학원은 과목 수 대비 수강료가 저렴합니다. 또한 국어·영어·수학 선생님이 팀이 되어 학생들을 지도하기 때문에, 학생에 대한 종합적인 관리와 평가가 가능합니다. 특히 내신 준비 시 한 학원에서 주요 과목 시험 대비와 자습 및 첨삭이 가능하여 효율적입니다.

단점은 모든 과목을 의무적으로 다 들어야 하기 때문에 부족한 과목 위주의 학습이 불가능하다는 점입니다. 또한 각 과목 선생님들을 내가 선택하는 것이 아니라서, 단과 학원에 비해 수업 만족도가 떨어질 수 있습니다.

내 아이에게 맞는 수학 학원 고르기

초등 수학 학원 고르기

초등 수학 학원은 아이가 처음에 가게 되는 학원입니다. 맞벌이 등으로 엄마표 수학이 불가능할 경우는 학원을 보내야 합니다. 학원에 처음 보내는 시점에서 아이의 수학 실력은 천차만별입니다. 고등학교로 치면 1등급에서 9등급까지 아이들이 학원을 고르는 셈입니다. 고등학교에서는 6등급에서 9등급의 학생들은 '수포자'가 되어 거의 학원을 다니지 않습니다. 초등의 경우는 희망을 가지고 학원을 보내겠지요. 따라서 주의 깊은 학원 선택이 필요합니다.

일단 내 아이의 실력이 어느 정도 되는지 모르기 때문에 대형 학원에 테스트 비용을 지불해서라도 입학시험을 보고 객관적 위치를 확인합니다.

아이가 수학을 잘하든 못하든, 첫 수학 학원은 아이의 수학 상황을 정리해줄 수 있는 개별 첨삭식의 꼼꼼한 학원을 보내기를 추천합니다. 개별 첨삭식 학원에서 올바른 수학 습관을 형성하고 진도 및 교재가 정돈이 되면, 그때 학원을 옮기거나 추가하는 것이 좋습니다. 가령 개별 첨삭식 학원에 6개월 정도 다니면서 수학 공부 습관이 잡히고 아이가 수학을 잘하게 되었다면, 저학년의 경우 사고력 수학 학원을 보내는 것도 나쁘지 않습니다. 고학년의 경우 수학을 잘하면 수학 경시학원(과학고/영재고 전문)을 보내는 것도 고려할 만합니다. 반대로 아이가 수학을 많이 못한다면, 개별 첨삭식 학원을 다니다가 과외를 시키거나 소수 인원으로 운영되는 교습소나 학원으로 옮겨 더욱 꼼꼼하게 관리를 받는 것도 좋습니다.

초등의 경우 개념이 적어 개별 첨삭식 학원에서 충분히 관리가 가능하고, 무엇보다도 학습 습관을 잡는 게 먼저입니다. 때문에 초등 때까지는 개별 첨삭식 학원을 기본으로 다른 학원들을 추가하거나 보충하는 식으로 보내길 추천합니다.

중등 수학 학원 고르기

예비 중1부터는 대부분 대형 수학 학원을 많이 보냅니다. 대형 학원의 경우 학생들이 많아 경쟁적 공부 환경이 갖추어져 있고, 통일된 관리 프로그램을 활용해 아이들을 안정적으로 관리해주고, 학원 자금이 풍부하여 학생들 복지 등이 잘 되어 있습니다. 하지만 단점들도 만만치 않습니다. 특히 한 달 이상 과도하게 내신 대비 기간을 설정하는 경향이 있어, 상위권 학생들의 경우 선행과 심화가 원활하게 되기 힘듭니다. 특히 학교별로 시험 기간이 차이가 날 경우 필요 없는 복습이나 양치기식 내신 대비를 하면서 시간을 때워야 합니다.

따라서 무조건 대형 수학 학원을 보내기보다는, 아이에게 맞는 학원을 선택해야 합니다. 이는 부모가 아이의 성격과 성향, 학습 습관, 수학 실력 등을 종합적으로 고려해 판단해야 합니다. 결국 목표는 고등학교에 가서 내 아이가 수학을 잘하게 만드는 데 효과적인 학원을 고르는 것입니다.

기본적으로 중등 수학까지도 그렇게까지 어렵지 않고 개념도 많지 않기 때문에, 개별 첨삭식 학원이 아이와 잘 맞는다면 계속 다니면서 심화와 선행을 나가는 것이 괜찮습니다. 특히 자기주도 습관이 잘 잡혀 있는 아이의 경우 굳이 강의식 수업을 듣기보다는 개별 첨삭식 학원에서 모르는 부분 위주로 꼼꼼하게 지도받는 것이 좋습니다.

아이가 적극적이고 경쟁적이며 분위기를 타는 성격이라면 강의식 대형 학원이 좋을 수 있습니다. 다른 아이들과 성적 경쟁을 하며 자극을 받을 수 있기 때문에, 상위권으로 치고 올라가고자 하는 중상위권 아이들에게 적합할 수 있습니다. 다만 대형 학원의 경우 원생 관리가 중소형 학원보다는 부족할 수 있어 수학 공부 습관을 어느 정도 기른 후 다니게 해야 좋습니다. 또한 공부 안 하는 아이들이 조금만 있어도 분위기를 타고 같이 공부를 안 할 수도 있기 때문에 학원의 분위기를 잘 살펴야 합니다. 한편 내성적이고 다소 소심하거나 성격이 신중한 아이는 규모가 작은 교습소나 개별 첨삭식 학원이 낫습니다. 자기 페이스에 맞게 공부할 수 있습니다.

고등 수학 학원 고르기

고등 수학부터는 부모보다는 아이들이 직접 학원을 선택하는 경우가 많습니다. 이럴 경우 부모가 어떻게 조언을 해줘야 할까요?

중학교 시절 심화능력을 기르지 못한 학생의 경우, 고등학교에 진학한 후 중학교보다 성적이 많이 떨어진다고 느껴 6개월마다 학원을 옮길 가능성이 높습니다. 앞서 언급했듯이 원래 못했던 학생인데 중학교 때까지는 절대평가라 몰랐다가, 상대평가로 바뀐 고등학교 때 본인의 실력을 깨달은 것이죠.

고등 수학은 어렵기 때문에 경험이 많고 실력 있는 선생님을 찾는 것이 중요합니다. 또한 대학 입시 실적이 좋고, 고3까지 학생들을 끌고 갈 수 있는 학원을 선택하는 것이 좋습니다. 고등 수학 학원의 경우 고등 내신 전문 학원, 고등 내신과 수능까지 가능한 학원, 수리논술까지 가능한 학원이 있습니다. 내신 전문 학원의 경우 강사진이 고3 강의 경력이 부족한 경우가 많습니다. 고등 내신과 수능까지 가능한 학원의 경우, 좀 더 아이들을 다양한 입시 전략으로 끌고 갈 수 있습니다. 다시 말해 수시 정시 대비가 다 가능합니다. 한편 수리논술까지 가능한 학원의 경우, 학생들을 지도하다가 내신 위주로 가는 수시 준비 학생, 수능 위주로 가는 정시 대비 학생, 수리논술 쪽으로 지원해야 하는 학생들에 대한 종합적인 관리가 가능하여 더 좋습니다. 즉, 내신 수학뿐만 아니라 수능 수학이나 수리논술까지 수업이 가능한 학원을 선택한다면 대학 입시까지 장기적 시야를 가지고 관리받을 수 있습니다. 수리논술까지 커버하는 학원의 종류는 고등부 학원에 수리논술 전문 선생님이 파트로 강의하는 형태가 있고, 원장이나 고3 수능 전문 강사가 수리논술까지 수업을 해주는 형태가 있습니다. 어떤 형태가 더 좋은지 잘라 말할 수는 없으며 실적으로 판단해야 합니다.

상위권의 경우 시간을 아껴 공부 시간을 확보하는 게 수시로 대학을 합격하는 지름길입니다. 따라서 필요한 개념과 모르는 문제만 질문할 수 있는 개별 첨삭식 학원을 선택하여 시간을 절약하고 효율적으로 공부하는 것도 좋습니다. 중하위권의 경우, 고등부 개념 자체가 양이 많고 어렵기 때문에 충분히 개념 설명을 해주고 문제를 풀이주는 강의식 학원이 더 도움이 될 수 있습니다.

학원 상담 시 반드시 확인해야 하는 것

담당 강사의 수준

중소형 학원의 경우 담당 선생님이 어떤 분인지 확인하는 것이 좋습니다. 어떤 경력을 가지고, 얼마나 오랫동안 수업을 했는지 등을 보시기 바랍니다. 중요한 것은 강의 가능 범위입니다. 초등의 경우, 최소 중3 과정까지 수업 가능한 선생님이 좋습니다. 기본적인 시야에서 차이가 나고, 나중에 아이가 중등 선행을 할 때 정확하게 가르쳐줄 수 있습니다. 특히 초등만 수업하는 학원은 일반 부모들을 강사로 쓰는 경우도 많은데, 전문성도 떨어지고 수학 교육과정이나 수학에 대한 전반적인 이해가 부족한 경우가 많습니다. 중등의 경우도 고3 과정까지 수업하는 선생님에게 배우면 선행 진도 분배도 합리적으로 잘하고, 대학 입시에 맞춰 장기적인 시야로 아이들을 가르칠 수 있습니다. 중소형 학원의 경우 학원 프로그램보다 담당 강사의 역량이 더 중요합니다. 사실 중소형뿐만 아니라 다른 형태의 학원 강사들도 마찬가지로 초등 강사는 중등 과정(내신 대비 경험)까지 가르칠 수 있는 사람이 좋고, 중등 강사는 고등 과정(내신 대비 경험)까지 가르칠 수 있는 사람이 좋습니다.

대형 학원의 경우 상대적으로 강사의 역량보다는 학원 자체 프로그램에 의해서 굴러가는 구조이니 어떤 프로그램으로 진행되는지 확인해보는 것이 좋습니다. 보통 대형 학원에서는 수업의 통일성 확보를 위해 강의 매뉴얼을 만드는 경우가 많습니다. 즉, 2시간 수업이면 '20분은 숙제 오답 및 테스트, 30분은 숙제 풀이, 40분은 개념 강의, 30분은 자습 및 개별 첨삭'식으로 수업 방식을 통일합니다. 한 달에 한 번 월례고사를 보고, 학생들 승반 여부를 결정하고, 오답 관리 방식 등을 디테일하게 정리합니다.

단, 주의할 것은 이렇게 뭔가 있어 보이고 완벽해 보이는 프로그램도 막상 겪어보면 별것 아닐 수 있다는 점입니다. 대부분의 대형 학원은 학원 시스템에 의해 굴러가기 때문에 강사진의 경력이나 실력을 노출하기를 꺼립니다. 부모가 학원 프로그램을 보고 오게 만들지, 강사진을 보고 오게 만들지는 않기 때문입니다.

그러나 고등부 학원의 경우는 강사의 경력이나 학력 등을 중요하게 따져봐야 합니다. 고등 수학은 학원 프로그램이 아닌 강사 개인의 역량에 의해서 수업이 진행되므로 강사의 역량이 특히 중요합니다. 학원 수업이라는 것은 가르치는 주체인 강사가 만들어갑니다. 똑같이 학생들을 가르치지만, 유치원이나 학교는 해당 관련 전공 공부를 수료한 후 임용시험에 붙어야 가르칠 자격이 주어집니다. 유일하게 학원만 대학 2년 이상의 학력이면 강사가 될 수 있습니다. 따라서 아무리 프로그램이 갖추어진 대형 학원일지라도 최소한 고등부만이라도 강사가 전문성을 가지고 있는지, 경험이 많은지를 학력과 경력을 통해 확인하는 것이 바람직합니다.

입시 실적도 중요합니다. 고3까지 생각하며 고등 수학 학원을 보낸다면, 대학 입시 실적을 확인함으로써 이 학원이 아이를 고3까지 끌고 갈 수 있는 능력을 갖췄는지 확인해야 합니다. 마찬가지로 중등 아이가 다닐 특목 학원을 고를 때도 특목고 입시 실적을 확인해야 합니다.

원장의 소신과 철학

소규모 학원일수록 원장의 수학에 대한 철학과 교육에 대한 소신이 명확한 곳이 많습니다. 따라서 평소 본인이 생각하는 교육관과 수학 학원 원장의 교육관이 맞는 곳을 찾으면 좋습니다.

스파르타식 운영 여부

아이를 강제로 잡아두고 6시간 이상씩 공부를 시키는 학원들이 있습니다. 주로 수학과 영어 학원에서 볼 수 있는 현상입니다. 주말에는 12시간씩 아이를 학원에 잡아두고 공부를 시키기도 합니다.

공부하기를 싫어하고, 놀기 좋아하고, 게임 좋아하고, 자기 통제를 하지 못하는 학생들이 가면, 그 시간만큼이라도 공부를 하기 때문에 효과를 볼 수 있습니다. 그리고 운이 좋다면 강제적 시스템에 의해 공부 습관이 들 수도 있습니다. 그래서 이런 학원들이 과거부터 지금까지 사라지지 않고 잘되는 것입니다. 부동의 고객층이 있기 때문입니다.

하지만 대부분 아이가 공부에 질릴 가능성이 높습니다. 또한 강압적 분위기에 멘탈이 약한 아이들은 상처를 받을 수도 있습니다. 그리고 장기적으로는 누군가 강제로 시키는 공부에 익숙해져 자기주도 학습능력을 기르는 데 방해가 됩니다. 따라서 이런 학원은 특별한 상황이 아니면 가급적 피해야 합니다.

입소문과 평판

저는 뭔가 있어 보이는 학원 프로그램과 학원 광고지를 별로 신뢰하지 않습니다. 왜냐하면 저 역시 큰 학원에 있을 때 숱한 회의를 거쳐 신입생을 유입시킬 수 있는 '뭔가 있어 보이는 수업 프로그램'을 많이 만들어봤기 때문입니다.

학생들의 수학 실력은 고등 내신 시험을 보기 전까지는 정확히 파악할 수 없기 때문에 '뭔가 있어 보이는 프로그램'이 성과가 있는지 없는지는 별로 중요하지 않습니다. 초등 중등 학생들을 학원에 유입만 시켜주면 되는 것이죠. 이처럼 학원 생활을 오래 하다 보니 학원에 대해 잘 알고, 그래서 오히려 학원을 신뢰하기가 더 힘듭니다.

그래서 저는 가끔 학부모나 학생들이 타 과목 학원을 소개해달라고 하면 학원 광고나 프로그램은 고려하지 않고 제가 잘 알고 있는 선생님이나 원장님을 소개해줍니다. '아는' 선생님이나 원장님이란, 그분이 해당 과목을 전공했고 저 역시 그분의 수업이나 관리에 대한 확신이 있어서 남에게 소개해줄 만한 사람을 뜻합니다. 그리고 잘 모르는 경우는, 한 지역에서 10년 이상 운영해온 학원들, 그리고 우수한 제자들이 괜찮다고 많이 말해준 학원들을 소개해줍니다.

지역 내에서 10년 이상 운영된 곳이라면 일단 신뢰할 만한 학원입니다. 규모가 크든 작든 오랫동안 유지하기 위해서는 원생들의 유입이 끊이지 않아야 하고, 그러기 위해서는 입소문이 나야 합니다. 학원 광고보다 더욱 확실한 것은 입소문입니다.

학원 광고는 날로 진화해서 더 이상 신뢰할 수 없는 지경에 이르렀습니다. 따라서 광고에 의존하지 말고, 해당 학원에 실제 다니고 있는 학생이나 그 부모를 통해 그 학원에 대한 정보를 확인하는 것이 좋습니다. 명문대에 들어간 아이들이 다녔던 학원 혹은 그들이 추천하는 학원이 좋고, 명문대에 들어간 아이의 부모에게 물어보는 것도 신뢰할 만합니다.

만약 물어볼 사람이 없다면 어떻게 해야 할까요? 맘카페나 지역 카페에 물어봐야 할까요? 맘카페를 통한 학원 추천은 사실 신뢰하지 않는 것이 좋습니다. 왜냐하면 아이를 대학까지 보낸 엄마들의 대답이 가장 정확한데, 그런 사람들은 카페에 상주하며 교육 관련한 질문에 매번 답변해줄 만큼 여유있지 않습니다. 보통 맘카페에서 학원을 추천하는 사람들은 업체 아르바이트생 혹은 관계자일 가능성이 큽니다. 그러니 무작정 학원을 추천해달라고 하면 그런 홍보업체의 먹이가 될 뿐입니다. 정말 기댈 데가 없어서 카페에 물어봐야 한다면, 궁금한 학원들 리스트를 뽑아서 구체적으로 질문하면 그나마 낫습니다. 가령 "A라는 수학 학원 수업 방식이 어떤가요? 만족하셨나요?" 하고 질문을 올리는 식입니다. 그러면 업체 댓글(닉네임으로 검색해보면 학원 묻는 글에만 댓글을 단 사람들)과 함께 솔직한 후기들도 달리기 때문에 적당히 걸러서 취합하면 됩니다.

결론적으로 학원 광고나 프로그램보다는, 입소문이나 다른 학원 강사 혹은 선배 엄마들의 추천 등을 통해 검증된 곳을 선택하는 게 좋습니다.

학원을 오래 다녀도
성적이 안 오르는 이유

공부를 열심히 안 하는 경우

열심히 안 하면 당연히 성적이 안 오릅니다. 이것은 만고불변의 진리입니다. 그런데 학원에 다니는 학생들을 보면, 제 기준에 의하면 대부분 열심히 하지 않습니다. 조금 열심히 한다 싶은 학생들은 성적을 물어보면 대부분 전교권에 있는 학생들입니다.

중고등학생들도 열심히 안 하지만, 고3이나 재수생들도 열심히 안 합니다. 새벽까지 게임을 하고 학원에 와서 잠만 자는 경우도 있고, 수업시간에 '멍'을 때리면서 공부하는 척만 하는 경우도 있습니다. 남들도 학원을 다 다니니까 일단 학원을 가긴 하는데, 학원에 와서 공부하진 않고 공부하는 시늉만 하는 것이죠.

재수종합반에서 담임을 맡으면 별의별 학생들을 다 봅니다. 한 번은 삼수생 학생이 몸이 너무 아프다고 외출증을 끊어달라고 했습니다. 외출증을 끊어줬더니 병원에 갔다가 술집에 들러 삼겹살에 소주 한 잔을 하고 들어왔습니다. 재수도 아니고 삼수생이 저러하니, 중고등학생들은 말할 것도 없겠죠.

학원을 너무 많이 다니는 경우

요즘 학생들은 학원을 너무 많이 다닙니다. 특히 공부를 못하는 학생일수록 학원을 많이 다닙니다.

이처럼 학원을 많이 다니게 되면 어떤 문제가 있을까요? 바로 제대로 공부할 시간이 부족하다는 것입니다.

수업시간에 개념을 배웠으면, 교과서와 개념교재 등을 활용해 배운 내용을 내 언어로 나만의 개념 노트에 재정리해야 합니다. 그래야 수업시간에 들은 내용들을 잊어버리지 않고 머릿속에 체계적으로 정리할 수 있습니다. 혹시 잊어버리더라도 나만의 개념 노트를 펼쳐서, 내가 이해하기 편한 순서로 정리한 개념들을 읽어보면 금방 다시 기억이 나고 문제에 적용할 수 있습니다. 그리고 스스로 개념이 정리됐으면 학원에서 내준 숙제를 해야 합니다. 문제를 풀다가 막히면 정리한 개념도 다시 읽어보고, 수업시간에 선생님이 풀어준 예제 문제들도 복습하면서 다시 풀어봅니다. 그래도 안 풀리는 것들은 오랫동안 고민해서 풀어냅니다. 그 과정이 끝나면, 채점을 하고 오답을 합니다. 이런 일련의 과정이 공부다운 공부입니다.

공부를 아주 잘하는 최상위권 학생들을 보면, 꼭 필요한 과목만 학원을 다니고 나머지 과목들은 혼자 하거나 인터넷 강의를 듣거나 가볍게 내신 기간에만 과외를 하는 방식으로 공부할 시간을 확보합니다.

그러나 대부분의 학생들은 거의 매일 과목별로 학원을 다닙니다. 특히 주요 과목인 영어나 수학 학원은 3~4시간씩 오랫동안 학생들을 붙잡아둡니다. 학생들은 학원이 끝나고 집에 오면 1~2시간 정도 남은 여유 시간에 숙제를 날림으로 대충 끝내버리고, 다음 날 또 다른 학원을 갑니다.

그러니 학원을 아무리 오래 다녀도 제대로 공부가 되지 않아 성적이 오르지 않습니다. 그냥 학원에 갔다 왔다는 만족감만 있을 뿐입니다. '보기'나 '듣기'는 공부의 행위 중 아주 작은 일부분입니다. 그것이 공부라고 착각하기 때문에 이런 일이 벌어집니다.

재수종합반에서도 정규 수업을 듣고 나면 개인 공부를 하고 수업시간에 들은 것들을 정리할 시간이 필요합니다. 그러나 일부 학생들은 정규 수업 이후에 진행되는 특강을 몇 개씩 들으며 자습해야 할 시간을 특강 듣는 데 쓰는 학생들이 있습니다. 수업을 많이 듣는 것이 공부하는 것이라는 착각에 빠져 있는 것이죠. 그런 모습을 보면 일주일 내내 수업을 듣기만 하는데, 과연 성적이 오를까 하는 걱정이 듭니다.

제 아이들은 영어 학원을 다니지 않습니다. 초등 저학년 때 6개월 정도 보내다 그만뒀습니다. 다른 이유가 아니라, 영어 학원 하나만으로도 너무 많은 시간을 잡아먹어서 예체능 학원에 다닐 시간, 독서할 시간, 자유시간 등을 확보하기가 쉽지 않아서였습니다. 그 대신 스스로 영어 공부하는 방법을 알려줬습니다. 학원에 가서 영어 수업 듣는 시간을 스스로 영어 공부하는 것으로 대체하니 여유시간도 확보되고 아이들도 더 좋아합니다.

학원에서 숙제를 과도하게 많이 내주는 경우

수학은 과목 특성상 숙제를 하는 데 시간이 오래 걸립니다. 왜냐하면 숙제를 하기 위해서는 그날 배운 개념을 정리해야 하고, 문제를 풀다가 막히면 '개념 복습→유사 유형 찾아보기→장시간 고민'의 과정을 거쳐야 하고, 채점 이후 오답까지 해야 하기 때문입니다. 이게 진짜 숙제고, 이 과정을 제대로 거쳐야만 배운 것을 정확히 알게 되고 문제해결력이 생겨 성적이 오릅니다. 이 일련의 과정은 시간이 오래 걸리기 때문에 사실 숙제를 너무 많이 내주면 안 됩니다.

그러나 문제는 학원에서 숙제를 적게 내줘도, 아이들이 올바른 방식으로 숙제를 하지 않는다는 점입니다. 그래서 대부분의 학원에서는 아이들이 어차피 제대로 숙제를 하지 않으니 양이라도 많이 내주는 방식을 취하게 됩니다.

숙제를 많이 내주니, 결국 공부를 열심히 하는 학생도 날림으로 숙제를 할 수밖에 없습니다. 그 과정에서 계산 실수, 문제 정확히 읽지 않기, 집중하지 않고 대강 문제 풀기, 모르는 건 별표 쳐놓고 질문으로 때우기 등등 안 좋은 습관이 몸에 배게 됩니다. 그러니 아무리 숙제를 해도 뭔가 정리되지 않고 겉도는 느낌이 들고, 학원에서 진도를 나가도 잘 소화되지 않습니다. 수학 학원을 오래 다니고 매일 숙제를 해도 수학 성적이 오르지 않는 이유입니다.

물론 공부를 열심히 하지 않는 학생들은 어떤 방식으로 숙제를 내줘도 성적이 오를 리 없습니다. 학원에서 숙제를 적게 내줘도 올바른 방식으로 숙제를 하지 않고, 많이 내줘도 날림으로 풀기 때문이죠.

진도를 빨리 나가는 경우

학원에서 진도를 빨리 나간다는 것은, 아이들이 소화할 수 있는 수준을 넘어서서 나간다는 의미입니다. 물론 그런 진도를 소화해내고 심화까지 해내는 학생들이 존재합니다. 그러나 대부분의 학생들은 진도가 빨라지면 수박 겉핥기식으로 학습합니다. 하지만 수학은 개념을 정확히 알아야 한 문제를 풀 수 있는 과목입니다.

일단 개념을 못 따라오니 숙제를 제대로 하지 못하게 됩니다. 숙제를 제대로 하지 못하니 복습이 제대로 되지 않습니다. 복습이 제대로 되지 않으니 다음 단원 진도를 못 따라갑니다. 이것이 계속 반복되는 악순환에 빠집니다. 또한 학원에서 진도를 빨리 나가기 위해서는 쉬운 교재를 선택해야 합니다. 쉬운 교재로 수업하니 심화 능력이 생기지 않습니다. 진도는 빠르지만, 교재가 쉬우니 깊이가 얕습니다.

학원에서 진도가 빠르다는 것은 어떤 뜻일까요?

첫째, 부교재 등으로 충분히 복습하지 않고 진도를 뺀다는 것을 의미합니다. 즉 학생들이 못 따라간다는 의미입니다. 학생들의 이해 속도에 맞춰서 진도를 나가거나, 부교재를 여러 권 사용하여 아이들이 내용을 충분히 소화하는지 여부를 확인하고 진도를 나가면 절대 진도가 빨라질 수 없습니다. 따라서 진도가 빠르면 아이들이 충분히 복습하지 못하고 깊이 있는 학습을 하지 못해 실력 향상으로 연결되지 못합니다. 마치 영화 한 편을 다 보는 게 아니라, 예고편만 보고 다 봤다고 하는 것과 비슷합니다.

둘째, 진도를 빠르게 나가면서 부교재 등으로 충분히 복습을 시키지만, 속도가 너무 빨라 학생들이 주교재와 부교재 학습을 거의 소화하지 못하는 경우입니다. 이 경우도 충분히 복습하지 못하고 깊이 있는 학습을 하지 못해 실력 향상이 안 되는 것은 마찬가지입니다.

학원에 의존해 학습능력을 키우지 않는 경우

학습능력이란 공부를 할 수 있는 능력을 뜻합니다. 대부분의 수학 학원에서는 정보(수학 개념)를 전달하고, 학생이 잘 모르는 것들에 대해 지식을 주입(문제풀이를 가르치는 행위)합니다. 이러한 행위는 지식을 전달하는 행위이므로 사실 학생의 학습능력 변화에는 아무런 영향을 끼치지 못합니다. 원래 가지고 있던 학습능력에 따라 정보습득능력에 차이가 나고 이것이 성적의 차이로 귀결됩니다. 즉, 똑같은 수업을 듣고, 동일한 학원을 다녀도 성적 차이가 나는 것은, 학생마다 학원에 오기 전부터 가지고 있던 학습능력의 차이 때문입니다. 학원이 학생의 성적을 올리려면 스파르타식으로 오랫동안 잡아두고 강제로 공부를 시켜서 많은 양을 학습하도록 하는 방법밖에는 없습니다. 즉, 학원은 공부는 많이 시킬 수 있어도, 공부를 잘할 수 있는 능력까지는 키워주지 못합니다.

따라서 학습능력을 키우기 위한 별도의 노력이 필요합니다.

첫째, 계속 강조하지만 독서가 필요합니다. 독서는 언어능력에서 파생되는 이해력과 추론능력, 개념을 체계적으로 정리하여 머릿속에 집어넣는 능력 등을 키우는 데 필수적입니다.

둘째, 수학 개념을 읽고 이해하는 연습이 필요합니다. 수학 개념을 읽고 스스로 이해하는 연습은 단순히 개념 학습을 떠나서 심화문제를 풀 때도 많은 도움이 됩니다.

수학 개념을 읽고 이해할 때는 단계적으로 다음과 같은 연습을 합니다.

단계	방법
1단계	개념을 읽으면서 노트에 필사하기
2단계	개념 문제까지 푼 후, 개념과 개념을 이해하는 데 도움이 되는 문제를 재배열하고 정리하여 나만의 개념 노트를 제작하기
3단계	정리된 나만의 개념 노트를 보고, 친구나 자기 자신에게 설명하기
4단계	백지에 머릿속에 있는 개념을 시험 보듯이 쓰고 나만의 개념 노트와 비교하기

이것들을 단계별로 하다 보면 어느새 익숙해져서 한 번에 개념을 효과적으로 정리하는 방법을 터득합니다. 이 작업이 끝나면 스스로 개념 정리가 완성이 되고, 심화문제집을 풀 준비를 마치게 됩니다. 이러한 개념 정리는 처음 보는 개념을 스스로 독해하고 꼼꼼히 따져서 이해하는 방식이기 때문에, 어려운 심화문제를 풀 때 문제를 분석하고 출제자의 의도를 파악하고 어느 단원의 어떤 개념을

이용하여 문제를 풀어야 할지를 쉽게 알아차리게 해줍니다.

이렇게 개념 정리를 하는 습관은 수학뿐만 아니라 전 과목의 학습 능력을 높여주기 때문에 전교권 성적을 만들어주는 지름길입니다.

셋째, 문제해결력을 기르는 것입니다. 계속 말씀드리지만 낯선 유형의 문제나 심화문제를 풀 때 필요한 능력으로, 이것도 학원에서 길러주기는 힘듭니다. 문제를 풀 때, 오랫동안 고민하여 이것저 것 해보면서 스스로 해결하는 연습을 통해서만 기를 수 있습니다. 학원에서는 선생님이 직접 문제를 푸는 과정을 보여주는 것밖에 해 줄 수 없습니다. 그러나 이것은 이해력만 높여주지 문제해결력은 높여주지 않습니다. 자전거를 처음 배울 때 2시간 동안 자전거 타 는 법에 대한 강의를 듣는 것보다는, 혼자서 2시간 동안 직접 자전 거를 타보는 것이 더 빨리 실력이 느는 것과 비슷한 이치입니다.

수학 학원 뽕 뽑기

학원 숙제만 제대로 챙겨도 '뽕'을 뽑는다

아이가 수학 학원 다니는 효과를 가장 극대화할 수 있는 방법은 뭐가 있을까요? 바로 숙제 챙기기입니다.

대부분의 학생들은 공부에 대한 동기부여가 되어 있지 않기 때문에 억지로 학원을 다니고 억지로 숙제를 합니다. 아무리 학원에서 숙제를 많이 내줘도 30분 만에 끝내는 신공을 보입니다. 선생님은 3~4시간 정도 고민할 것을 예측하고 숙제를 내주는데, 아이들은 길어야 1시간, 짧으면 30분 만에 숙제를 끝내기 때문에 숙제로 인한 학습 효과가 생기지 않습니다.

이렇게 숙제를 날림으로 하게 되면 어떤 문제점이 생기는지 앞에서 이야기했습니다. 계산 실수가 많아지고, 문제를 제대로 읽지 않고 푸는 버릇이 생기고, 집중력 없이 문제 푸는 것이 습관이 되고, 오랫동안 고민해서 문제를 풀려고 들지 않습니다. 이런 안 좋은 습관들은 수학을 못하게 만들고 공부 효율을 떨어뜨립니다. 학교 시험을 봐도 공부한 것보다 점수가 안 나오곤 합니다.

이런 방식으로 숙제를 하고 학원에 가면 어떤 일이 벌어질까요?

우선, 틀린 게 많긴 하지만 숙제를 안 한 것은 아니니 뭐라고 하질 못합니다. 안 한 것이 아니라 몰라서 틀리고 제대로 못 풀었다고 하면 선생님 입장에서도 할 말이 없어집니다.

강의식 학원에서는 수업이 시작되면 지난번 수업 때 내준 숙제의 풀이를 해줍니다. 그런데 숙제를 날림으로 한 학생은 틀린 문제를 고쳐보지도 않았고 대부분의 문제를 깊게 고민해보지 않았기 때문에, 숙제풀이 시간에 선생님의 설명을 들어도 잘 이해가 되지 않아 수업이 겉돌게 됩니다. 더군다나 숙제풀이 이후에 다음 단원 개념 설명이 진행되면 전 단원 복습이 충분히 안 된 상태에서 진도를 나가기 때문에, 수업이 이해가 안 되고 머릿속에 '공백'이 생깁니다. 점점 학원 수업을 못 따라가게 되고, 학원 수업에 흥미를 잃게 되며, 급기야는 학원을 옮겨달라고 할 것입니다. 원인은 본인이 숙제를 제대로 안 하고 복습을 안 해서 학원 수업을 못 따라가는 것인데, 엄마한테는 수업이 잘 이해가 안 되는데 진도만 빼서 수업을 못 따라가겠다고 이야기할 것입니다.

한편 개별 첨삭식 학원에서는 아이가 숙제를 마무리하고 오답까지 제대로 끝내야 다음 진도를 나갑니다. 숙제를 많이 틀려서 가지고 가면 학원 수업시간 내내 숙제 오답을 시킵니다. 날림으로 숙제를 했으니 모르는 것도 많아서 수업시간 내내 오답을 해도 다 끝내지 못하는 경우가 많습니다. 더욱이 숙제를 많이 틀렸기 때문에 오답을 1차로 끝내도 학원에서는 재오답이나 오답 유사 유형 프린트를 만들어 풀게 할 것입니다. 숙제 정답률이 일정 수준 이상으로 나오기 전까지는 추가 복습 과제물을 줘서 확실히 개념을 잡게 하는 데 집중합니다. 개별 첨삭식 학원의 특성상 복습이 충분히 되지 않으면 무리하게 진도를 나가지 않기 때문인데, 이는 이것대로 문제가 있습니다. 왜냐하면 개념을 이해하지 못한 채 넘어가는 것은 없을지라도, 진도가 매우 느려질 가능성이 크고, 진도가 느리므로 심화는 아예 다루지도 못하기 때문입니다.

따라서 강의식 학원이든 개별 첨삭식 학원이든, 이렇게 숙제를 날림으로 하게 되면 학원을 다니면서 얻을 수 있는 효과는 거의 없습니다.

수학 숙제를 '날림'으로 한다는 건 어떤 의미일까

답을 베끼는 경우

답을 베껴서 숙제를 하는 학생들이 생각보다 많습니다. 답지를 보고 베끼고, 답지가 없으면 인터넷에서 다운을 받든 친구에게 빌리든 어떻게든 구해서 답을 베껴서 숙제를 합니다.

답을 베껴서 숙제를 하는 경우는 몇 가지 유형으로 나눠볼 수 있습니다.

첫째, 주로 초등학생이나 중학생들 중 공부에 대해 스스로 동기부여가 안 되어 있거나, 부모에 의해 너무 강제적으로 어렸을 때부터 공부를 한 학생들입니다.

둘째, 게임에 빠진 남학생들입니다. 답지를 베껴서 숙제를 빨리 해치워버리고 게임을 하는 경우입니다.

셋째, 학원 일정이 너무 빡빡해서 자유시간을 거의 못 갖는 아이들도 답을 베껴서 숙제를 하곤 합니다.

넷째, 학원 자체 숙제의 양이 너무 많아서, 그 학원에서 버티기 위해 답을 베끼는 경우입니다.

고등학생의 경우는 상대적으로 답을 베끼는 경우가 거의 없는데, 그것은 아이가 철이 들었다기보다는 대부분의 고등부 학원이 숙제 검사를 치밀하게 안 하는 데서 기인합니다. 고등부 학원도 관리를 치밀하게 하여 숙제 검사를 철저히 진행하면, 답을 베껴서 하는 학생들이 많이 적발됩니다.

이런 학생들은 학교 선생님이나 학원 선생님, 부모들에게 '평소에 공부는 열심히 하는 것 같은데, 시험만 보면 성적이 잘 나오지 않는 아이'라는 착각을 불러일으킵니다. 주기적으로 테스트를 보거나, 답안지 없는 프린트로 숙제를 내주면 쉽게 적발이 가능합니다.

찍는 경우

답을 베끼는 경우보다는 양호합니다. 풀 수 있는 문제는 재빠르게 풀고, 어려워 보이거나 못 푸는 문제들은 아무 답이나 써버리는 방식입니다. 학원 선생님이 숙제를 안 하면 혼내지만, 많이 틀렸다고 혼내지는 않는다는 것을 이용하는 학생들이죠. 이런 학생들은 심지어 주관식도 터무니없는 답으로 찍어버립니다. 따라서 숙제를 100문제를 내주면, 쉬운 30문제를 후딱 해치우고 나머지 70문제는 찍어서 빠른 시간에 끝내버립니다.

이런 학생들에게는 숙제를 내줄 때, 노트에다 식까지 써오라고 하는 것이 하나의 대안이 될 수 있습니다. 그렇지만 그런 경우 해설을 베껴서 숙제를 할 가능성이 많습니다.

이상한 방법으로 푸는 경우

찍는 경우보다는 양호합니다. 이상한 방법으로 푸는 경우는, 어쨌든 숙제를 마무리해야 하니 출제의도와 전혀 상관없는 방법으로 문제를 푸는 것을 뜻합니다. 이런 행동은 수학을 잘하는 아이에게서도 관찰할 수 있어서 주의가 요구됩니다. 그리고 우연의 일치로 답이 맞는 경우도 존재합니다.

똑같은 문제를 두고 풀 때마다 방법이 매번 달라지므로, 지금 맞은 문제를 다음에 풀게 되면 틀리는 경우가 많습니다. 특히 이런 학생들은 평소 공부한 교재의 정답률과 시험 점수와의 괴리가 커서 부모에게 혼란을 일으킵니다.

날림을 방지하기 위해 부모가 할 수 있는 것

그렇다면 이것을 막을 방법은 없을까요? 있습니다. 수학 학원 다니는 효과를 극대화할 수 있는 아주 단순하면서도 간단한 방법이 있습니다.

바로 부모가 집에서 채점을 해주는 것입니다. 아이들은 엄마가 집에서 채점을 해주면 아무래도 숙제를 날림으로 하지는 못합니다. 아이가 숙제를 다 하면 채점을 해주고 오답을 하라고 시키세요. 아이가 오답을 다 하면 다시 채점을 해주고 다시 오답을 시켜주세요. 오답을 계속해도 못 고치는 상황이 되면, 그 문제들에는 별표를 쳐놓고 학원에서 질문하라고 알려주세요. 그러면 강의식 학원에서의 수업도 잘 따라갈 것이고, 개별 첨삭식 학원에서도 원활히 진도를 나갈 수 있을 것입니다. 더욱이 아이가 날림으로 숙제를 하지 않고 천천히 오랫동안 집중해서 하게 되면 안 좋은 습관도 막을 수 있어서 일석이조의 효과를 얻을 수 있습니다.

맞벌이 부모의 경우는 아이의 학습 관리가 어려울 수 있습니다. 이런 경우는 학원 선생님과 협의하여, 학원에서 숙제까지 마무리할 수 있게끔 하는 방법도 있습니다. 수업이 끝나고 숙제까지 마무리한 후 집에 오게 하거나, 수업 전 일찍 가서 숙제를 마무리하고 수업을 듣게 하는 방법도 있습니다. 혹은 학원을 안 오는 날 학원에 등원시켜 숙제만 하게 하는 방법도 있습니다.

그 외의 방법으로는 다음과 같은 것들이 있습니다.

식을 써서 풀게 하기

아이가 정성들여 집중해서 숙제를 하기 전까지는 노트에 식을 써서 풀게 하고, 일일이 확인합니다. 노트에 쓰는 것이 번거롭다면, 연습장에 문제를 풀고 문제집에 식을 써서 정리하게 하는 방법도 있습니다. 손이 많이 가고 시간도 많이 걸리고 비효율적이라도, 습관을 바로잡으려면 어쩔 수 없습니다.

맞은 문제 중 몇 문제를 골라서 설명하게 하기

제대로 설명을 하지 못하면 날림으로 푼 것입니다. 설명하게 하는 것은 날림으로 푼 것을 적발하는 데도 도움을 주지만, 설명하는 과정에서 그 문제를 아이가 정확히 이해하고 파악하게 하는 역할도 합니다.

필사시키기

숙제로 내준 모든 문제(맞은 문제 포함)의 해설지를 읽어보게 하고, 틀린 문제는 해설지를 노트에 필사하게 시킵니다. 약간 무식하다면 무식한 방법이지만 이런 방식으로라도 숙제를 정확히 정리시킵니다. 특히 날림으로 푼 것이 아닐까 의심되는 경우에 효과적입니다.

학원에서 배운 것을 빨리 잊어버리는 아이를 도와주는 법

학원에서 아이들을 가르치면, 배운 내용을 오랫동안 기억하는 아이들이 있는 반면 매우 빠른 속도로 잊어버리는 아이들도 있습니다. 잊어버리는 속도가 빠를 때는 1시간 전에 가르친 내용도 잊어버리기도 합니다.

이런 아이들을 대상으로 언어능력 평가를 해보면 언어 점수가 자기 학년보다 2~5년 정도 늦는 경우가 많습니다. 고등학교 3학년인데 중학교 2학년 수준의 언어능력을 가지고 있는 학생도 있고, 고등학교 1학년인데 초등학교 5학년 수준의 언어능력을 가지고 있는 학생도 있습니다. 언어능력이 자기 학년 평균보다 많이 떨어지면 떨어질수록 잊어버리는 속도도 빨라집니다.

문제는 이런 아이들은 학원에 보내도 성적이 오르지 않는 것은 물론, 과외나 일대일 수업으로도 극복이 안 된다는 것입니다. 과외든 일대일이든 배워도 잊어버리는 건 똑같고, 개념을 잊어버리니 숙제를 하지 못하고, 숙제를 하지 못하니 그 다음 과외 시간에는 전에 배운 것을 복습하느라 시간이 다 갑니다. 따라서 과외 선생님이 모든 개념을 다시 설명해주고 문제를 일일이 다 풀어줘도 혼자 남으면 아무것도 하지 못하게 되어 진도가 나가지가 않습니다.

이런 아이들을 도와주고 싶다면 당연히 언어능력을 기르기 위한 독서가 1차적으로 이루어져야 합니다. 이와 함께, 오랫동안 기억할 수 있는 능력을 기르게 해야 하고 오랫동안 기억하는 방식을 가르쳐줘야 합니다. 바로 수학 개념 쓰기와 말하기입니다.

아이가 학원에서 개념을 배우고 오면, 문제집에 있는 개념을 필사하게 시키세요. 그리고 그 개념을 아이 스스로에게, 아니면 다른 사람(부모)에게 설명하게 하세요. 그 단계가 익숙해지면, 개념을 노트에 정리해서 쓰게 해주세요. 언어능력이 떨어져도 공부를 잘할 수 있는 유일한 방법인 '정리하기'입니다. 문제풀이의 경우도, 틀린 문제들은 집에서 해설지를 읽고 필사시키세요. 그리고 해설지를 보며 아이 스스로에게, 아니면 부모에게 그 문제풀이를 설명하게 해주세요. 그 단계가 끝나면, 오답 노트에 해설지에 있는 풀이를 정리해서 쓰게 해주세요. 이렇게 쓰고 풀기를 반복하다 보면 언어능력 향상에도 도움이 됩니다.

윈터스쿨, 꼭 보내야 할까

| 윈터스쿨의 역사 |

윈터스쿨은 재수종합반이나 기숙학원에서 재수생들이 빠지는 12월부터 2월 중순까지, 재수종합반 선생님들이 재학생들을 대상으로 수업하는 것을 의미합니다. 기숙학원의 경우는 거리가 멀고 숙식을 해야 하므로, 보통 1월 한 달간 진행됩니다.

요새는 썸머스쿨도 생겨서 여름방학 동안 윈터스쿨 형식으로 운영하는 곳도 있는데, 재수학원에서 썸머스쿨을 운영하는 경우는 대개 재수생만으로 잘 운영이 안 되는 열악한 곳이므로 주의가 필요합니다. 대부분의 운영이 잘되는 재수학원은 재수생만으로도 마감이 되어 썸머스쿨을 운영하지 않습니다.

| 윈터스쿨은 도움이 되는가 |

공부 습관을 잡는 측면에서는 도움이 됩니다. 특히 기숙학원의 경우 생활 관리까지 되기 때문에, 한 달 동안은 어쨌든 공부를 열심히 하고 올 수 있습니다. 문제는 돌아오고 나서인데, 윈터스쿨이 끝나는 순간 예전의 모습으로 돌아오기 때문에, 윈터스쿨에서 만든 공부 습관이 순식간에 붕괴

됩니다. 더욱이 윈터스쿨과 일반 학원은 진도 차이가 나기 때문에 연속적인 학습이 되지 않는다는 단점이 있습니다. 특히 수학의 경우 윈터스쿨을 갔다 오면 진도 차이 때문에 들어갈 학원이 거의 없다는 단점이 있습니다.

학습적인 측면에서 윈터스쿨은 짧은 시간에 많은 진도를 나가야 해서, 교재가 얇고 쉬운 경향이 많습니다. 학생들 입장에서는 깊은 학습이 되지 못하고, 수박 겉핥기식의 맛만 보고 오는 학습이 될 가능성이 높습니다. 더욱이 수준별 반 편성을 하더라도, 수학의 경우 아이들 간의 편차가 매우 심합니다. 같은 반 학생들을 비교하면 선행 진도뿐만이 아니라 심화 수준도 큰 차이를 보입니다. 수학 한 과정을 3회독한 학생부터 처음 배우는 학생까지 다양하고, 내신 성적은 비슷해도 학교 수준에 따라 그 실력은 천차만별입니다. 따라서 선생님들도 깊이 있게 수업하지 못하며, 얇고 쉬운 교재로 가볍게 개념만 정리해줍니다.

그러므로 수학의 경우는 윈터스쿨에서 한 과정을 배워와도 처음부터 다시 공부해야 하는 경우가 많이 생깁니다. 이런 이유 때문에 윈터스쿨에 갈 때는 선행이 빠른 학생들이 적합합니다. 선행을 미리 빼서 모든 개념을 알고 있는 학생이 윈터스쿨 수업에서 간결하게 설명해주는 것을 들으며, 미리 선행에서 배웠던 내용을 복습하고 개인 심화교재를 가져와서 자습시간에 공부하는 방식이 윈터스쿨에 가장 최적화된 학습 방식입니다. 보통 이런 조건을 만족하는 학년이 고3입니다. 결론적으로 윈터스쿨은 고3 학생들에게 가장 최적화된 수업입니다.

종합적으로 판단했을 때, 예비 고1의 경우 윈터스쿨보다는 동네 수학 전문 학원에서 안정적으로 진도를 나가는 것이 도움이 될 수 있고, 예비 고3의 경우는 윈터스쿨에서 한 달 동안 수능 범위를 빠르게 정리하는 게 좋은 선택일 수 있습니다.

| 윈터스쿨을 선택할 때 알아두면 도움이 되는 팁 |

윈터스쿨 수업 교재는 일반적으로 부실합니다. 따라서 개인 교재를 반드시 챙겨가야 합니다. 수학의 경우는 개념교재, 유형교재, 심화교재를 골고루 챙겨가는 것이 좋습니다.

윈터스쿨 학원을 선택할 때는 기숙학원이든 출퇴근이 가능한 재수종합반이든, 검증된 학원을 선택하는 것이 좋습니다. 가급적 메이저(대성/메가/종로/청솔) 학원 중 분원이 아닌 본원이나 직영을 선택합니다. 메이저 학원은 빠르게 마감되므로 미리 알아봐야 합니다.

또한 일반 고등부 학원 윈터스쿨과 재수부 학원 윈터스쿨은 그 차이점이 명확합니다. 가장 큰 차이점은 강의 대상과 강의력의 차이입니다. 아무래도 고3 강의는 재수부 선생님들이 뛰어날 것이고, 고1이나 고2 강의는 고등부 선생님들이 더 적합할 수 있습니다. 왜냐하면 재수부 선생님들은 수능에 최적화된 강의를 하기 때문에, 당장 내신 대비가 급한 고1이나 고2와는 맞지 않을 수 있고, 재수부 선생님들 대부분 나이가 많아서 아직 어린 고1이나 고2와는 소통이 힘들 수도 있습니다. 그럼에도 확실한 관리를 원하면 재수부 학원이 좋습니다. 아이들을 1년 내내 가르치고 관리한 경험이 풍부하기 때문에 급식부터 생활패턴까지 안정적으로 관리해주고, 질의응답도 담당 선생님이 받아줍니다. 반면 고등부 학원은 방학 때 한철 장사로 급하게 원생들을 모집하는 경우가 많습니다. 마감이 안 되어 학원 운영이 불안정할 수 있고, 급식, 관리 선생님, 첨삭 아르바이트생 등을 구하는 데 혼선이 생길 수 있습니다. 주간에 수업한 선생님들은 야간에도 수업이나 특강 등을 하기 때문에 질문도 대부분 대학생 아르바이트생들이 받아줍니다. 더욱이 선생님들의 스케줄이 잘 조율되지 않아 시간표가 엉망일 수 있습니다. 단, 고등학생들과의 호흡이나 눈높이는 더 좋을 수 있고 윈터스쿨이 끝나도 그 학원을 계속 다님으로써 수업의 연결성을 확보할 수 있다는 장점이 있습니다.

기숙이 가능한지 통학이 가능한지 여부도 매우 중요한 판단 기준입니다. 이것은 재수생들이 재수를 할 때도 마찬가지로 작용합니다. 기숙이 가능한 경우는 잠자는 것부터 시작해서 식사 시간, 쉬는 시간, 자습 등 학습과 관련한 모든 것이 관리되고 통제됩니다. 따라서 제대로 된 완벽한 관리를 받고 싶다면 기숙학원을 선택하는 것이 좋습니다. 단, 기숙학원은 비용이 많이 비싸니, 학습 습관이 잡혀 있는 아이라면 통학이 가능한 학원을 선택하는 것도 나쁘지는 않습니다.

학원 방학 특강, 꼭 들어야 할까

방학을 맞이하면 학원별로 방학 특강을 만듭니다. 방학 특강이 정규수업의 연장이라 반드시 들어야 하는 학원도 있고, 선택적으로 운영하는 학원도 있습니다. 방학에는 아이들에게 시간적 여유가 있다 보니 학교 수업을 대체하는 방식으로 학원 수업이 많아지는 형태입니다. 따라서 그런 경우라면 방학 특강을 듣는 것이 크게 무리가 없을 것입니다. 아이들에도 자칫 나태해질 수 있는 방학을 좀 더 보람차게 보낼 수 있는 기회가 될 수 있습니다.

그러나 현실은 아이가 복습과 숙제도 제대로 못할 정도의 방학 특강이 과목별로 난무합니다. 특히 고등 수학 방학 특강의 경우, 대부분 《기본 정석》으로 진행되며, 특강을 듣는 학생들은 정규 수업과 특강의 학습량을 감당하기 힘들어합니다. 특강 때문에 정규 수업에서 내주는 숙제를 제대로 하지 못하게 되어 결과적으로 정규 수업까지 피해를 보는 경우가 많습니다.

예비 고1의 경우는 학원의 불안 마케팅과 부모의 욕심이 결합하여 초등학교부터 중학교까지 9년 동안 해내지 못한 고등 선행을 겨울방학 2개월 동안 끝내려고 하는 불가능한 프로젝트가 실행됩니다. 아이가 수학 실력이 부족하여 지금까지 고등 선행을 하지 못한 것인데, 중학교까지 가만히 있다가, 예비 고1 겨울방학이 돼서야 부모와 아이의 마음이 급해집니다. 겨울방학 두 달 동안, 9년 동안 하지 못했던 수학(상), 수학(하), 수1, 수2를 동시에 끝내는 프로젝트를 실행합니다. 수학(상)도 제대로 이해하기 힘든 아이가 4과목을 동시에 하게 되니 당연히 학습효과는 떨어지고, 숙제와 복습은 아예 생각조차 못하게 됩니다. 결국 가장 중요한 수학(상)도 제대로 정리를 하지 못하니, 고등 1학년 1학기 내신 성적이 엉망이 됩니다. 학원에서는 이런 아이들에게 겨울방학 때 배운 것을 제대로 모르고, 1학기 내신 성적도 안 좋으니 그걸 해결하자면서 여름 방학 특강을 많이 들으라고 홍보합니다. 그러나 이 학생들이 수학을 못하는 진짜 이유는 '특강을 들어서'입니다. 특강을 안 듣고 자기가 소화 가능한 정규 수업만 충분히 복습하며 공부했다면, 1학기 내신 성적도 올라가고 고등 수학에 자신감도 생겼을 것입니다.

수학은 강의 시간 대비, 3배 정도에 해당되는 복습 시간이 필요한 과목입니다. 이러한 복습이 충분히 되지 않으면 학습 효과가 생기지 않습니다. 2장에서 언급한 P군과 J군이 바로 이 방학 특강 숙제를 하다가 병원에 실려간 것입니다. 둘 다 수리논술로 한양대 다이아몬드 세븐 학과를 합격했으며, 자사고와 자공고 이과반에서 수학은 전교 2등까지 한 학생들입니다. 이렇듯 아주 우수한 학생들도 소화하기가 버거운 학습량인데, 수학이 약한 학생들이 특강을 듣는다는 것은 말이 안 되는 일입니다. 말 그대로 '듣기'만 하겠다는 생각입니다. 그러므로 방학 특강은 아이의 학습능력을 고려해서 신중하게 선택해야 합니다. 수학을 못하는 학생일수록 방학 특강보다는 차라리 정규반 수업 복습을 충분히 진행하는 것이 바람직합니다.

◆

예비 고1인 K양은 1시간 전에 가르쳐준 것도 잊어버려, 도저히 진도를 나가기 힘든 학생이었습니다. 숙제는 아예 못 풀어와서 학원에서 풀었던 문제들만 다시 풀어오게 시켰고, 그것도 힘들 땐 해설지를 필사해서 오도록 했습니다. K양은 과외를 하다가 과외로도 극복이 되지 않아 저를 찾아온 케이스입니다. 상담을 해보니 K양은 독서를 거의 하지 않았고, 유아 시절부터 TV와 게임에 노출됐다고 합니다.

◆

중3인 M군은 중2 때 수학이 어려워지고 사춘기까지 겹쳐 1년 동안 수학을 놓고, 수포자가 되어 저희 학원에 찾아왔습니다. 언어능력 평가 결과가 또래보다 1년밖에 떨어지지 않아 희망을 가지고, 중2 과정부터 가장 쉬운 개념책으로 차근차근 복습을 시켜줬고, 결국 중3 과정까지 소화하여 수포자에서 탈출하게 됩니다.

6

내 아이,
수포자가 될 수 없어

'수포자'는 단순히 사춘기 시절 수학을 잠깐 안 해서 생기는 경우도 있지만,
대부분 학습능력의 부족에서 기인합니다.
학습능력 부족 정도에 따라 찾아오는 시기만 달라질 뿐이죠.

수포자가 되지 않으려면

왜, 언제 수포자가 되는가?

저는 초중고 시절 수학을 잘했습니다. 그래서 수학을 못하는 친구들을 이해할 수가 없었습니다. 원리만 알면 모든 문제가 풀리기 때문에 다른 과목에 비해 학습하거나 공부할 것이 적은 이렇게 편한 과목을 대체 왜 못하는 건지 이해가 되지 않았습니다.

그러나 대학에서 원서로 된 전공 서적과 전공 수업을 들으면서 헤매기 시작했습니다. 고등학교 때는 개념을 보면 이해하고 조금만 노력하면 암기하는 데 문제가 없었습니다. 그런데 대학에서는 그게 먹히지 않았습니다.

이처럼 수학을 공부하다 보면 어느 순간부터 개념이 자연스레 이해되거나 암기되지 않는 시기가 찾아옵니다. 알아야 하는 개념이 너무 많기에 개념을 이해했더라도 금세 잊어버리고 때로는 개념 자체도 잊어버리는 것이죠.

학습능력이 부족하거나 수학을 못하는 학생일수록 이 시기는 빨리 찾아옵니다. 대개 1차적으로는 중1 과정을 할 때 찾아오고, 2차적으로는 고등 수학을 시작할 때 찾아옵니다. 이때까지 찾아오지 않았다면 저처럼 수학을 전공하면서 찾아오게 됩니다.

수포자 위기 구간 1 | 중1 과정

대량 수포자가 생기는 첫 번째 구간입니다. 수학에 약한 학생들은 중1 과정부터 많아지는 개념과 용어를 감당하지 못합니다. 초등 수학은 개념이 거의 없어 자연스럽게 이해되고 암기됐지만, 중1 과정부터는 새로운 연산 규칙이 나오고 문자가 등장하면서 본격적으로 복잡한 수학이 시작됩니다. 물론 학습능력이 뛰어난 학생들은 특별한 어려움 없이 중1 수학을 쉽게 이해하고, 개념들도 자연스럽게 머릿속에 집어넣습니다. 굳이 암기를 하지 않아도 문제를 푸는 과정에서 자연스럽게 개념들이 암기됩니다. 그러나 학습능력이 떨어지는, 특히 독서를 하지 않아 언어능력이 떨어지는 학생들은 쏟아지는 수학의 언어를 감당하지 못합니다. 배웠던 개념도 쉽게 잊어버리고 연산의 규칙도 제대로 이해하지 못해 연산부터 막히기 시작합니다. 더욱이 문자를 이용해 본격적으로 복잡한 개념을 이용한 수학이 시작되면 진도 자체를 나가기가 힘들어집니다.

수포자 위기 구간 2 | 고1 과정

중등 과정을 무사히 넘긴 학생들에게 찾아오는 그 다음 고비가 고1 과정입니다. 더욱 많은 개념과 공식, 그리고 많은 유형들 때문에 정신을 못 차립니다. 많은 학생들이 고1 수학의 첫 과정인 곱셈공식, 항등식과 나머지 정리, 인수분해 단원부터 고등 수학의 어려움을 피부로 느낍니다. 이처럼 많은 공식과 개념이 한꺼번에 쏟아지는데도 중학교와 같이 이해만으로 수학이 될 거라고 판단하고 공부하면, 진도가 나갈수록 앞의 개념과 공식을 잊어버리게 되어 낭패를 당합니다.

고등 수학부터는 '이해와 암기'가 필요한데, 학생들이 이해하고 암기하는 속도보다 학원 진도가 더 빠르게 나가기 때문에 이때부터 못 따라가는 학생들이 속출합니다. 이해와 암기가 제대로 안 된 채로 진도만 나가면 학생들은 뭔가 겉도는 느낌을 받게 되고, 한 과정을 나가도 머리에 남는 것이 없습니다.

수학 개념을 암기하는 방법

누구나 수포자가 될 위기에 봉착합니다. 많은 학생들이 중1 혹은 고1 때, 저는 대학에서 수포자가 될 위기에 맞닥뜨렸다고 했죠. 그렇다면 저는 어떻게 이를 극복했을까요? 고등학교와는 다른 방식으로 수학을 공부해야겠다고 마음먹고 공부 방법을 바꿨습니다. 바로 이해한 후 '의식적으로' 암기하는 작업입니다.

일단 수업을 들을 때는 필기를 하지 않고 교수님의 수업만 들었습니다. 자칫 필기하다가 수업을 놓치는 경우가 종종 있었기 때문이었습니다. 수업이 끝나면 우수한 동기의 노트 필기를 빌려서 복사를 하고, 도서관으로 갔습니다. 거기서 전공책을 펼치고 동기의 노트 필기를 같이 보면서 A4용지에 나만의 개념 노트를 만들었습니다. 전공책에 개념을 이해하기 좋은 예제가 있으면 그것도 개념과 함께 정리했습니다. 물론 전공책이 영어 원서이므로 다 영어로 정리를 했습니다. 강의를 1시간 들으면 정리하는 데만 2시간이 걸렸습니다. 이 정리된 것을 가지고 다니며 버스를 타고 이동할 때나 식사할 때 계속 읽고 이해하고 암기했습니다. 물론 예제들도 개념과 함께 이해하고 암기했습니다. 이런 방식으로 이해와 암기를 병행하자, 영어로 된 개념들이 내 몸속에 체화하면서 자연스럽게 문제가 풀리기 시작했고 비로소 전공 수학을 잘할 수 있게 되었습니다.

수학을 전공했거나 제대로 공부해본 사람들은 수학이 암기과목이라는 사실을 이해할 것입니다. 여기서 '암기과목'이라는 건, 의미 없이 암기한다는 뜻이 아니라 이해했으면 의식적으로 암기하는 작업을 병행해야 한다는 뜻입니다.

가끔 수학은 암기 과목이 아니라고 착각하는 사람들이 있는데, 이런 착각을 하는 사람들은 몇 가지로 구분할 수 있습니다.

첫 번째는 수학 전공자가 아니어서 수학의 구조를 정확하게 이해하지 못하는 사람입니다.

두 번째는 학습능력이 뛰어나 수학 개념을 이해하면 자기도 모르게 머릿속에 체계적으로 정리(암기)되는 사람입니다.

세 번째는 누군가에게 수학 개념을 '가르치거나 설명하는 과정'에서 수학 개념들을 '정확히 이해하고 체화(암기)'했는데, 그것이 자연스럽게 됐다고 착각하는 사람들입니다.

네 번째는 수학을 못하는 학생들을 접해보지 못한 사람들입니다. 수학을 못하는 학생들은 어떤 개념을 설명하면 애초에 이해하기도 힘들어하지만 이해한 내용도 금방 잊어버리고 개념은 더 빨리 잊어버려서, 혼자서는 어떤 문제도 풀지 못합니다. 직전 수업시간에 가르쳐준 것을 잊어버리기 때문에 일대일 과외를 해도 극복이 안 됩니다.

수학 개념을 효과적으로 암기하려면 전체적인 흐름과 맥락을 파악하고, 개념이 녹아 있는 문제와 함께 이해하고 암기해야 합니다. 이런 방식으로 암기하는 가장 좋은 방법이 제가 했던 개념 노트를 만들어 스스로 개념을 정리하는 방식입니다. 개념교재에 있는 예제 문제들도 개념과 더불어 정리하고, 정리된 개념 노트는 항상 지니고 다니며 수시로 읽고, 문제를 풀 때는 개념 노트를 펼쳐놓고 보면서 문제를 풀어나갑니다.

아이가 어려 개념 노트를 스스로 만들기 힘들다면 개념을 필사시켜도 좋습니다. 개념 필사가 끝나면, 아이가 개념을 정확히 이해했는지 설명하게 시키고 중간중간 아이에게 질문도 던지면서 개념을 정확히 알 수 있도록 만들어줍니다. 이 '설명하기 과정'과 '질문에 답을 하는 과정'은 아이 스스로 개념을 이해하는 동시에 암기하게 만드는 아주 좋은 방법입니다.

사실 개념 정리, 개념 필사, 설명은 너무 좋은 방법이지만 시간이 많이 걸리고 혼자서 하기 힘들 때도 있습니다. 그런 경우는 재수생들이 개념 정리할 때 쓰는 방법을 추천합니다.

일단 개념교재 한 권을 정합니다. 예를 들어 《기본 정석》을 선택했다면, 책에 있는 모든 개념과 정의, 정리, 증명, 보기문제와 풀이, 기본문제와 풀이 등을 정독합니다. 기본문제와 풀이를 정독하면, 추상적인 개념이 문제 속에서 어떻게 녹아들었는지를 이해할 수 있습니다. 이 과정을 반복해서 개념을 암기합니다. 이렇게 개념교재를 여러 번 회독하는 방식은 개념을 정확히 이해하고 암기하는 데 효과적입니다.

수포자들의 특징 샅샅이 살펴보기

왜 우리 아이는 수학을 못할까

학원에서 수업을 하거나 일대일 수업을 하다 보면 수학을 정말 못하는 학생들을 만나곤 합니다. 이런 아이들은 똑같은 개념을 여러 번 설명해줘도 정확히 이해하지 못하다 보니까 문제를 '끼워 맞추기식(원리는 모른 채 무작정 암기하는 방식)'으로 푸는 경향이 있습니다. 즉, '이것은 이것이다'라고 설명을 해주면, 이를 정확하게 이해하지 못하고 '이러이러한 모양이면 이렇게 숫자를 집어넣어서 이렇게 푼다'라는 식으로 받아들이고 문제를 푸는 것입니다. 이렇게 끼워 맞추기식으로 문제를 풀다 보면, 문제가 조금만 변형되어 나와도 문제를 못 풀어 틀리게 됩니다. 즉, 정확한 원리를 이해하지 못하기 때문에, 하나의 원리로 100문제를 풀지 못하고 100문제 모두를 일일이 설명해줘야 문제를 풀 수 있는 상태가 됩니다.

문제는, 이런 아이들은 이해력도 떨어지지만 배웠던 것도 금방 잊어버리기 때문에 하루만 지나면 다시 잊어버려 처음부터 이 작업을 반복해야 한다는 점입니다. 그러다 보니 과외를 해도 수학 성적 향상을 기대하기 힘듭니다. 이해를 하지 못하니 끼워 맞추기식으로 문제를 풀고, 원리를 모르니 금방 잊어먹는 악순환에 빠지게 됩니다. 이런 학생들의 대다수는 학년이 올라갈수록 수학을 따라가기 힘들기 때문에 수포자가 됩니다.

수포자들의 공통적인 특징

이처럼 수학을 너무 못하는 학생들을 상담해보면 어느 정도 공통점들을 발견할 수 있습니다. 다음은 재수종합반과 고등부, 그리고 다양한 연령대의 학생들을 가르치고 상담하면서 찾아낸 수포자들의 공통적인 특징입니다.

이 아이들을 가만히 보면, 수학뿐만 아니라 전 과목을 못하는 경우가 많습니다. '수포'의 원인이 학습능력의 부재에 있기 때문입니다. 수포자였던 학생들이 재수를 하면서 열심히 공부하려는 모습을 자주 보게 됩니다. 그런데 이런 학생들은 전 과목을 못하는 데다가 수업을 들어도 거의 이해를 하지 못하다 보니, 종일 교무실에 살다시피하면서 과목별 선생님들에게 이해하지 못했던 것들을 질문하기 바쁩니다. 문제는 수업시간에 이해하지 못한 것을 쉬는 시간에 질문을 해서 해결해도, 뒤돌아서면 잊어버리고 또 모르는 상태로 되돌아간다는 것입니다. 따라서 성적이 더디게 오르게 되고, 재수로는 원하는 대학을 가기가 힘들어 삼수까지 하는 경우가 많습니다.

보통 이런 아이들은 미취학~초등 때 학습과 관련된 활동이 되지 못하고 방치되었을 가능성이 큽니다. 특히 미취학 시절에 부모에 의한 책 읽기가 이루어지지 않아 초등 시절부터 독서를 거의 하지 않은 특징이 있습니다. 독서의 부재는 뭔가를 읽고, 이해하고, 머릿속에 정리해서 기억하는 연습을 하지 못했다는 것을 뜻하고, 따라서 학습을 할 수 있는 능력이 만들어지지 않았다는 것을 의미합니다.

독서 활동 대신 TV나 게임 혹은 스마트폰에 어렸을 때부터 장시간 노출됐다는 공통점도 있습니다. 제가 가르치던 한 수포자 학생은 어렸을 때 부모가 맞벌이라 할머니 집에서 자랐는데, 유치원에 다녀오면 할머니가 종일 TV를 틀어줬다고 합니다. 특히 남학생의 경우 어렸을 때부터 게임에 과도하게 노출되는데, 이런 아이들은 가르쳐준 것을 1시간이면 잊어버리는 신공 아닌 신공을 발휘합니다.

수포자를 막는 가장 효과적인 방법

아이가 미취학 아동이라면, 부모가 책을 읽어주고 책 뒤에 있는 질문들을 해주면 좋습니다. 미취학 아동들이 보는 책들의 맨 뒤에는 책의 내용을 정리하는 질문들이 있습니다. 이러한 질문을 아이에게 던지면, 아이는 책에 있는 내용들을 생각하고 정리하여 말로 표현하게 됩니다. 이런 연습이 메타인지능력과 학습능력을 키우는데 도움을 주기 때문에 공부하는 데 큰 힘이 됩니다.

아이가 초등학생이라면 스스로 책을 읽게 만들어주고, 독서 토론 학원을 2년 정도 보내면 도움이 됩니다. 독서 토론 학원에서는 책을 읽고 책의 내용을 정리하는 연습을 시켜줍니다. 스스로 책을 읽고 읽은 내용들을 정리하는 법을 학원에서 가르쳐주기 때문에, 중고등학생이 되어서 중상위권 정도에 오를 수 있는 공부 실력을 갖출 수 있는 기반을 마련해줍니다. 단, 독서 토론 학원을 너무 오랜 기간(5년 이상)에 걸쳐 보내는 것은 주의가 필요합니다. 왜냐하면 책 읽기가 숙제가 되므로 책을 정독하지 않고 속독하는 나쁜 버릇이 생겨 언어능력 향상에 오히려 방해가 될 수도 있기 때문입니다.

중고등학생들 중에, 똑같은 수포자라도 조금만 잡아주면 쉽게 극복하는 학생들이 있습니다. 이런 학생들은 기본적인 학습능력을 갖추고 있습니다. 즉 초등학교 때까지 독서를 열심히 해서 언어능력이 어느 정도 형성이 됐거나, 수포자가 되기 전까지는 수학을 열심히 공부하다 특별한 계기 때문에 수학을 잠깐 쉰 경우에 해당됩니다. 독서를 통해 언어능력이 발달된 경우는 이해력과 학습능력이 좋기 때문에 수학을 제대로 공부하는 법을 배워서 공부하면 금방 따라옵니다. 사춘기에 방황하거나, 잠깐 놀다가 수학의 기초를 놓친 학생도 마찬가지로 본인이 놓친 부분부터 차근차근 기초를 잡아주면 금방 극복하고 따라옵니다.

그러니 만약 아이가 현재 초등학생 이하라면 독서를 시켜서 언어능력을 잡고 학습능력의 기초를 다져야 합니다. 그게 연산문제집 풀이나 선행보다 훨씬 더 중요합니다.

이미 수포자라면 어떻게 해야 할까

중학생이라면 아직 시간이 있으니, 지금이라도 독서를 하고 독서록을 작성하게 하면 좋습니다. 오늘 하루 있었던 일을 순서에 맞춰 정리하는 일기를 쓰는 것도 좋고, 드라마나 영화를 보고 내용을 정리해서 말하게 하는 방법도 괜찮습니다. 자주 말을 시켜 본인이 무언가를 머릿속에서 정리하고 말로 설명하게 하는 것 자체가 학습능력을 높이게 돕습니다.

고등학생이라면 시간이 없으니 공부 이외에 다른 것을 시도하기가 만만치 않을 것입니다. 전 과목을 못하니 학원도 많이 보낼 것이고, 아이는 가기 싫은 학원을 가면서 형식적으로 숙제를 하고 더욱 수동적으로 공부하고 있을 가능성이 높습니다. 수학의 경우 학원을 보내도 극복이 되지 않아 과외를 시키는 경우도 있지만, 과외를 시켜도 극복이 안 되는 것은 마찬가지일 것입니다. 과외는 중환자에게 산소 호흡기를 달아주는 역할밖에 하지 못합니다.

조금이라도 자기주도성이 남아 있다면, '정리'를 시키세요. 배웠던 개념들을 손으로 쓰고 노트에 정리하고 스스로에게 설명하면서 머릿속에 집어넣는 연습을 시키면 조금씩 학습능력이 생겨날 것입니다.

각종 수포자 유형 및 극복 방법

수학을 잘할 것 같으나 못하는 아이

학교 선생님이나 학원 선생님 그리고 부모들이 봤을 때, 수학을 잘할 것 같은 아이들이 있습니다. 성실하고, 예의 바르고, 이해력도 좋고, 숙제도 잘 해옵니다. 설명하면 잘 알아듣고, 고개도 끄덕이고 눈빛도 반짝입니다. 그런데 학교 시험만 보면 점수가 좋지 않습니다. 왜 이런 현상이 벌어질까요?

이런 아이들은 학교 시험을 보기 전에 학원에서 시험을 봐도 점수가 안 좋습니다. 다시 말해 시험을 잘 보지 못할 만한 실력을 가진 학생들이 학교 시험을 보니 점수가 안 좋은 것입니다. 숙제도 잘 해오고, 수업도 잘 따라오던 성실한 아이가 시험 점수가 안 좋으니 그제야 부모나 선생님들이 원인을 찾으려고 분주해집니다.

이렇게 수학을 잘할 것 같으나 못하는 아이들의 특징을 살펴보면 다음과 같습니다. 첫째, 전 과목이 우수한 경우가 많습니다. 둘째, 학원을 안 다니고 독학을 하며 자기주도로 공부를 하고 있거나 했던 학생들입니다. 셋째, 어렸을 때부터 독서를 많이 해서 이해력이 좋은 경우가 많습니다. 이런 아이들은 이해력이 좋으니 수업하면 잘 따라오고 진도도 빠릅니다. 선생님과 학원에 의존하지 않고 스스로 공부하는 습관도 잘 들어 있습니다.

그렇다면 이렇게 우수한 아이들이 왜 시험만 보면 점수가 안 나올까요?

우선 공부하는 방법의 문제입니다. 수학은 다른 과목과 다르게 정확히 알아야 한 문제를 풀 수 있는 과목입니다. 따라서 수학에서의 '알았다'라는 느낌은 다른 과목에서의 '알았다'라는 느낌과 많은 차이가 있습니다. 구체적인 언어를 기반으로 한 타 과목의 경우, 어느 정도만 알아도 인과관계나 추론을 통해 해결할 수 있는 문제가 많습니다. 그러나 수학이라는 과목은 추상적인 언어로 되어 있기 때문에, 단순히 개념을 알고 이해하는 정도를 넘어서 문제를 풀어가는 전 과정을 정확히 이해하고, 그 과정대로 한 치의 빈틈도 없이 풀어내야 하는 과목입니다. 그러므로 타 과목 대비 훨씬 많은 복습과 오답이 필요합니다. 결국 본인이 인식하는 '알았다'라는 느낌이 실제 문제를 풀어낼 수 있는 '알았다'라는 느낌과 차이가 나기 때문에, 문제를 풀면 50~70%까지는 접근을 해도 마무리가 안 되어 틀리는 것입니다. 따라서 다른 과목과 공부하는 방법이 다르다는 것을 이해하고, 복습과 오답만 제대로 한다면 수학 점수를 올릴 수 있습니다.

또 다른 원인으로는, 심화능력(문제해결력)이 부족하기 때문입니다. 성실하고 열심히 하는데 수학만 못하다 보니, 불안한 마음에 수학을 양치기식으로 공부하는 특징이 있습니다. 특유의 성실함으로 문제집을 몇 권씩 풀어나가는데 이런 유형의 아이들은 특유의 자기주도성으로 틀리거나 모르는 문제들을 스스로 해결하려고 합니다. 스스로 해결하는 자세는 좋은데, 해결하는 방식이 해설지를 보거나 질문하는 것이라는 문제점이 있습니다. 특히 이런 아이들은 독서를 많이 하여 독해력이 좋기 때문에, 아무리 어려운 문제도 해설지를 보면 잘 이해할 수 있는 능력을 가지고 있습니다. 그리고 성실하기 때문에 해설지를 독해하며 수많은 문제집을 아주 어려운 심화 수준까지 거침없이 소화해나갑니다. 그러나 실제로 시험을 볼 때는 처음 보는 낯선 문제를 해결하거나 심화문제를 풀기 위한 심화능력이 반드시 필요합니다. 이 심화능력은 해설지를 독해하거나, 질문을 통해서 문제풀이에 대한 정보나 지식을 습득한다고 생기지 않습니다. 오랫동안 스스로 고민하여 문제를 풀고 해결하는 과정을 통해서만 습득됩니다.

이러한 과정이 자기주도적이고 전 과목을 잘하는 아이들 입장에서는 시간도 오래 걸리고 비효율적이라고 느낄 수도 있습니다. 일주일에 한 권씩 문제집을 풀어내야 뭔가 공부한 것 같고 지식이 쌓이는 것 같다고 생각하는 아이들이, 2~3시간 동안 1~2문제 가지고 고민하고 씨름하는 행위를 이해하고 받아들이기는 힘들 수도 있습니다.

그러나 어쩌겠습니까! 수학은 이런 비효율적인 행위를 통해서만 실력이 늘고 잘하게 되는데요.

많이 풀고 많이 틀리는 아이 vs 적게 풀고 적게 틀리는 아이

수학 문제를 풀 때 속도가 느리면서 정답률이 낮은 아이는 그냥 수학을 못하는 것입니다. 한편 속도도 빠르고 정답률도 높은 아이는 머리도 좋고 수학도 잘하는 경우에 해당됩니다.

그런데 간혹 가다 문제 푸는 속도는 빠른데 정답률은 떨어지는 아이들이 있습니다. 거꾸로 속도는 느린데 정답률이 높은 아이가 있고요. 둘 다 수학 성적이 안 나오기는 마찬가지입니다.

속도는 빠른데 정답률이 떨어지는 아이부터 살펴보겠습니다.

대부분 사교육이나 집에서 많은 양의 문제를 억지로 풀게 강요받은 경우가 많습니다. 많은 양을 풀어야 하기에 집중력 있게 문제를 풀기보다는 날림으로 문제 푸는 습관(문제 대충 읽기, 계산 실수, 모르는 문제 오랫동안 생각하지 않고 별표 쳐놓고 질문으로 해결하기)을 들인 것입니다. 이것은 습관이기에 잘 고쳐지지 않지만 반드시 교정해야 합니다.

한편 속도는 느린데 정답률이 높은 아이는 어떨까요? 이런 아이들을 가만히 관찰해보면, 수학뿐만이 아니라 모든 것이 느린 경우가 많습니다. 행동도 느리고, 밥도 느리게 먹고, 말도 느리게 합니다. 그리고 독서를 하지 않아 언어능력이 발달되지 않은 경우가 많습니다. 평소 말을 많이 안 하는 경향이 있습니다. 말을 많이 안 하니 언어능력 발달이 더욱 더딘 특징이 있습니다. 따라서 국어도 못할 가능성이 높습니다.

결론적으로 이 유형의 아이들이 문제 푸는 속도가 느린 이유는 언어능력 부족 때문입니다. 문제를 파악하고 분석하여 풀어가는 과정이 오래 걸리기 때문입니다. 초등 과정이나 중1 과정까지는 어느 정도 버티더라도, 중2 과정부터 나오는 문장제 서술형 문제를 푸는 데 큰 어려움을 겪을 수 있고, 개념과 내용이 더 많은 고등 수학부터는 아예 뒤처질 수 있습니다.

수학 공부를 하면서 느리게 푸는 문제점을 극복하는 방법은, 평소 풀던 교재에서 조금씩 난도를 높여서 공부하게 하는 것입니다. 예를 들어 이런 유형의 중학생에게 초등 수학을 풀어보라고 하면 속도가 매우 빨라집니다. 마찬가지로 이런 유형의 고등학생에게 중등 수학을 풀어보라고 해도 평소보다 빨리 풉니다. 즉, 문제 푸는 속도를 높이기 위해서는, 더 어려운 구조의 문제를 풀어가면서 그 문제를 분석하고 푸는 연습을 해야 합니다. 그러면 그것보다 쉬운 문제들은 구조가 훨씬 쉽게 느껴져서 속도가 빨라집니다. 심화문 제집을 학습한 아이에게 기본문제집이 너무 쉽게 느껴지는 것과 비슷한 이치입니다. 따라서 힘들더라도 교재의 난도를 조금씩 올리면서 적응하고 극복하는 방법밖에 없습니다.

여기서 반드시 주의할 점이 있습니다. 수학에서 정확하게 푸는 습관은 매우 중요하기 때문에, 억지로 속도를 높이다가 정확도를 떨어뜨리면 안 됩니다.

간혹 이 유형의 학생들 중 지식도서를 즐겨보는 학생도 있습니다. 그런데 초중등까지는 지식도서보다는 이야기책이 언어능력 발달에 도움이 된다고 하니, 이야기책 위주의 독서를 통해 언어능력을 길러줘야 합니다. 그리고 독서를 했다면 독서록을 적음으로써 자기가 읽은 내용을 자신의 언어로 재정리하는 연습도 반드시 필요합니다. 평상시 본인의 생각을 말로 조리 있게 표현하는 연습도 많은 도움이 됩니다.

처음에 풀 때 많이 틀리고, 다시 풀면 다 맞는 아이

학교 시험은 못 보고, 여러 번 오답하는 경우

여러 번 오답을 한다는 것은 오답을 하고 채점 받고 또 틀리면 다시 오답하는 것을 뜻합니다. 처음에 많이 틀리고 여러 번 오답하면 다 맞는 아이의 경우, 처음에 풀 때 날림으로 대충 문제를 풀 가능성이 높습니다. 숙제를 대충 하는 것이거나, 집중력 없이 문제 푸는 게 습관이 됐을 가능성이 높습니다. 초등이면 연산이 안 되는 것이 원인인 경우도 간혹 있습니다.

이런 현상은 아이가 정확히 문제 푸는 방법을 모르는 상태에서 찍거나 이상한 방법으로 문제를 푸는 것이 근본 원인입니다. 따라서 시간이 지난 후, 비슷한 유형의 문제를 풀면 또 틀리게 됩니다. 오답하는 시간도 굉장히 짧은 특징이 있는데, 일단 아이가 수학 공부를 하기 싫은데 억지로 하는 상태이고, 개념도 제대로 정리가 되지 않은 상태입니다. 숙제와 오답도 날림으로 하기 때문에 진도를 나가도 개념을 정확히 이해하지 못한 채로 진행되는 경우가 많습니다. 문제집 한 권을 끝내도 제대로 학습되지 않아 여러 권 복습을 해야 합니다.

이런 아이들은 개념 확인 작업, 그리고 날림으로 문제 푸는 습관 교정이 필요합니다. 개념을 정확히 이해했는지 질문을 통해 확인하고, 아이 옆에 앉아서 아이가 올바른 식을 써서 문제를 푸는지 점검하면 됩니다.

학교 시험은 못 보고, 한 번만 오답하는 경우

개념은 잡혔으나 숙제를 날림으로 빨리 하고, 학원에서 천천히 오답해서 맞는 아이가 있습니다. 처음에 문제를 풀 때, 집중력 없이 대충 푸는 게 습관이 되어 학교 시험도 못 볼 수 있습니다.

정확히 몰라서 한 번에 못 푸는 경우도 있습니다. 처음에 풀고 틀리면, "이 방법은 안 되는구나!"라고 생각하고 다른 방법으로 풀어냅니다. 오답 및 복습을 통하여 자신이 틀린 원인을 정확히 정리해야 하는데, 그것이 부족할 경우 학교 시험에서도 동일한 이유로 틀리게 됩니다.

개념교재를 많이 틀리나, 학교 시험은 잘 보는 경우

이 경우는 사실 큰 문제가 없습니다. 개념교재를 많이 틀리는 이유는 개념 정리가 제대로 안 되어 있기 때문입니다. 그러나 개념은 문제와 함께 정리되므로, 비록 처음에 문제를 많이 틀리더라도 오답하는 과정에서 정확히 몰랐던 개념들을 교정했다는 뜻입니다. 학교 시험을 잘 본다는 것은, 그 개념들을 교정해서 머릿속에 집어넣는 행위를 잘한다는 것이므로 걱정할 필요가 없습니다.

심화교재를 많이 틀리나, 학교 시험은 잘 보는 경우

처음 접하는 심화교재 정답률이 떨어지는 아이들이 있습니다. 예를 들어 고등학교 1학년 1학기 심화교재 세 권을 푼다고 했을 때, 첫 교재부터 정답률이 높은 우수한 학생이 있는 반면 첫 교재는 정답률이 낮지만 두 번째나 세 번째 교재부터 정답률이 올라가는 학생도 있습니다. 첫 교재 정답률이 떨어지면 대부분 걱정을 합니다. 그런데 학교 시험을 잘 보는 아이가, 심화교재에서 틀린 문제를 오답을 통해 다시 맞힐 수 있다면 크게 걱정하지 않아도 됩니다. 왜 틀렸는지 고민하여 잘못 생각한 부분을 교정하고, 다시 정확하게 풀 수 있는 능력이 있다는 뜻이니까요.

이 아이가 처음 심화교재를 풀 때 많이 틀리는 이유는, 어느 정도 심화능력은 있으나 문제에 있는 조건을 한두 개씩 놓치기 때문입니다. 심화교재는 대부분 문제가 복잡하기 때문에 있을 수 있는 일입니다. 처음 풀 때 많이 틀리더라도, 오답 과정을 통해 스스로 오랫동안 고민하여 한 번에 해결한다면 크게 걱정할 필요는 없습니다.

수학만 잘하는 아이가 있다고?

보통 이과에서 수학 1등급, 과학 2등급, 영어 3등급, 국어 4등급 정도의 성적을 받는 학생을 강사들은 수학만 잘하는 학생이라고 부릅니다. 수학만 잘해도 수학을 공부하는 과정에서 머리가 좋아지는 효과가 있기 때문에 타 과목도 어느 정도는 잘하게 됩니다. 물론 가끔 정말 수학만 잘하는 아이도 있습니다. 제자 중에 정말 수학만 잘하던 제자가 있었습니다. 수학은 이과에서 전교 2등 정도 했고, 과학은 1~2등급, 국어 4~5등급, 영어는 8~9등급을 받았습니다. 결국 수탐 전형(수학+과학 2과목만 반영하는 전형)으로 홍익대 컴퓨터공학과에 합격하긴 했습니다.

이런 아이들의 특징은 다음과 같습니다.

첫째, 독서를 거의 하지 않았습니다.

상담을 해보면 어렸을 때부터 아예 독서는 안 한 경우가 많습니다.

둘째, 수학만 공부했습니다.

수학만 공부하게 된 이유는 다양합니다. 부모가 수학이 중요하다 생각해서 수학만 집중해서 공부시킨 경우가 있습니다. 특히 경시학원을 다니게 되면 수학 과학만 공부해도 시간이 모자라기 때문에 타 과목은 등한시하게 됩니다. 그러다 보니 타 과목 공부 시간을 적게 배치하여 과목 간 학습량이 불균형적으로 변한 것입니다.

물론 아이가 다른 과목에 비해 수학을 좋아하고 재미있어해서 스스로 하는 경우도 있습니다. 이런 경우 수학과 비슷한 논리 형태를 갖춘 학문인 과학도 좋아하게 됩니다. 그러나 국어·영어·사회는 문장이 길고, 읽고, 생각하고, 암기해야 해서 싫어합니다. 특히 이런 과목들은 수학이나 과학에 비해 답이 딱 떨어지지 않고, 헷갈리고 애매하다고 생각해서 더 싫어합니다. 그러다 보니 잘하고 좋아하는 수학만 계속 공부합니다.

부모가 맞벌이 등으로 바빠서 아이를 방치하는 경우도 있습니다. 다른 과목은 꾸준한 노력이 필요하시만, 수학은 한번 눈을 뜨면 계속 잘할 수 있습니다. 그리고 수학 실력이 좋아지면 대부분의 문제를 스스로 풀기 때문에, 오답이나 복습이 필요가 없어져서 학습량이 줄어듭니다. 이런 케이스의 아이는 게임이나 인터넷 등에 몰입해 있고, 조금만 공부해도 잘하는 수학을 주로 하고 많은 노력이 필요한 타 과목들은 안 하곤 합니다.

셋째, 성실하지 않습니다.

물론 경시학원 출신들은 성실한 경우도 있지만, 대부분 불성실합니다. 주로 남학생이 많습니다. 쉬운 개념만 들어도 한방에 어려운 문제까지 푸는 경우가 많기 때문에 수학 공부를 후딱 해치우고 놀기 바쁩니다.

이런 아이들의 경우는 어렸을 때부터 독서와 영어를 꾸준히 시키고, 학원도 균형 있게 분배하여 아이가 수학과 과학 위주로만 학습하는 것을 막아야 합니다.

선행과 심화 사이에서 균형을 잡아야
수포자를 방지한다

선행-심화 전략이 고등 성적을 결정한다

초등 때까지는 엄마표 수학으로 심화를 천천히 진행하며 문제해결력을 여유 있게 기를 수 있습니다. 그런데 중2부터는 현실적으로 이것이 불가능해지며, 내 아이의 상태를 봐가며 선행과 심화를 적절히 진행해야 합니다.

최상위권이 되기 위해서는 심화와 선행이 둘 다 되어야 합니다. 중학교 때 심화를 충분히 하면서 고교 수학을 모두 선행으로 끝낸,

경시를 준비하는 극상위권 학생들도 있고요. 그 정도는 아니지만, 심화를 진행하면서 중학교 때 고2 과정까지 선행을 마무리하는 최상위권이 있습니다. 여기까지가 선행도 심화도 가능한 1그룹입니다.

그 밑의 2그룹이 수학 실력의 한계로 심화와 선행을 동시에 나가지 못하는 아이들입니다. 등급은 2~3등급 정도입니다. 이 아이들은 심화를 충분히 진행할 경우 선행을 많이 못 나가고, 선행을 많이 할 경우 심화를 못 나갑니다.

이 학생들은 주로 선행을 충분히 진행하고 심화를 못하는 전략을 취합니다. 왜냐하면 극상위권이나 최상위권이 최소 고2 과정까지 심화와 선행을 끝내므로, 심화는 못 따라가도 선행만이라도 고2 과정까지 끝내려고 하는 것입니다. 그러나 선행을 하더라도 여러 번 복습과 오답을 하지 않아 정확히 모르고, 심화교재들은 생략했기 때문에 심화능력이 형성되지 않은 상태입니다. 따라서 학교 시험을 보면, 개념을 정확히 모르기 때문에 기본유형들도 틀리고, 심화능력이 없어 심화유형도 틀립니다. 점수가 잘 나올 수가 없습니다.

그렇다면 선행을 포기하고 심화에 집중하는 경우는 어떻게 될까요? 잘 풀리는 경우가 분명 있습니다. 올바른 공부 방법으로 공부하여 심화능력이 극대화했기 때문에, 매 방학마다 다음 학기 선행을 하는 느린 진도에도 불구하고 항상 1등급을 받습니다. 학습 속도가 빠르고, 심화능력이 있으므로 빠른 속도로 개념부터 심화교재들까지 끝내버리는 것이죠.

그러나 현실은 조금 다를 수 있습니다. 심화만 주야장천 파서 심화능력도 못 기르고, 선행도 못 나가는 경우입니다. 중학생 아이가 2그룹이라고 해도 심화를 여러 권, 그것도 가장 어려운 A급까지 시키면 여러 위험 요소가 존재합니다. 가령 아이가 심화를 억지로 끝내느라 시간은 소모했으나, 정답률이 원활하게 나오지 않으면 심화능력이 형성되지 않습니다. 그러면 선행도 하지 못하고 심화능력도 형성하지 못하게 되어 결과적으로 '수포자'가 됩니다. 물론 수학 전문가라면 선행을 나가지 않아도 심화를 시킬 때 아이의 상태를 면밀히 관찰하면서 여러 가지 방법으로 조절하며 수학을 잘하게 이끌 수 있지만, 일반적인 가정학습에서 선행을 안 하고 심화만 하는 것은 조금 위험할 수 있습니다.

따라서 아이가 2그룹인 경우는 적당한 절충이 필요합니다. 심화의 수준을 약간 낮추고(예를 들어 《A급》에서 《블랙라벨》 정도로 하향) 선행의 속도도 약간 늦춤으로써(예를 들어 고2까지의 진도에서 고1까지의 진도로 변경), 적당한 선행과 적당한 심화를 병행하는 것입니다.

내 아이의 수준에 맞는 선행과 심화

실제 많은 부모들은 아이가 2그룹이 아니라 그 이하 3~4그룹 수준인데도 억지로 심화를 진행하겠다고 기본도 제대로 되지 않은 아이에게 무조건 잘하는 아이들이 하는 심화교재를 풀게 하는 경우도 많습니다. 이는 부모들이 수학 전문가가 아니다 보니 아이를 정확히 파악하지 못하고, 잘못된 심화 관련 정보에 빠져서 발생하는 일입니다. 결국 이것도 안 되고 저것도 안 되는 결과를 낳습니다. 안정적으로 실력을 올리고 성적을 획득하려면, 아이 수준에 맞는 교재를 선택해야 합니다. 그 방법이 바로 정답률을 보고 다음 교재를 선택하는 것입니다.

다음의 표를 보고 어떤 교재를 선택할지 판단하면 좋습니다. 이 표는 정답률별로 교재를 선택하게 돕는 표로, 여기에서 '오답 여부'란 틀린 문제를 다시 풀어서 고칠 수 있는지 여부를 뜻합니다. 정답률이 떨어지더라도 틀린 문제에 대한 오답을 해서 어느 정도 아이 스스로 고칠 수 있다면 그 교재를 끝까지 나갈 수 있습니다. 교재 난이도는 4장 '수학 교재, 어떤 걸 선택해야 할까'를 참고하시기 바랍니다.

단, 앞서 언급했듯이 이 표는 중등·고등 선행과 심화 균형 조절에 참고하시기 바랍니다. 시간이 많은 초등학생의 경우 《디딤돌 최상위》 등의 심화교재를 진행 시 정답률이 많이 떨어지더라도 힌트를 주면서 최대 6개월 동안 한 학기 과정을 시켜나가면, 다음 학기부터는 심화교재 정답률이 조금씩 오를 수 있습니다.

| 교재 정답률로 판단하는 교재 선택법 |

정답률	오답 여부	학습 상황	대책
90% 이상	상관 없음	학생과 교습자 모두 편함	교재가 끝난 후, 1~2단계 어려운 교재로 해당 과정 복습
80%~ 90%	가능	학생과 교습자 모두 편함	교재가 끝난 후, 1단계 어려운 교재로 해당 과정 복습
	불가능	학생과 교습자 모두 힘듦	교재가 끝난 후, 비슷한 수준의 교재로 해당 과정 복습
70%~ 80%	가능	학생과 교습자 모두 힘듦	교재가 끝난 후, 동일한 교재로 해당 과정 재복습
	불가능	학생과 교습자 모두 매우 힘듦	바로 1단계 쉬운 교재로 변경, 개념 복습 진행
70% 미만	상관 없음	일대일 수업이 아니면 해당 교재로 진도 나가는 것이 불가능한 상황	바로 2단계 쉬운 교재로 변경, 정답률을 최소 70~80%대로 회복하는 학습 진행

수학 후행은 필요한가

| 기초가 부족한 아이들 |

기초가 안 되어 있는 아이들은 반드시 후행을 해야만 합니다.

재수생의 경우, 중고등 과정이 안 되어 있다면 쉬운 개념 위주로 빠르게 복습을 해야만 합니다. 중등 과정의 경우, 고등 수학에 필요한 내용들만 요약해서 한 권으로 만든 책이 시중에 판매되고 있습니다. 이처럼 고등 입문 수학의 형태로 되어 있는 책을 구입해서 빠르게 복습하면 한 달 만에 중등 3년 과정의 기초를 잡는 게 가능합니다. 수능에 직접적으로 출제되지 않는 고1 과정의 경우도 쉬운 개념교재를 선택하여 기본개념과 필수 예제만 빠르게 복습을 하면 오래 걸리지 않고 기초를 잡을 수 있습니다. 이렇게 후행을 할 때는 어려운 교재를 사용하지 말고, 쉬운 교재를 사용해서 기본적인 개념만 정확히 알게 하면 됩니다. 고2와 고3 과정은 수능 범위라 어차피 학원에서 수업을 진행하기 때문에, 본인이 부족한 후행을 하면서 학원 수업을 따라오면 됩니다.

고등학생도 중등 과정 학습이 제대로 안 되어 있다면 쉬운 개념교재를 구입하여 중등 과정을 복습을 해야 합니다. 그러나 중학생의 경우, 초등 기초가 안 되어 있다고 초등 과정부터 후행을 하지는 않습니다. 어차피 중1 과정에서 초등 6년 동안 배운 수학이 복습되고 심화되므로, 중1 과정부터 쉬운 개념교재를 가지고 차근차근 복습하면 됩니다.

| 기초가 부족하지 않은 아이들 |

기초가 부족하지 않은 아이들은 굳이 후행을 할 필요가 없습니다. 그런데 상담을 해보면 많은 부모들이 의외로 후행을 해야 하는지 여부를 두고 걱정하고 있습니다. 대개 아이가 그전 학년에서 배운 내용들을 잊어버린 것 같다, 그전 학년 심화문제를 풀게 해봤더니 잘 못 풀더라 등의 고민을 토로합니다.

기초가 부족하지 않은 경우 학년에 따라 다르게 접근해야 합니다. 하나하나 살펴보겠습니다.

초등 아이가 후행을 해야 할까?

"아이가 초6 과정을 공부하고 있는데 초5 과정 심화를 다시 풀게 했더니 잘 못 풉니다. 그러면 초5 과정을 다시 복습해야 되지 않을까요?"

수학을 제외한 타 과목들은 언어를 기반으로 서술되고 언어를 읽어가면서 학습하므로 비교적 잘 이해가 되고 머릿속에 잘 정리가 되어 오랫동안 기억할 수 있습니다. 그러나 수학은 추상적인 기호와 문자로 이루어졌기 때문에 오랫동안 기억하기가 쉽지 않습니다. 그래서 재수생의 경우 정규반에서만 수능 수학 전 과정을 3~5바퀴 복습을 시켜주며, 특강까지 듣게 되면 최대 10바퀴까지 복습이 진행되기도 합니다.

초등 6학년 과정을 배우는 기초가 부족하지 않은 아이에게 5학년 심화 과정을 복습시켰더니 모르는 경우는, 개념을 모른다기보다는 한 번 틀린 문제를 다시 못 푸는 경우일 가능성이 높습니다. 원래 한 번 틀린 문제는 무한 오답을 하지 않는 이상 모르는 게 정상입니다. 따라서 그리 심각한 문제는 아니며, 아이는 지극히 정상적인 상태라고 보시면 됩니다. 5학년 심화문제를 복습 차원에서 한 번 더 풀게 해도 괜찮지만, 그냥 넘어가고 6학년 과정 심화를 시켜도 아무 문제가 없습니다. 수학에서 심화능력은 단원에 상관없이 심화문제를 풀어가는 과정 자체에서 강화됩니다. 때문에 5학년 심화 복습을 하지 않고 6학년 심화를 해도 심화능력 향상에는 아무 문제가 없습니다. 그리고 초등 과정에서 배웠던 내용들은 중등 수학에서 또 다시 등장합니다. 초등학생들에게 무한 오답을 시키면 나타나는 부작용, 즉 수학에 대한 흥미를 떨어뜨리고 질리게 만드는 것을 생각할 때, 후행은 굳이 필요가 없다고 생각합니다.

중등 아이가 후행을 해야 할까?

"아이가 중3 선행을 나가고 있는데, 중1 과정을 잊어버린 것 같아요."

중등의 경우는 내신 대비도 해야 하므로 어차피 현행 복습을 해야 합니다. 중1 과정은 내신 시험이 없어도 1권 정도 복습을 해야 하고, 중2 과정부터는 2권 정도 복습하고 기출 문제까지 공부하게 되어 어차피 복습이 진행되므로, 기초가 부족하지 않은 경우 굳이 후행은 필요하지 않습니다.

고등 아이가 후행을 해야 할까?

"고3 수능 과정을 준비하는데, 고1 과정이나 중등 과정을 복습해야 하지 않을까요?"

기초가 부족하지 않은 학생은 어차피 중등 모든 내용은 고등 수학에서 복습이 되므로 고1 과정 복습으로 충분합니다. 그런데 유일하게 복습이 안 되는 부분이 중등 도형입니다. 따라서 고3 수능 준비를 위해 고1 과정과 중등 도형을 복습하길 권합니다.

고1 과정의 경우, 수능에 직접적으로 출제되지는 않으나 공식들이 나올 수는 있으므로, 기본개념과 공식은 숙지를 하고 있어야 합니다. 쉬운 개념 교재를 선택해서 개념을 읽고 필수 예제와 그 풀이를 읽는 정도의 학습으로 충분합니다.

중등 도형(평면 기하)은 고등 도형(해석 기하)과 독립적인 파트이므로, 역시 개념교재에 나와 있는 개념과 필수 예제 읽기 정도의 복습은 필요합니다. 고등 수능 과정별 필요한 중등 도형 파트를 정리하면 다음과 같습니다.

고등 과정별 필요한 중등 도형 파트	
수1	중1-2(원과 부채꼴), 중2-2(도형의 닮음, 피타고라스 정리), 중3-2(삼각비)
수2	중2-2(삼각형의 성질, 도형의 닮음)
미적분	중2-2(도형의 닮음), 중3-2(삼각비)
기하	중1-2(기본 도형)
확률과 통계	없음

고등 선행을 했는데
하나도 모르는 경우

중등 수학에서 고등 수학으로 넘어갈 때 아이들은 많은 혼란을 느낍니다. 갑자기 양이 많아지고, 난도가 높아집니다. 그럴 수밖에 없는 것이 고1 과정은 초등부터 중등까지 9년의 수학을 복습·정리·심화하는 과정입니다. 따라서 그 양이 어마어마합니다.

초등 수학이나 중등 수학은 양이 적기 때문에 개념을 배우고 문제를 풀다 보면, 자연스럽게 개념을 익히게 되고, 개념 정리가 됩니다. 그러나 고등 수학은 양이 많기 때문에 개념을 배워도 정리가 안 되고 뭔가 겉도는 느낌이 듭니다. 외국어를 배우는 것 같이 낯설고, 문제를 풀어도 공식을 보며 끼워 맞추듯이 푸는 느낌이 듭니다. 선행을 하는 과정에서 받게 되는 이런 느낌은, 고1 수학(상), 고1 수학(하), 고2 과정을 배울 때 더욱 심해집니다. 고1 수학(상) 과정은 중등 1학기 전 과정을 반복 심화하는 과정이기 때문에 중등과 연계성이 높고, 특히 중등 3학년 1학기 과정과 연계성이 높아 그나마 익숙합니다. 그런데 고1 수학(하) 과정부터는 아예 처음 배우는 단원인 집합, 명제가 들어가고, 고2 과정부터는 거의 대부분의 단원이 처음 배우는 내용입니다. 따라서 중학교 때, 고등 과정을 선행한다면 뒤로 갈수록 속도를 늦추고 천천히 나가야 합니다.

그렇다면 구체적으로 고등 선행을 잘할 수 있는 방법은 무엇이 있을까요?

| 이해와 암기 |

양이 많기 때문에 자동으로 개념이 암기되지 않으므로, 많은 개념을 이해하고 암기할 시간을 가져야 합니다. 여기서 개념을 암기해야 한다는 말은, 개념을 영어단어 암기하듯이 암기한다는 의미가 아니라, 문제 속에서 개념이 어떻게 쓰이는지 이해하고, 그것을 체화하여 문제와 함께 개념을 습득한다는 의미입니다. 추상적인 개념이 구체적인 문제에 어떻게 적용되는지를 이해하고, 문제 속에 녹아들어 있는 개념을 내 몸과 머릿속에 넣었다가 문제를 해결해야 할 때 자연스럽게 끄집어낼 수 있음을 의미합니다. 즉, 문제를 풀 때마다 개념을 살펴보고 적용할 공식을 찾는 것이 아니라, 내 머릿속에서 바로 개념과 공식이 나와서 문제를 풀어감을 의미합니다. 이것이 초중등 수학까지는 개념의 양이 적어 자연스럽게 되지만, 고등 수학부터는 의식적으로 노력하고 충분히 복습할 시간을 가져야 한다는 뜻입니다.

따라서, 고등 수학 선행 시에는 아이들의 상태를 살펴보면서 선행 속도를 조절해야 합니다. 개념교재 한 권으로 충분한 연습이 안 되면, 부교재를 1~2권 선택하여 천천히 복습시키는 과정에서 개념이 체화되어 익숙해지는 것을 확인하고, 그 다음 단원을 나가야 합니다. 그렇지 않으면 아이는 수업 내용이 겉돈다는 느낌을 받고, 진도를 나가도 못 따라가는 상태가 되어, 결국 다시 방학 특강 등으로 처음부터 다시 배워야 하는 상태가 될 수 있습니다.

그리고 중등 과정과 연계성이 떨어지는 고2 과정부터는 선행 속도를 좀 더 천천히 조절해야 합니다. 고등 선행을 하는 아이들을 살펴보면, 중3 과정과 연계성이 높은 고1 수학(상) 과정까지는 그럭저럭 따라오고, 고1 수학

㈎부터 많이 어려워하다가, 고2 수1 과정에 들어가면 거의 진도를 못 따라가는 학생들이 많이 있습니다. 특히 수학을 못하는 학생들의 경우 중등 수학까지는 힘겹게 따라왔어도, 고등 선행이 들어가면 고1 개념교재 중에서 가장 쉬운 교재를 선택해도 고1 과정을 이해하지 못하고 힘들어하다 수포자가 되는 경우도 많이 있습니다.

| 적절한 교재 선택 |

고등 과정은 중등 과정에 비해 난도가 높으므로, 적절한 교재를 선택하는 것이 중요합니다. 초등 수학 교재에 비해 중등 수학 교재가 훨씬 난도가 높게 만들어집니다. 가령, 초등 《쎈수학》이나 《디딤돌 최상위》보다 중등 《쎈수학》과 《최상위수학》이 훨씬 어렵습니다. 초등학교 때 최상위 심화 교재까지 푼 학생들이 중등 《쎈수학》의 C단계에서 막히는 경우가 많이 있습니다.

고등 교재도 마찬가지입니다. 중등에 비해 매우 난도가 높습니다. 일반고 기준 1~2등급 받는 학생들도 고등 《쎈수학》의 C단계는 손을 못 대는 경우가 많습니다. 심지어 일반고 고2 이과에서 잘하는 학생들도 《쎈수학》 B단계까지만 풀고, C단계는 포기하는 경우도 자주 보게 됩니다.

그러므로 고등 선행교재는 중등 때 사용했던 교재보다 난도를 한 단계 낮춰서 차근차근 진행해야 합니다. 가령, 중등 때 《일품》 수준의 교재까지 소화했다면, 고등 선행 때는 개념교재로 《개념원리》와 부교재로 《알피엠》 정도가 적당합니다. 고1 1학기 과정을 《개념원리》와 《알피엠》으로 충분히 소화하고 마무리하면, 2학기 과정을 《개념원리》와 《알피엠》으로 천천히 나가면서, 1학기 과정을 《기본 정석》으로 복습합니다. 2학기 과정은 학생의 이해 속도에 맞춰서 천천히 나가고, 숙제 교재로 1학기 《기본 정석》을 활용합니다. 《기본 정석》을 마무리하면, 1학기 복습교재로 《쎈수학》을 나갑니다. 이런 포맷으로 한 과정당 4권 구조로 선행을 마무리합니다.

중등 때 《블랙라벨》《A급》 등 최고난도 교재까지 소화한 학생들은 고등 선행 시 교재 선택에 문제가 크게 없습니다. 중등 때 고난도 문제까지 소화했으므로 고등 과정이 그리 어렵지 않게 느껴집니다. 따라서 선행을 할 때 개념은 《기본 정석》 또는 《실력 정석》을 선택하고, 부교재로 《알피엠》 또는 《쎈수학》을 사용하면 됩니다. 이렇듯 문제해결력은 고등 선행을 진행할 때도 주요한 영향을 끼칩니다.

중등 소화교재	고등 선행교재	고등 복습교재
《최상위수학》 《블랙라벨》《A급》	《실력 정석》 《쎈수학》	《블랙라벨》 《일품》
《일품》《최상위수학》 《블랙라벨》	《기본 정석》 《알피엠》	《실력 정석》 《쎈수학》
《쎈수학》《일품》 《최고득점》	《개념원리》 《알피엠》	《기본 정석》 《쎈수학》
《쎈수학》	《개념원리》 《라이트쎈》	《기본 정석》 《알피엠》
《알피엠》《쎈수학》 B단계까지	《개념쎈》 + 《라이트쎈》	《개념원리》 《알피엠》
《라이트쎈》 《알피엠》	《베이직쎈》 + 《개념쎈라이트》	《개념원리》 《라이트쎈》

◆

N양은 중학교에서 전교 1등을 했으나, 특목고에 입학하여 고1 1학기 수학 성적 3등급 받고 학원에 온 학생이었습니다. 상담 결과 N양은 오답과 복습을 거의 하지 않고, 계속 새로운 문제집만 양치기식으로 풀던 학생이었습니다. 그랬던 N양은 고1 2학기부터 수학 내신 1등급을 받았고, 고2부터는 전 과목 전교 1등을 하며 결국 경희대 한의대에 입학합니다.

◆

W군은 수학을 사랑하는 학생이었습니다. 고1 때부터 학원에 와서 배웠는데, 수학은 항상 1등급을 받았습니다. 저의 권유로 매년 경시대회에 참가를 했고, 참가하고 돌아오면 수학 실력이 더욱 업그레이드되었습니다. 결국 고3 때는 수학 전교 1등을 했고, 수능도 백분위 100%를 받게 되어 원하던 서울대 수학교육과에 합격합니다.

이처럼 대단한 결실을 이끌어내려면 어떻게 해야 할까요?

7

최상위권으로 도약하기 위한

수학 공부 방법

수학 시험 실전 연습법

평상시 수학을 잘하다가도 학교 시험만 보면 계산 실수도 많이 하고, 문제도 똑바로 못 읽고, 긴장해서 시험을 못 보는 학생들이 있습니다. 이런 학생들에게는 시험을 잘 보기 위한 대책이 필요합니다.

문제를 정확하게 읽지 못하는 아이

대부분 꼼꼼히 문제를 읽지 못해 생기는 현상입니다. 특히 문제가 길수록 이런 현상이 자주 일어납니다. 가령 정삼각형이라는 조건을 삼각형으로 보게 되면 특수한 조건을 이용하지 못해 소위 '삽질'을 하게 되고 시간을 낭비하게 됩니다. 혹은 문제의 조건을 빠뜨리고 읽어서 문제를 못 푸는 경우도 있습니다.

평소 학생들의 질문을 받아보면, 문제를 소리 내어 읽어주고 문제에서 주어진 조건들만 정리해주면 '본인이 풀겠다'라고 하는 학생들이 많이 있습니다. 이런 아이들이 대부분 문제를 제대로 읽지 않아서 문제에서 주어진 조건을 놓치고 풉니다.

이런 부분을 교정하는 것은 의외로 쉽습니다. 문제를 읽을 때 눈으로만 읽지 말고, 연필을 쥐고 밑줄을 그으면서 읽게 하고, 중요한 단어나 어구에는 동그라미를 치게 합니다. 이것만으로도 대부분 교정이 됩니다.

그러나 문제가 긴 경우는 이런 방식으로 문제를 정확하게 읽더라도 문제를 푸는 과정에서 주어진 조건들을 잊어버리는 경우가 종종 있습니다. 따라서 밑줄 치는 습관에 더해, 연습장에 개요 작성을 하는 습관을 들이게 하면 좋습니다.

개요 작성이란 문제에 밑줄을 그으면서 정확히 읽은 조건들을 연습장에 요약 정리하는 것을 뜻합니다. 그리고 그 요약 정리된 조건들을 보면서 문제를 풀어가면, 앞에 나왔던 조건을 잊고 문제를 못 푸는 일은 발생하지 않습니다.

계산 실수를 많이 하는 아이

평상시에 계산 실수를 많이 하면 시험 때도 계산 실수를 하게 됩니다. 이런 경우는 계산 실수를 하는 습관을 미리 교정해야 합니다. 계산 실수를 방지하기 위해서는 집중력 있게 문제 푸는 연습을 해야 합니다. 평소에 숙제를 날림으로 하는 아이들은 집중하지 못한 채 문제 푸는 것이 습관이 되어 계산 실수를 많이 하게 됩니다. 식을 쓰지 않고 암산을 이용하거나 문제집에 끄적이면서 푸는 아이들, 빨리 문제를 푸는 아이들도 계산 실수가 많습니다.

따라서 계산 실수를 없애는 가장 좋은 방법은 넓은 연습장에 식을 세워가며 문제를 천천히 푸는 것입니다. 암산을 배제하고, 차근차근 식을 세워 줄에 맞춰 문제를 풉니다. 이렇게 하면 혹시라도 계산 실수가 나오더라도 어느 줄에서 계산 실수를 했는지 쉽게 찾아낼 수 있고, 반복적으로 계산 실수하는 부분을 찾아내서 교정하기도 쉽습니다.

문제는 평소에는 계산 실수가 없는데 시험만 보면 계산 실수를 하는 경우입니다. 시험을 볼 때 너무 긴장해서 그런 것인데, 바로 다음에 소개하는 실전 시험 연습을 통해서 극복해야 합니다.

환경에 휘둘리는 아이

·····································

수학 시험을 볼 때 긴장하지 않고 자기 실력대로 보기 위해서는 실전 연습이 필요합니다. 실전 연습은 실제 시험 보는 상황보다 악조건을 만들어 연습하면 도움이 됩니다.

첫째, 집중력이 떨어지는 공간에서 시험 연습을 합니다. 집에서는 거실이나 식탁같이 가족들이 왔다 갔다 하는 공개된 장소가 좋습니다. 사람들이 수다 떠는 카페도 연습하기 좋은 장소입니다. 학원에서는 모의시험을 볼 때 일부러 좁은 교실에 2개 반을 합반해서 아이들을 조밀하게 만들어 실전 연습을 시키기도 합니다.

이런 공개된 장소나 열악한 장소에서 연습을 하게 되면, 실제 시험을 볼 때 시험 감독관이 왔다 갔다 하고 많은 친구들이 긴장하며 숨소리조차 내기 힘든 시험 분위기도 편하게 느껴집니다.

둘째, 시험 시간을 줄여나갑니다. 고3이나 재수생의 경우 모의고사 연습을 할 때, 실제 시험 시간인 100분에서 10분씩 줄여나가는 연습을 합니다. 3월부터 시작하여 매달 10분씩 시험 시간을 줄여나가는 연습을 합니다. 9월쯤 되면 상위권의 경우는 60분까지 단축시킬 수 있고, 최상위권의 경우 40분까지 줄이는 것이 가능합니다. 이렇게 되면 실제 수능을 볼 때도 여유 있게 시험을 치를 수 있습니다. 재학생의 경우도 내신 시험을 보기 2주 전부터 기출 문제를 가지고 연습을 시키면, 30분 정도에 시험 문제를 푸는 것이 가능해집니다.

셋째, 공간이 작은 용지를 사용하여 시험을 봅니다. 수능은 A3 용지에 시험을 보고, 학교 내신은 B4용지에 시험을 봅니다. 따라서 수능이나 학교 내신 대비를 위한 실전 모의고사를 볼 때는 A4용지를 이용합니다. 공간이 작아 문제도 작고 여백도 적습니다. 이 좁은 용지의 여백에 식을 세워 한 줄씩 써 내려가면서 문제를 풀고, 답이 나오면 오른쪽 하단에 답을 쓰고 동그라미 표시를 해둡니다. 도형을 그릴 때도 작고 정확하게 그려 문제를 푸는 연습을 합니다. 두서 없이 아무데나 끄적이면서 풀지 말고, 식을 세워 줄에 맞춰 써 내려가면서 문제를 풀어야 나중에 검산하기도 수월합니다.

최상위권은 이렇게 공부한다

수학 오답 제대로 하는 법

대학교 1학년 시절 저는 열심히 공부를 하지 않고 동기들과 놀러 다니느라 수업도 안 들어가고 과제도 안 하고, 시험 보기 전날 벼락치기로 공부를 하곤 했었습니다. 밤 10시에 강의실에 가면, 대학 동기들이 다음 날 수학 전공 시험을 준비하며 공부하고 있었습니다. 저도 그제야 전공책을 펼치고 150쪽이 넘는 시험범위를 공부하기 시작합니다. 5시간 정도 집중을 하면서 전공책에 있는 모든 내용을 정리하고 모든 문제를 풀어갑니다. 그렇게 해서 20쪽 정도는 완벽하게 공부합니다. 아직 공부해야 할 시험 범위는 130쪽이 남았고, 시간은 새벽 3시를 넘어갑니다. 그때부터는 마음이 조급해져, 문제를 풀어보지도 않고 눈으로 개념과 예제만 읽으면서 나머지 130쪽을 마무리합니다. 잘 모르는 깃은 동기들한테 물어보면서 이해하고 넘어갑니다. 그러면 다음 날 시험에서 열 문제 중에 한 문제만 맞습니다. 그 한 문제가 바로 모든 내용을 정리하고, 모든 문제를 풀어봤던 20쪽에서 나온 문제입니다.

오답의 필요성

수학은 모든 것을 정확히 알아야 한 문제를 풀 수 있는 과목입니다. 특이하게도 수학은 한 번에 내 힘으로 풀어낸 문제들은 다음에도 언제든 풀 수 있는데, 한번 틀린 문제들은 다시 풀면 또 틀리게 되어 있습니다. 틀린 문제들은 선생님께 설명을 듣든 해설을 보든 머릿속에 잘 남지 않고, 문제를 푸는 순서도 잘 정리되지 않습니다.

따라서 가장 중요한 것은, 문제를 풀 때 오랫동안 고민하여 내 힘으로 푸는 것이고, 그것이 안 될 때는 틀린 문제를 무한 오답함으로써 암기하는 수준을 넘어서 체화해야 합니다. 여기에서 체화란, 충분히 오답을 진행한 후 오랜 시간이 지나서 그 문제를 다시 봤을 때, 풀이가 기억나지 않고 그 문제를 처음 풀어보는 느낌으로 풀어냈는데 그 풀이가 답지의 풀이와 똑같은 것을 말합니다.

수학을 잘하는 아이들은 메타인지능력이 뛰어나서 본인이 '알았다'라는 느낌과 시험에서 맞을 수 있을 만큼 '알았다'라는 느낌이 일치합니다. 따라서 공부한 것만큼 시험 점수가 나옵니다. 이 아이들은 맞힌 문제라도 정확히 모르는데 맞혔다고 생각하면 질문을 합니다.

반면에 수학을 못하는 아이들은 본인이 '알았다'라는 느낌과 시험에서 맞을 수 있을 만큼 '알았다'라는 느낌이 일치하지 않습니다. 따라서 학습량과 시험 점수와의 괴리가 큽니다. 수학을 못하는 아이들은 '알았다'라는 느낌을 정확히 모르기 때문에, 의식적으로 과도하게 오답을 해야만 합니다.

따라서 수학을 못하는 아이일수록 문제집을 여러 권 푸는 것보다는 한 권을 여러 번 풀어보는 게 효율적입니다. 왜냐하면 수학을 못하는 학생은 틀린 문제를 반복해서 틀리고, 잘 모르는 유형은 여러 번 설명을 해줘도 계속 모릅니다. 이런 학생들에게 문제집을 여러 권 쥐어주고 본인이 풀 수 있는 유형만 계속 맞히고 틀리는 유형은 계속 틀리는 과정을 겪게 하는 것은 굉장히 비효율적이고 시간 낭비일 수 있습니다. 따라서 한 권의 문제집을 풀고 거기서 틀린 유형들만 반복해서 오답을 하는 것이 효율적이고 시간도 절약하는 방법입니다.

형식적인 오답은 오답이 아니다

많은 사람들이 오답에 대해 오해를 하고 있습니다. 모르는 문제가 있으면 그것에 대해 설명을 듣거나 해설을 보고 그 풀이를 노트에 정리하는 행위를 오답이라고 생각합니다. 이것은 단순히 틀린 문제를 정리하는 행위일 뿐입니다. 이렇게만 틀린 문제를 정리하고 넘어가면, 다음에 다시 이 문제를 접해도 맞힐 수 없습니다. 물론 모르는 문제에 대해 설명 한 번 듣고 이해하고 넘어가는 것보다는 조금 나을 수 있겠지만 큰 도움은 되지 않습니다.

오답은 모르는 문제에 대해 설명을 듣고 이해하는 것도 아니고, 해설을 읽고 필사하는 것도 아니고, 풀이를 오답 노트에 정리하는 것도 아닙니다. 그런 행위들은 스스로에게 만족감만 주지 진정한 오답이 아닙니다. 진정한 오답은 앞서 말씀드렸다시피 충분히 반복해서 문제를 풀어보고, 문제의 풀이를 정확히 내 몸속에 체화시켜, 언제 그 문제가 나와도 맞힐 수 있는 상태를 만드는 것입니다.

형식적인 오답 숙제를 내줘봐야 학생들이 제대로 해오지 않으니, 학원에서는 부교재를 여러 권 선택하는 전략을 씁니다. 개념교재 한 권에 부교재를 3~4권씩 동시에 나갑니다. 형식적인 오답 숙제는 학생들이 대충 할 수 있지만 부교재에 있는 문제는 제대로 풀 수밖에 없기 때문에 어쩔 수 없이 취하는 방법입니다. 그러나 이 방법의 치명적 단점이 비효율적이라는 것입니다. 모르는 문제나 유형만 반복해서 풀게 하면 좋은데, 이런 방식은 처음부터 끝까지 모든 문제를 다 푸는 것이기 때문에 잘 알고 있는 문제들도 강제 복습하게 되므로 시간낭비입니다.

이런 이유 때문에 시중에 나와있는 오답 프로그램을 쓰는 학원들도 있습니다. 학생들이 틀린 유형과 비슷한 유형의 문제들만 몇 배수씩 뽑을 수 있는 프로그램입니다. 이 오답 프로그램은 효율적이기는 하나 아직까지는 유형별로 잘 정리되지 않았기 때문에 가끔 학생들이 틀린 유형과 동떨어진 문제들이 나오는 단점이 있고, 저작권 때문에 문제집과 아예 똑같은 문제들은 연습을 시킬 수 없다는 약점도 있습니다.

주기적으로 오답하는 법

오답을 정확히 하는 방법은 여러 가지가 있습니다. 가장 심플하면서도 관리하기 편한 방법을 소개합니다.

주기적으로 매주 토요일에 수학 오답하는 시간을 가집니다. 보통 3~6시간 정도 걸린다고 보시면 됩니다. 우선 주중에 수학 문제를 풀면서 맞았는데 애매한 문제, 계산 실수가 아니라 몰라서 틀린 문제들에 대해 1차 오답(질문하거나 풀이를 보고 이해한 후 다시 풀어보는 행위)을 진행합니다. 그리고 이 문제들에 별표를 쳐놓습니다.

풀이가 기억이 안 나는 주말에, 별표를 쳐놓은 문제들을 다시 풀어봅니다. 한 번에 맞으면 별표 둘레에 동그라미를 칩니다. 또 틀린 것들은 해설을 보거나 질문하여 해결하고 별표 두 개를 칩니다. 그리고 그 다음 주 오답 시간에 새롭게 일주일 동안 푼 문제 중에 못 풀어서 별표 친 문제들과 이전 오답 시간에 해결하지 못한 별표 두 개 친 문제들을 다시 풀어봅니다. 여기서 해결하면 역시 별표 둘레에 동그라미를 치고, 또 틀린 것들은 별표를 추가합니다. 못 푼 것들은 하루 이상 시간이 지난 후 해설을 보거나 질문을 해서 해결합니다. 이런 식으로 매주 일주일 동안 푼 문제 중에 틀린 문제들과 별표가 누적된 문제들을 주말 오답 시간에 다시 풀어봅니다. 모든 별표의 둘레에 동그라미가 생길 때까지 이 행위를 반복합니다. 이 오답 시간은 한 번 할 때마다 최대 6시간 이상 걸리기도 합니다.

스스로에게 설명하기

특목고에 합격하고 반 편성고사를 봤는데 수학 6등급을 받은 제자가 있습니다. 이 제자는 특목고에 들어가서 이를 악물고 공부를 하여 고1 2학기부터는 수학 1등급을 받게 됩니다. 그리고 서울대에 합격하죠. 그는 자신의 수학 성적을 올려줬던 공부 방법이 '설명하기'라고 합니다. 잘 몰랐던 개념을 이해하게 되거나, 틀린 문제를 오답할 때는 '설명하기' 방법을 썼다고 합니다. 즉, 친구들한테 자기가 힘들게 푼 문제를 풀어보게 하고, 잘 못 풀면 설명을 해줬다고 합니다. 친구가 없을 때는 자기 자신에게 설명을 했습니다. 이 설명하기는 틀린 문제를 오답할 때도 효과적이었지만, 개념을 정확히 머릿속에 집어넣을 때도 도움이 되었다고 합니다. 자기 자신에게 개념을 설명하면서 개념의 의미를 정확히 알게 되고 오랫동안 기억할 수 있었다고 합니다.

어떤 내용을 글로 쓰거나 말로 하면 눈으로 읽거나 귀로 듣는 것보다 훨씬 잘 이해가 되고 머릿속에 오랫동안 각인이 됩니다. 사랑한다는 말을 계속 하면, 정말 사랑하는 마음이 생긴다는 말도 있을 정도입니다.

특히 수학 개념이나 문제를 다른 사람이나 본인에게 말로 설명하기 위해서는 정확히 알아야 가능합니다. 어설프게 알면 설명할 수 없고 상대방을 이해시킬 수 없습니다. 그래서 설명하기는 단순히 오답의 차원을 넘어서 개념이나 문제를 정확히 이해하는 데도 도움을 주는 공부법입니다. 서울대에 합격한 제자가 강력 추천한 방법이니 한번 시도해보기를 권합니다.

오답을 제대로 하는 학생은 심지어 맞은 문제도 점검하고 넘어갑니다. 특목고에 다니던 제자 중에 수학을 무척 잘하던 아이가 있었습니다. 중학교 때 수학 경시를 해서 그런지, 숙제를 내주면 모든 문제를 다 맞았고, 학교 시험이나 모의고사에서도 단 한 번도 틀린 적이 없었습니다. 고3 때 이 아이와 만나 수업을 하게 됐습니다. 수업시간에 다른 아이들이 질문한 문제를 풀어주고 있는데, 이 아이가 집중해서 수업을 듣는 것이었습니다. 정작 이 아이는 모든 문제를 맞아서 틀린 문제가 없었습니다. 나중에 수업이 끝나고, "숙제가 다 맞았을 때는 수업 듣지 말고 다음 숙제 프린트를 미리 풀고 있어도 돼."라고 얘기를 해줬더니, "틀린 게 없어서 오답할 게 없긴 한데, 다른 아이들이 질문한 문제들이 어려운 문제들일 거잖아요? 그럼 선생님이 그 문제들을 풀어주는 것을 보면 저한테 도움이 될 거고 선생님이 푸시는 정확한 풀이도 알 수 있잖아요."라고 대답했습니다. 맞은 문제도 복습하려고 하는 이 아이의 자세를 보고, '이것이 지금까지 시험 문제를 단 하나도 틀리지 않게 만드는 비결이구나!' 하고 생각했습니다.

최상위권은 이렇게 공부한다

제대로 다회독하는 법

다회독이란 무엇인가

다회독이란 하나의 문제집을 여러 번 반복해서 푸는 행위를 뜻합니다. 주로 수능을 준비하는 수험생들이 수능 기출 문제집을 몇 번씩 반복하여 풀면서 나오게 된 학습법입니다. 수능의 경우 고등 수학 전 범위에서 30문제를 출제하다 보니 고등 수학에서 가장 중요한 개념 위주로만 출제가 됐고, 따라서 수능 기출 문제집만 여러 번 반복해서 풀어도 고득점이 가능합니다.

다회독에 실패하는 경우

첫째, 해설지 독해능력이 부족한 경우입니다. 다회독을 하다가 모르는 문제가 나오면 질문으로 해결하거나 해설을 봐야 합니다. 수학이 약한 학생들일수록 모르는 것이 많습니다. 이것을 질문으로 다 해결할 수는 없기 때문에 해설지 독해능력은 다회독의 필수 조건입니다. 그런데 언어능력이 떨어지거나 수학이 너무 약한 학생들은 해설지 독해능력이 부족해서 아예 다회독을 시도조차 못 하거나 실패하게 됩니다.

둘째, 쉬운 책만 다회독하는 경우입니다. 수학이 약한 학생들은 개념교재는 《개념원리》, EBS교재는 수능 특강에서 레벨 1까지, 기출 문제는 3점과 쉬운 수준의 4점까지만 다회독을 하는 경우가 많습니다. 이렇게 쉬운 책만 다회독을 하게 되면 수능에서 4~5등급 정도 수준의 점수를 받게 됩니다. 이 정도 점수로는 원하는 대학을 가기 힘듭니다. 쉬운 책만 다회독을 하면 쉬운 문제까지만 풀 수 있습니다. 고득점을 노린다면 힘들더라도 어려운 책까지 다회독을 해야 합니다.

셋째, 독해하듯이 다회독을 하는 경우입니다. 모르는 문제가 나오면 마치 독서를 하듯이 해설지를 읽는 학생이 있습니다. 해설지를 펼쳐놓고 문제를 읽고 해설을 보는 방식으로 다회독을 하게 되면, 아무리 다회독의 횟수가 늘어도 머릿속에 남는 것이 없습니다.

눈으로 읽는 방식은 장기 기억에 저장되지 않습니다. 다회독은 여러 번 '푸는' 것이지 여러 번 '읽는' 것이 아닙니다.

넷째, 문제해결력을 높이는 연습과 병행하지 않는 경우입니다. 다회독은 문제를 암기하는 방식입니다. 따라서 비슷한 유형이 출제되어야만 위력을 발휘합니다. 수능이나 내신 시험이 기존의 출제 경향과 다르게 출제되거나 갑자기 어려워지면 다회독만 한 학생들의 점수는 급추락합니다. 고득점을 노린다면 반드시 문제해결력을 높이는 연습을 병행해야 합니다. 문제해결력은 낯선 문제나 어려운 문제를 풀 때 생깁니다. 따라서 사설 모의고사를 따로 풀어보거나 기존 기출 문제를 풀더라도 해설지의 방법과 다른 풀이를 고민해보면서 푼다면 문제해결력을 높일 수 있습니다.

제대로 다회독하는 3단계

1단계

문제집과 연습장, 노트를 준비합니다. 연습장에 문제를 풀고, 노트에 문항 번호와 답을 씁니다. 문제집에는 맞았는지 여부만 표시합니다. 문제집에 답을 쓰면 오답이 제대로 되지 않으므로, 맞은 것은 O, 틀린 것은 / 표시만 하고 답은 절대로 표시하지 않습니다.

문제를 다 풀면 채점을 하고, 틀린 것들을 고칩니다. 고친 후 재채점을 하고 이 과정을 반복합니다. 모르는 문제만 남았을 때 그대로 하루 이상 묵혀두었다가, 해설지를 보고 오답을 합니다. 하루 이상 묵히는 이유는, 나의 뇌가 즉각적인 도움(바로 질문, 바로 해설 보기)을 받는 데 익숙해지지 않도록 훈련하기 위해서입니다. 나의 뇌가 도움 받는 데 익숙해지면, 낯선 문제나 어려운 문제를 접할 때마다 생각 멈추기가 습관이 되어 문제들을 못 풀게 됩니다.

2단계

하루 이상 묵혀둔 문제집과 해설지를 꺼냅니다. 해설을 볼 때는 맞은 문제와 틀린 문제 모두 해설을 봅니다. 맞은 문제는 왜 맞았는지 체크하고, 정확히 풀어서 맞은 것이 아니면 별표를 칩니다. 틀린 문제 중에 몰라서 틀린 것이 아닌, 단순 계산 실수나 문제를 잘못 읽어 틀린 것들은 세모표시를 해둡니다.

한편 아예 모르는 문제는 해설을 볼 때 지우개나 책받침 등을 준비합니다. 한 번에 모든 해설을 보지 않고 지우개나 책받침으로 해설 밑을 가리고 한 줄씩 읽어갑니다. 해설을 읽어가다가 문제를 풀 수 있는 실마리를 찾으면, 해설을 그만 보고 스스로 풀어냅니다. 해설을 봐도 이해가 안 되는 것은 선생님한테 질문하여 해결합니다.

3단계

2단계가 끝난 후 하루 이상 지나서, 틀린 문제 중 해설을 조금이라도 보고 푼 것들은 연습장에서 다시 풀어봅니다. 다시 풀어봐서 풀리는 것들은 1차 오답풀이 완성입니다. 또 안 풀리는 것들은 해설을 조금씩 보면서 풀어냅니다. 해설을 조금씩 보고 푼 것들만 모아서, 다시 하루 이상 지난 후 이 과정을 반복합니다. 이렇게 해서 모든 문제를 스스로 연습장에 풀어내면, 이 문제집에 대한 1회독이 완성되는 것입니다.

그 이후

3단계, 즉 1회독을 완료한 후, 충분한 시간이 지나서 해설지의 풀이가 기억나지 않을 때쯤 2회독을 시작합니다. 이때는 우선 문제집에서 별표가 그려진 문제(맞았는데 애매하게 맞은 것, 몰라서 틀린 것)들만 다시 풀어봅니다. 한 번에 풀리는 문제는 별표 둘레에 동그라미를 쳐주고, 여전히 안 풀리는 문제는 별표를 추가하여 2개를 만듭니다. 그리고 1회독 할 때 했던 1~3단계 과정을 반복합니다. 이러한 방식으로 2회독이 마무리되면, 충분한 시간이 지나서 해설지의 풀이가 기억나지 않을 때쯤 3회독을 시작합니다. 이때는 별표 두 개짜리 문제만 동일한 과정을 반복합니다. 이런 식으로 4회독, 5회독을 반복하여 모든 별표 둘레에 동그라미가 그려지면 다회독을 마무리합니다.

수학 개념 노트,
연습장, 풀이 노트 사용법

수학 개념 노트, 어떻게 정리해야 효과적일까

민사고와 같은 학교에 다니는 우수한 학생들을 보면 대부분 수학 개념 노트를 스스로 직접 만들어 사용하고 있습니다. 개념교재에 있는 내용을 기본으로 하고, 개념을 이해하는 데 필요한 예제 등을 첨가하여 정리하는 방식입니다.

공부를 할 때 어떤 내용을 자기만의 언어와 배열을 가지고 정리하면, 개념을 이해하는 데 도움이 되고 머릿속에 저장하는 데도 매우 효과적입니다. 전교권에 있는 학생들은 이 '정리하기'를 이용하여 공부하곤 합니다. 특히 내신 대비 기간 때 장기 기억을 강화시키는 데 가장 효과적인 방법입니다.

그렇다면 수학 개념 노트를 만드는 효과적인 방법은 무엇이 있을까요? 혼자 공부를 하든, 학원을 다니든 만드는 방법은 비슷합니다. 고등 수학을 예를 들어 설명하겠습니다.

고1 과정을 처음 공부를 할 때 독학을 한다면 개념교재를 공부하면서 개념을 개념 노트에 정리합니다. 개념들을 나만의 언어로 바꾸고 내가 정리하기 편한 형태로 재배열해서 나만의 개념 노트에 정리하는 것입니다. 여기에 개념 이해를 돕는 문제들도 같이 집어넣습니다. 개념과 함께, 문제에서 개념이 어떻게 녹아나는지를 같이 정리하는 것이죠. 5장의 '학원을 오래 다녀도 성적이 안 오르는 이유'에 단계별로 설명했으니 참고하기 바랍니다.

학원을 다니는 경우라면, 처음 고1 과정을 선행할 때 선생님이 수업해주신 내용을 개념 노트에 정리하면 됩니다. 필기 시간을 따로 안 준다면, 연습장에 수업 내용의 핵심을 대충 쓰고 개념 노트에 깔끔하게 정리하면 됩니다.

여기서 중요한 것은 개념 노트에 여백을 많이 두면서 정리하는 것입니다. 가령 세 장에 걸쳐 정리할 내용을 여섯 장에 걸쳐 여유 있게 정리합니다. 당연히 여백이 많을 수밖에 없습니다. 그리고 나서 고1 과정을 다른 책을 가지고 다시 공부하게 되거나 다른 선생님 강의나 인터넷 강의 등을 들을 때, 처음 필기한 내용과 다른 내용이 있다면, 그 내용을 여백에 업데이트하는 것입니다. 똑같은 선생님이라도 '처음 배우는 학생에게 강의하는 기본개념', '내신 복습용으로 정리해주는 개념', '심화용으로 알려주는 개념'이 모두 다를 수 있습니다. 또한 고등 수학의 경우 한 과정을 고3 때까지 많게는 5~10번 정도 강의를 반복해 듣거나 교재들을 바꿔가며 공부할 수 있습니다. 그때마다 새롭게 배운 개념이나 정리했으면 좋을 만한 문제를 개념 노트에 업데이트하는 것입니다. 그러므로 여백이 충분히 많아야만 합니다. 또한 스프링이 달려 넘기기 좋은 것, 종이질이 좋은 것을 선택하기 바랍니다.

이렇게 정리된 개념 노트는 내신 대비 기간이나 모의고사, 수능 등의 시험을 준비할 때 개념 복습용으로 활용하면 됩니다. 스스로 작성했기 때문에 눈에 잘 들어오고, 지금까지 나를 가르친 모든 선생님과 내가 공부한 모든 문제집의 노하우가 정리되어 있기 때문에 어떤 참고서보다도 가치가 있습니다.

또한 이러한 방식으로 개념 노트를 작성하는 요령은 수학뿐만이 아니라 모든 과목에 적용할 만합니다. 사교육의 도움을 받기 힘든 지역에 살고 있는 학생들도 인터넷 강의 등의 수업을 들으며 충분히 해볼 만한 공부법입니다.

연습장 사용법

수학을 잘하기 위해서는 연습장을 사용해야 합니다. 이때 연습장은 줄이 없는 민무늬 연습장이 좋습니다. 초중등 수학까지는 문제가 간단하기 때문에 문제집이나 수학 노트에 문제를 푸는 것이 가능할 수 있습니다. 그러나 고등 수학부터는 문제가 어려워져 문제집 여백이나 수학 노트에 줄을 맞춰 푸는 것은 한계가 있습니다. 왜냐하면 정말 어려운 문제들은 어떻게 풀어야 할지 아이디어가 떠오르기 않기 때문에 좁은 여백에 정리해서 푸는 게 불가능하기 때문입니다. 연습장 한 장에 한 문제 또는 여러 장에 한 문제를 푼다는 여유 있는 마음으로 접근해야 풀 수 있습니다. 민무늬 연습장이 가장 좋고, 줄을 무시하고 자유롭게 쓴다면 줄이 있는 노트도 괜찮습니다. 넓은 연습장에 떠오르는 아이디어를 써 내려가면서 문제를 풉니다. 한 장을 사용해도 안 풀리면, 한 장을 뜯어서 눈에 보이는 곳에 놓고, 다시 깨끗한 연습장을 펼치고 또 다른 아이디어를 활용해 문제에 접근하며 풀어봅니다. 고3 때 풀어야 하는 킬러 문제들은 이런 방식으로 연습장을 3~4장 사용하고, 책상에 놓여진 3~4장의 연습장에 쓰인 풀이와 아이디어를 종합하다 보면, 문제를 풀 수 있는 경우가 종종 있습니다.

문제집에 바로 풀거나 줄이 있는 노트에 번호를 적어가면서 순서대로 정리하며 푸는 것은 문제를 머릿속으로 미리 정리해야만 가능한 방법입니다. 이 방법으로 문제를 풀게 되면, 조금만 모르면 질문하거나 해설을 보고 문제를 풀 수밖에 없습니다. 왜냐하면 그 좁은 여백에 문제를 풀기 위해서는 풀이의 아이디어가 머릿속에서 나와야 하고 그것을 머릿속에서 정리를 마친 후 바로 써가면서 문제를 풀어야 하기 때문입니다. 그래서 문제집에 바로 풀거나 줄이 있는 노트에 정리해서 푸는 학생들을 보면, 수학을 어느 정도까지 잘할 수는 있어도, 아주 잘하지는 못하는 경우가 많이 있습니다. 넓은 연습장에 이것도 해보고 저것도 해보면서, 스스로 문제를 해결하는 경험을 하면, 수학 문제해결력 향상에도 도움이 됩니다.

기하(도형) 문제를 풀 때도 민무늬 연습장은 도움을 줍니다. 중등 도형이나 고등 기하 문제의 경우, 문제집에 있는 도형은 크기가 작아, 어려운 문제일수록 풀기가 힘들어집니다. 이때 민무늬 연습장에 도형을 볼펜으로 크게 그리고, 연필을 이용하여 보조선 등을 자유롭게 그렸다가 지우면서 문제를 풀면 훨씬 쉽게 풀립니다. 심지어 문제를 그리는 행위 자체만으로도 문제를 파악하는 데 도움을 주고 놓쳤던 조건을 찾게 해주기도 합니다.

예쁘게 정리해서 순서대로 문제 푸는 것은 보기에는 좋지만 어려운 문제를 푸는 데는 도움을 주지 않습니다. 어쩌면 아이들이 지금까지 수학을 못했던 이유가, 자유롭게 쓸 수 있는 연습장을 사용하지 않았다는 사소한 점 때문이었을 수도 있습니다.

풀이 노트 활용법

풀이 노트는 연습장에 자유롭게 푼 문제를 정리해서 쓰는 노트입니다. 주로 수학을 못하는 학생들이나 초중등 학생들이 사용하면 도움이 됩니다. 수학을 잘하는 학생들의 경우, 머리와 연습장을 이용해서 풀이를 정리하고 문제를 풀기 때문에 따로 풀이 노트가 필요하지 않습니다. 반면 수학을 못하는 학생과 초중등 학생들은 식을 세워 체계적으로 문제 푸는 방법을 잘 모르는 경우가 많습니다. 이런 경우 연습장에 자유롭게 문제를 풀게 하고 그것을 풀이 노트에 깔끔하게 정리하는 연습을 시키면 도움이 됩니다.

주의할 것은 처음부터 풀이 노트에 문제를 풀게 하지 않는 것입니다. 연습상을 활용해 자유롭게 계산하고 문제를 풀고, 풀이 노트는 그것을 정리하는 데만 쓰도록 해야 합니다. 그래야만 연습장에 자유롭게 문제를 풂으로써 문제해결력을 향상시킬 수 있습니다.

수학 개념 공부의 모든 것

수학 기본개념이란 무엇인가

수학 교과서나 개념교재에 있는 개념을 수학 기본개념이라고 합니다. 이러한 기본개념을 학습하는 방법은 다음과 같습니다. 개념교재에 있는 개념을 읽고, 예제를 통해 개념이 문제에 어떻게 녹아들어 있는지 확인하고, 유제를 풀면서 추상적인 개념을 구체화시켜 머릿속에 집어넣습니다. 마지막으로 연습문제까지 풀면 기본개념 학습이 마무리됩니다.

수학을 잘하는 학생의 경우 심화능력이 높기 때문에 이렇게 기본개념 학습을 마치면 어떠한 문제집도 거침없이 풀어냅니다. 예를 들어 초등학생의 경우 디딤돌 개념교재로 기본개념 학습을 마치면, 바로 최상위 심화교재나 경시 수학으로 들어가도 잘 따라옵니다. 중학생의 경우도 개념교재 한 권만 학습을 하면,《일품》,《최상위수학》,《블랙라벨》등의 심화교재로 바로 들어가도 잘 따라옵니다. 따라서 수학을 잘하는 학생들은 선행교재로 개념교재 1권＋심화교재 여러 권을 선택하고, 내신 대비(현행)교재로는 유형교재 1권＋심화교재 여러 권 구조로 학습하면 적당합니다. 아이들은 내신 대비 때 가볍게 유형교재를 스스로 풀면서, 잊어버렸던 개념을 복습하고 심화교재와 기출문제로 내신 대비를 마무리합니다.

수학 유형개념이란 무엇인가

스스로 개념을 독학하는 경우, 개념교재에 있는 개념을 읽고 문제 속에 녹아 있는 개념을 이해하면서 추상적인 개념을 구체화시켜 학습하고 머릿속에 체계적으로 정리하게 됩니다. 따라서 스스로 개념을 공부한 학생은 개념을 이해함과 동시에 암기하는 것이 가능해집니다. 어려운 개념을 이해하기 위해 하나하나 따지면서 학습을 하게 되므로, 개념 학습이 끝나면 머릿속에 체계적으로 개념이 정리됩니다.

수학을 잘하는 아이들은 개념을 스스로 공부하든 누구한테 배우든 간에 한번 들으면 잊어버리지 않습니다. 즉, 이해와 암기가 동시에 되는 것이죠. 그러나 수학이 약한 학생들은 혼자서 개념을 정리할 능력이 없다 보니 누군가에게 개념을 배우게 됩니다. 누군가에게 개념을 배운다는 것은, 나 대신 누군가가 개념을 체계적으로 정리해서 알려준다는 것을 뜻합니다. 따라서 이렇게 학습한 개념은 스스로 정리한 것이 아니기 때문에 금방 잊어버리게 되어 있습니다. 내가 머릿속으로 생각하고 손으로 정리한 개념들은 능동적인 과정이기에 오랫동안 기억에 남지만, 남이 나 대신 해준 것은 수동적인 과정이기 때문에 금방 잊어버립니다. 개념을 배웠지만, 왜 이것이 성립했는지도 잊어버리고, 공식도 금방 까먹곤 합니다. 그래서 기본개념을 학습해도 기본 유형문제도 잘 못 풀고 심화문제는 손도 못 대는 것이 어쩌면 당연합니다.

이렇게 기본개념을 배워도 심화교재는 아예 손도 못 대는 학생들을 위해 필요한 교재가 바로 유형교재입니다. 유형교재는 문제해결력이 없는 학생들을 위해 만들어진 문제집으로, 개념을 세분화해 분류하고 세분화된 개념에 대응하는 문제들이 흐름과 맥락에 따라 학생들이 풀 수 있도록 구성되어 있습니다. 마치 문제를 풀 때 옆에서 힌트를 주듯이, 스스로 문제를 풀어갈 능력이 없는 학생들을 도와줍니다. 따라서 이러한 유형교재를 푼다고 문제해결력이 향상되지는 않습니다. 왜냐하면 문제해결력은 어떤 흐름이나 맥락, 힌트도 없는 상황에서 낯선 문제를 보고, "어떤 개념을 사용할까? 어떻게 접근해야 되지?"라는 생각을 하면서, 이것도 해보고 저것도 해보는 시행착오를 겪으며 스스로 문제를 풀어나갈 때 생기기 때문입니다.

유형개념이란 결국 기본개념에서 파생될 수 있는 세분화된 개념을, 흐름과 맥락을 가지고 문제와 함께 엮어 만든 유형교재를 학습하면서 얻게 되는 개념입니다. 수학을 잘하는 아이들은 기본개념만 학습하면 거기서 파생되는 세분화된 개념을 스스로 찾아낼 수 있기 때문에, 수학을 잘하는 아이들에게는 굳이 필요가 없는 개념입니다.

수학 심화개념이란 무엇인가

심화개념이란 크게 두 가지로 분류됩니다.

첫째, 선행에서 배우는 개념을 뜻합니다. 예를 들면 초등의 경우, 중등에서 배우는 문자와 식을 가르쳐주면 방정식 활용문제를 쉽게 풉니다. 중학생에게 고등에서 배우는 좌표평면을 가르쳐주면, 도형 문제가 안 풀릴 때 좌표를 이용해서 풀 수 있습니다.

고등학생에게 대학 때 배우는 미분방정식, (예전에는 교육과정에 있었으나 지금은 사라진) 로피탈 정리, 벡터의 외적, 일차변환 등을 가르쳐주면, 좀 더 빠르고 간결하게 고등 수학 일부 문제에 접근할 수 있고 쉽게 문제 푸는 것이 가능해집니다. 따라서 이런 선행 개념들은 내신 시험을 볼 때 알아두면 효과적입니다. 그러나 수능의 경우, 선행 개념을 배운 학생들에게 더 유리한 문제는 출제하지 않으므로, 굳이 교육과정에서 빠진 이런 개념을 학습할 필요는 없습니다.

둘째, 《실력 정석》 연습 문제나 《블랙라벨》 스텝3같이 심화교재에 있는 문제와 고3 모의고사 킬러형 고난도 문제나 신유형 문제 등에 있는 개념을 뜻합니다. 수학 선생님들은 심화교재나 고3 킬러 문제, 신유형 문제 등을 연구하다가, 문제들에 녹아 있는 심화개념들을 묶어서 하나의 개념으로 만들어 정리하고 학생들에게 설명해줍니다. 이런 개념은 개념교재나 유형교재에는 들어 있지 않아서 기본개념과 유형개념 학습으로는 얻을 수 없습니다. 이런 심화개념들을 정리해준 다음 심화교재를 풀게 하면, 아이들이 심화문제들을 평소보다 수월하게 해결합니다. 학교 내신의 경우도 이런 심화개념이 적중할 때가 간혹 있습니다. 학교 선생님들이 맘 먹고 어렵게 출제한 문제들을 쉽게 풀도록 도와주는 것입니다. 고3의 경우는 지금까지 출제된 기출문제 속에 녹아들어간 심화개념들을 정리해주면, 아이들이 수능 기출 문제집을 풀 때 킬러 문제에까지 좀 더 수월하게 접근할 수 있도록 합니다.

그러나 정말 수학을 잘하고 싶고 최상위권이 되고 싶다면, 이러한 심화개념을 미리 체계적으로 배우고 심화교재나 기출문제집을 푸는 것보다는 기본개념만 가지고 심화교재와 기출문제집을 푸는 것을 추천합니다. 왜일까요? 심화개념을 배우고 심화문제를 푸는 것은, 미리 배운 걸 이용해서 심화문제를 푸는 것이기 때문에 심화문제를 푸는 효과가 나지 않습니다. 즉, 심화교재를 풀어도 문제해결력을 많이 상승시키지 못합니다. 더욱이 수능의 경우 킬러 문제나 고난도 문제는 비정형화된 문제(지금까지 출제되지 않았던 유형)가 출제되므로, 기존의 기출 유형을 암기하거나 기출 유형을 푸는 데 필요한 심화개념을 알고 있는 것이 크게 도움이 되지는 않습니다.

따라서 어떤 유형이 나와도 만점을 노리는 최상위권이라면, 심화개념을 배우지 않고, 기본개념만 가지고 심화문제를 풀어내는 연습이 더욱 바람직합니다.

개념 독학하는 법

개념을 독학한다는 것은 강의나 인터넷 강의 등의 도움을 받지 않고, 스스로 개념교재를 보며, 낯선 개념이 왜 그런지를 이해하고 하나하나 따져보면서 머릿속에 집어넣는 행위를 뜻합니다.

수학 개념을 독학하면, 개념을 스스로 독해하고 이해하는 과정을 통해 새롭게 정의된 함수와 관련된 킬러 문제를 해결하는 능력이 늘어납니다. 뿐만 아니라 낯선 개념을 이해하는 능력이 생겨 신유형이나 심화문제를 푸는 능력도 강화됩니다.

고등 수학의 경우, 실력에 따라 《실력 정석》,《기본 정석》,《개념원리》등의 개념교재 중 하나를 선택합니다. 예를 들어 《기본 정석》

을 선택했다면 다음과 같은 단계를 거쳐 개념을 독학합니다.

1단계

《기본 정석》의 모든 내용을 꼼꼼히 읽어 내려갑니다. 잘 이해가 안 되는 내용들은 연습장에 적어가며 하나하나 따지면서 '왜 그런지'를 이해합니다. 특히, 개념을 증명하는 내용은 연습장에 따라 쓰면서 증명의 흐름을 이해하고, 그것을 통해서 개념의 논리적 근거를 이해합니다. 개념 이후에 나오는 '보기'와 '기본문제'는 풀이가 바로 밑에 있으므로, 문제와 풀이를 정독하고, 추가로 있는 'Note'와 'Advice' 등 모든 내용을 숙지합니다. 기본문제 밑에 있는 유제를 기본문제의 풀이를 보면서 풀어내고, 바로 밑에 있는 답을 보며 채점합니다. 여기까지가 개념 1단계입니다. 정석의 경우 '보기'와 '기본문제'는 풀이가 있고, '유제'는 정답이 밑에 적혀 있습니다. 이 말은 '보기', '기본문제', '유제'를 통해서 개념이 어떻게 문제 속에 녹아 있는지를 이해하고, 앞에서 공부했던 개념을 어떻게 갖다 써야 하는지를 확인하라는 의미로 받아들이면 됩니다. 즉 수학의 개념은 이렇듯 문제와 함께 공부해야 정확히 이해되고 올바로 학습했다고 할 수 있습니다. 이 과정이 끝나면 공부했던 개념과 그 개념을 이해하는 데 필요한 문제들을 나만의 개념 노트에 정리합니다.

2단계

연습문제를 풉니다. 문제해결력이 극대화된 학생의 경우, 《기본 정석》뿐만 아니라 《실력 정석》 연습문제도 손쉽게 해결합니다. 이런 학생의 경우 연습문제를 푼 후 오답정리를 진행하며 마무리하면 됩니다. 만약 연습문제가 너무 안 풀린다면 수학 교과서를 학습합니다. 수학 교과서는 개념교재와 다르게 어떤 개념과 관련된 수학사나 실생활에 관련된 내용을 소개해줘서 개념에 좀 더 친숙하게 접근하는 데 도움을 줍니다. 수학 교과서도 개념을 읽고, 예제는 풀이를 읽고, 유제와 연습문제를 풉니다. 교과서가 정석보다는 쉬우므로 교과서 연습문제까지는 쉽게 풀릴 가능성이 높습니다. 그리고 나서 정석에 다시 도전합니다. 이래도 안 풀린다면, 유형교재를 풉니다. 기본 정석과 어울리는 유형교재는 《알피엠》이 있습니다. 한편 《쎈수학》은 C단계 문제가 《기본 정석》 연습문제와 난이도가 비슷하거나 더 어려운 경우가 많아 《실력 정석》과 함께 공부하기에 적합합니다. 유형교재를 풀면서 다시 한 번 개념들이 문제에 어떻게 녹아나는지 좀 더 세분화해서 공부하고, 정석으로 돌아가 연습문제를 다시 풉니다. 유형교재도 엄밀히 따지면 개념이 문제 속에 어떻게 녹아 있는지를 확인하는, 개념을 정리하는 교재라고 할 수 있습니다. 유형교재까지 풀면 어느 정도 《기본 정석》 연습문제가 풀릴 가능성이 높습니다. 그리고 나서 오답을 진행하며 마무리합니다.

이와 같은 방법으로 개념을 독학할 때 적합한 개념교재와 유형 교재의 조합은 다음과 같습니다.

수준	개념교재	유형교재
1등급	《실력 정석》	《쎈수학》
1~2등급	《기본 정석》	《알피엠》
2~3등급	《개념원리》	《알피엠》
3~4등급	《개념원리》	《라이트쎈》
4~5등급	《개념쎈》	《라이트쎈》
5~6등급	《개념쎈라이트》	《베이직쎈》

수험생, 슬럼프에 빠지지 않으려면

부정적인 시선이 슬럼프를 만든다

수험생들이 공부를 하다 보면 슬럼프에 빠지는 경우가 많습니다. 슬럼프에 빠지는 이유는 자기 공부에 대한 불만과 미래에 대한 불안 때문입니다. 즉, 지금 '내가 잘하고 있다', '점점 더 나아지고 있다'라고 생각하면 슬럼프에 빠지지 않고, 더욱 열심히 공부할 수 있는데 현재 자신에 대한 불만족과 미래에 대한 불안감이 겹치면 슬럼프에 빠지게 됩니다. 특히 매달 보는 모의고사는 현재의 학습상황에 대한 불만과 미래의 불안을 만들어주는 기폭제입니다. 매달 모의고사를 볼 때마다 1~2주씩 슬럼프에 빠져, 공부는 안 하고 상담만 하는 학생들이 많이 있습니다. 이 학생들은 슬럼프가 문제가 아니라, 그것으로 인해 1~2주씩 정신 못 차리고 공부를 안 하기 때문에 입시에 실패합니다.

결국 슬럼프는 심리적인 부분에서 생겨납니다. 세상은 그대로이고 나도 변함없는데, 그것을 바라보는 나의 시선이 부정적으로 바뀌면서 슬럼프가 발생합니다. 나의 시선을 항상 긍정적으로 만들면 슬럼프에 빠지지 않고 모든 에너지를 공부에 쏟을 수 있어 입시에 성공할 수 있습니다.

슬럼프 극복 1 | 규칙적인 생활

규칙적인 생활과 적당한 운동, 그리고 소화가 잘 되는 집밥 등은 슬럼프를 방지하는 데 기본이 되는 것들입니다. 특히 중요한 것은 수면 관리입니다. 일정한 시간에 잠을 자고 일어나는 행위는 규칙적인 생활의 출발점입니다. 재수종합반에서 공부하는 재수생들을 보면 밤에 잠을 안 자고 딴짓을 하다가 학원에 와서는 하루 종일 잠만 자다 가는 학생들이 있습니다. 학원에서 잠을 잤기 때문에 집에 가면 잠을 안 자는 악순환에 빠지게 되고, 수험생활이 무너집니다.

수험생에게 추천하는 수면 시간은 개인의 체력이나 체질별로 다를 수 있겠지만 평균적으로 새벽 1시에 취침하여 아침 7시에 일어나는 6시간입니다. 모자라는 수면 시간은 쉬는 시간, 점심시간, 통학 시간 등을 이용하면 확보할 수 있습니다. 토요일에는 평소랑 똑같은 시간에 취침하고 기상 시간을 1시간 늦추면 피로도 풀리고, 일요일 공부도 훨씬 집중해서 할 수 있습니다. 주의할 것은, 토요일에 평소 취침 시간보다 늦게 자는 경우가 많은데 절대 그래서는 안 됩니다. 토요일에 수면 패턴을 깨버리면 일요일에 늦잠을 자도 몸이 훨씬 피곤하고 피로가 풀리지 않아 공부에 차질이 생깁니다.

슬럼프 극복 2 | 계획표 만들기

슬럼프에 빠지지 않기 위해서는 반드시 학습 계획을 세워야 합니다. 1년 단위 거시 계획을 짜고, 그 계획에 맞춰 월간 계획을 잡으며, 매주 일요일 밤 주간 계획을 시간 단위로 짭니다. 학습 계획을 세워 공부하면, 모의고사를 한두 번 못 봐도 흔들리거나 불안해하지 않을 수 있습니다. 계획표대로 열심히 공부하고 이 플랜대로 실천하면 수능까지 성공 로드맵이 완성되기 때문에, 중간중간의 학습 평가에 연연하지 않을 수 있습니다. 슬럼프라는 것은 지금 내 위치가 어디인지 모르는 불안감과 잘하고 있는지에 대한 자기 확신이 부족해서 오는 것입니다.

구체적인 계획표를 만드는 방법에 대해서 알려드리겠습니다.

수험생을 예로 들면, 수능 보기 전까지 과목별로 필수적으로 해야 할 교재들을 정리하고, 시간적 여유가 있을 때 보면 좋을 만한 교재를 선정합니다. 반드시 해야 할 교재들을 시기별로 분배합니다. 그러면 한 달 동안 해야 할 분량이 나오고, 일주일 동안 해야 할 분량과 매일매일 해야 할 분량이 나옵니다. 그러면 일주일 단위로 세부 계획을 짜서 과목별로 해야 할 분량을 시간 단위로 표기합니다.

하루를 기준으로 시간 단위 계획을 짤 때는 컨디션 좋을 때 할 수 있는 양의 70퍼센트 정도만 적습니다. 1시간 동안 계획된 학습량을 완료하면, 시간표에 완료 표시를 합니다. 가급적 50분 공부-10분 휴식의 패턴을 따르면서, 학교 시험 전날에 공부하는 것과 같이 집중력 있게 공부합니다. 최고의 컨디션으로 공부할 때의 70퍼센트 정도의 학습량으로 계획을 짰기 때문에, 컨디션이 좋고 집중이 잘될 때는 다음 시간 학습량까지 미리 끝내게 되어 일주일간 공부하면 하루가 남는 경우도 생깁니다. 그러면 그날은 수학 오답을 하거나 모의고사 등을 보면서 밀린 공부를 해도 좋고, 조금 쉬고 싶다면 휴식을 취해도 괜찮습니다. 학습 계획대로 진행되는 상황에서 휴식을 취하는 것이기 때문에 미래에 대한 걱정 없이 온전히 하루를 맘 편히 쉴 수 있습니다. 만약 컨디션이 안 좋아서 집중력이 분산되고 학습량이 부족해져도, 70퍼센트 정도의 학습량은 채울 수 있기 때문에, 일주일간의 학습 분량을 계획 수정 없이 마무리할 수 있게 됩니다. 즉, 항상 성공하고 승리하는 학습 계획을 통하여,

슬럼프가 찾아올 수 있는 상황을 미연에 방지할 수 있는 것입니다. 더군다나 어떤 상황에도 계획이 무너지지 않기 때문에, 슬럼프에 빠질 수가 없는 것입니다.

다음은 참고할 수 있는 계획표 예시입니다.

| 고3 학습 계획 : 수능 과목별 해야 할 것 정리 |

과목	필수	선택
수리	개념교재 복습, 수능 기출 문제집, EBS 수능 특강, EBS 수능 완성	사설 모의고사 모음집, 블랙라벨, 교과서, EBS 출판 교재들, 메이저 재수학원 수능 교재 등등
비고	수능 기출 문제집과 수능 특강은 다회독 필요. 수학 학원 수업 교재는 필수에 추가	

| 고3 시기별 월간 계획 |

	1월	2월	3월	4월	5월	6월	7월	8월	9월	10월
수리	수능 기출 문제집(1회독)		수능 기출 문제집 (2회독)				수능 기출 문제집 (3회독)			모의고사 예상 문제집
			수능 특강(1회독)		수능 특강 (2회독)		수능 특강 (3회독)			킬러 유형 문제 모음집
	개념교재 복습				6월 평가원 기출(10개년 복습)	수능 완성 (1회독)		수능 완성(2회독)		
							9월 평가원 기출(10개년 복습)			수능 기출 (10개년 복습)

나 자신에 대한 무의식이 긍정적으로 바뀌면 일상에서 자신감을 갖고 생활할 수 있습니다. 자신에 대한 믿음이 가득 차게 되므로, 당연히 슬럼프에 빠지지 않게 됩니다. 긍정적 자기 암시를 만들기 위해서는 듣기, 상상하기, 말하기, 작은 성공 맛보기가 필요합니다.

'듣기'는 밤에 잠을 잘 때 합니다. 유튜브에서 '긍정적 자기 암시를 8시간 정도 반복해서 틀어주는 명상'을 찾아서 틀어놓고 자면 됩니다. 잠을 자는 데 방해되지 않게 작게 틀고 잡니다. 무의식이 소리를 계속 들으면서 긍정적 자기 암시를 만들어줍니다.

'상상하기'는 공부하다 쉬는 시간 등에 되고 싶은 모습을 구체적으로 시각화해서 상상하면 됩니다. 가령, 학교 내신 시험에서 수학 100점을 받는 상상이라든지, 수능을 잘 봐서 수시 면접이나 논술을 보러 가지 않고, 영화관을 가는 상상 등을 구체적으로 하는 것입니다.

'말하기'는 명상에서 들은 자기 암시를 산책하거나 이동할 때, 작게 말하는 것입니다. 예를 들면 "나는 수학의 신이다. 모든 문제를 다 풀어낸다.", "나는 매일매일 모든 것이 점점 좋아진다."와 같이 확언하는 문장을 말하는 것이 좋습니다.

'작은 성공 맛보기'는 작은 목표를 정해서 성공하고 성취감을 맛보는 것입니다. 예를 들어 "오늘 하루만 서울대 합격생같이 공부해보자."라든지, 이번 주 일요일에 '10시간 공부하기' 목표를 정한다든지 해서, 그것을 성공하고 작은 성취감을 맛보는 것입니다. 매일매일 작은 목표를 정하고 하나씩 성공하며 '작은 성공'을 맛보다가 '모의고사 수학 1등급' 또는 '학교 내신 반 1등'과 같은 '큰 성공'을 경험하게 되면, 그때부터는 내가 모든 것을 해낼 수 있겠다는 자기 자신에 대한 강한 확신이 생겨 슬럼프는 더 이상 찾아오지 않게 됩니다.

효율적인 공부 방법

효율적으로 암기하는 방법

공부할 때 암기해야 할 것들이 정말 많이 있습니다. 그러나 암기하느라 소모하는 시간이 아까운 생각이 듭니다. 시간 낭비를 하지 않고 효율적으로 암기하는 방법을 알려드리겠습니다. 이는 수학뿐만 아니라 전 과목에 적용 가능합니다.

공부하다 암기해야 할 내용들이 생기면 A4용지에 정리해서 적어놓습니다. 정리하는 과정에서 1차 암기가 됩니다. 암기할 것을 정리한 A4용지는 책상 주변 책장이나 벽에 붙여놓습니다. 공부를 하다가 휴식 시간에 음악을 들으면서, 책상 주변에 붙인 A4용지들을 읽어갑니다. 이렇게 쉬는 시간마다 읽게 되면, 책상 주변에 붙인 모든 A4용지를 읽는 데 하루 정도 걸릴 것입니다. 일주일간 반복하면 책상 주변에 붙여놓은 것들은 거의 다 암기하게 됩니다. 암기된 것들은 책상 서랍에 차곡차곡 정리해서 넣어둡니다. 만약 새롭게 암기할 것들이 생기지 않을 때는, 책상 서랍 안에 있는 이전에 암기했던 것들을 맨 밑에서부터 꺼내어 다시 책상 주변에 붙이고 암기에 들어갑니다.

이 방법의 장점은, 공부하다가 암기해야 할 필요가 있는 것들을 위해 따로 시간을 투자하지 않아도 된다는 것입니다. 50분 공부하고 10분씩 쉴 때마다, 음악을 들으며 책상 주변에 있는 것들을 편하게 읽기만 하면 끝나는 것입니다. 쉬는 시간을 활용해 암기하기 때문에 시간이 전혀 낭비되지 않습니다. 고1부터 고3까지 3년 동안 공부하면서 이 방법을 활용해 암기해야 할 것들을 정리해놓으면, 자연스럽게 내신 대비와 수능까지 모두 한방에 해결됩니다.

항상 집중하는 법

중고등학교 시절 학원을 안 다니고 모든 과목을 혼자 공부했던 저는 시험 보기 전날의 집중력으로 많은 시간을 공부할 수 있는 방법을 연구했습니다. 중2 때부터 시행착오를 거쳐서 고1 때 시험 보기 전날같이 '항상 집중하는 법'을 찾아냈습니다.

방학이나 일요일에 14~16시간을 공부하기 위해, 아침에 일어난 후 씻고 밥 먹고 화장실 가고, 독서실로 이동하는 과정을 1시간 안에 전부 끝냈습니다. 독서실에 가면 점심 시간(1시간)과 저녁 먹는 시간(1시간)을 제외하고는 공부를 했습니다. 14~16시간을 집중해서 공부하기 위해 50분 공부 10분 휴식의 패턴을 지켰습니다. 10분 휴식 시간에는 음악을 들으며 책상 주변에 붙여놓은 암기 메모들을 읽거나, 공부로 성공하는 상상을 하거나, 잠깐 잠을 잤습니다. 매 시간 공부 내용의 지루함을 없애기 위해 시간 단위로 과목을 바꾸면서 공부를 했는데, 시간표를 짤 때 시간대별로 집중력을 고려하여 과목을 배치했습니다. 집중이 잘 되는 시간에는 주로 수학이나 과학을 배치했고, 집중이 안 되는 시간에는 영어를 배치하는 방식으로 시간표를 만들었습니다.

그러나 매시간 다른 과목을 배치해도 장시간 공부하다 보면 멍 때리거나 잡생각을 하게 되는 경우가 많았습니다. 이것을 극복하기 위해 두 가지 방법을 사용했습니다.

먼저 멍 때리는 것을 방지하기 위해, 매 시간 과목별 공부할 양을 학습 계획표에 표시하여 멍 때릴 여유가 없게 만들었습니다. 가령 [오전 9:00~9:50 《기본 정석》(12~18쪽)] 이런 형태로 계획표를 짜서, 50분 동안 집중해서 정해진 양을 끝내도록 했습니다. 만일 제

시간에 못 끝내면 쉬는 시간까지 해서라도 끝냈습니다. 이런 방식으로 매 시간 해야 할 양을 배정하니 멍 때리는 시간이 거의 사라졌습니다.

문제는 잡생각이었습니다. 공부하는 중에 갑자기 해야 할 일이나 재미있는 상상이 떠오르면, 그 생각에 집착해서 공부에 온전히 집중하기가 힘들었습니다. '생각을 안 해야지!'라고 마음먹으면 먹을수록 계속 더 떠올라 공부에 집중하는 것을 방해했습니다. 그래서 생각을 흘려보내는 연습을 했습니다. 잡생각이 떠오를 때마다 그 생각들을 포스트잇에 적어 책상 위에 붙여놨습니다. 잡생각이 떠오르는 것을 인정하고, 떠오르는 잡생각을 포스트잇을 이용하여 내 머리에서 책상으로 이동시키는 방식이었습니다. 생각에 집착하지 않으니 온전히 공부에 집중할 수 있었습니다. 포스트잇에 적어 놓은 생각들은 공부 시간이 끝난 후 처리했습니다. 쉬는 시간에 할 수 있는 것들을 쉬는 시간에 처리했고, 그렇게 하기 힘든 것들은 포스트잇을 집에 가지고 가서 처리했습니다. 재미있는 상상도 쉬는 시간에 하고, 그 줄거리를 포스트잇에 적어 놓은 후, 다음 쉬는 시간에 이어서 상상을 했습니다.

종합하자면 하루에 14~16시간을 집중해서 공부하기 위해 매 시간별 다른 과목 공부하기, 시간마다 학습할 양을 적어 놓고 그 양 끝내기, 포스트잇을 이용하여 잡생각 흘려보내기의 방법을 사용했습니다.

공부 잘하는 학생 따라 하기

공부를 잘하는 학생들은 왜 공부를 잘할까요?

머리가 좋아서일 수도 있고, 어렸을 때부터 공부를 열심히 했기 때문일 수도 있습니다. 아니면 효율적이고 효과적인 방법으로 공부를 해서 공부를 잘할 수도 있습니다. 공부를 잘하는 아이들은 어렸을 때부터 열심히 공부를 하면서 효과적인 공부법들을 찾아낸 아이들입니다. 그러므로 공부를 잘하는 아이들을 따라 하면, 공부를 못하는 학생들도 공부를 잘할 수 있습니다. 물론 전제 조건은 '공부를 잘하는 학생만큼 열심히 공부를 해야 한다'는 것이겠죠.

재수종합반 담임으로 있을 때, 학생들에게 효과적인 공부 방법을 알려주기 위해 '서울대 합격생 수기'를 참고하곤 했습니다. 서울대 수석으로 들어간 학생의 '개념 노트 작성법'이라든지, '스탑워치 활용법' 등을 학생들에게 알려줬습니다. 학생들 중에서는 제가 알려준 '서울대 합격생들의 공부법'대로 공부해서 효과를 보는 학생들이 많았습니다. 재수생들은 대부분 열심히 공부를 하기 때문에 공부 잘하는 학생들의 공부 방법들만 알려줘도 성적이 많이 오릅니다. 왜냐하면 공부를 잘하는 학생들은 공부를 잘할 수밖에 없는 방법으로 공부를 하기 때문입니다.

저는 초등학교 때까지는 놀다가 중1 때부터 공부를 시작했습니다. 어떻게 공부를 해야 할지 몰라서, 반에서 1등하는 학생이 공부하는 것을 따라 했습니다. 수학 선행이라는 개념이 없던 시절, 중1 때 반에서 1등을 하던 친구는 중2 수학을 혼자서 공부하고 있었습니다. 저도 그 친구를 따라 교과서를 구입해서 중1 때 중2 수학을 독학했습니다. 교과서라 그런지 별로 어렵지 않고 할 만했습니다. 이것이 학교 선생님에게 배우지 않아도 혼자서 수학을 독학할 수 있다는 것을 깨닫는 계기가 되었습니다. 중2 때는 반에서 1등하던 친구에게 '성문 기본 영어'로 영어 공부하는 방법을 배웠습니다.

중3이 되자, 운이 좋게도 전교 1등하는 친구와 같은 반이 되었습니다. 저는 그 친구의 모든 것을 배워야겠다고 마음먹고 모든 것을 따라 했습니다. 그 친구가 사용하는 영국제 '파카샤프'도 만 원 넘게 주고 구입했습니다. 이 샤프는 절대로 고장이 나지 않았고, 샤프가 고장이 안 나니 공부하다가 리듬이 깨지는 경우가 생기지 않았고 온전히 공부에 집중할 수 있게 되었습니다. 그 친구는 과목별로 문제집을 두 권씩 구입했습니다. 한 권은 예습용 교재로 활용을 하고, 다른 한 권은 시험 대비 복습교재로 사용했습니다. 저는 그 친구가 사용하는 문제집과 똑같은 것을 구입했고, 그 친구가 공부하는 모습을 관찰했습니다. 그 친구는 문제집의 개념 부분을 읽을 때는, 샤프로 밑줄을 그으면서 입으로 작게 소리 내어 개념을 읽었고, 중요한 단어에는 동그라미를 두 바퀴 치면서 밑줄을 그으며 읽어 나갔습니다. 저는 그전에는 눈으로만 교과서나 문제집을 읽었는데, 그 친구의 방법을 따라 해봤습니다. 그랬더니 너무나 놀랍게도 개념을 읽다가 멍 때리는 것이 많이 사라졌고, 집중도 잘 되고 읽은 내용이 머릿속에 잘 들어왔습니다. 또한 그 친구는 한 문제를 풀면 바로 채점하고, 문제가 맞았든 틀렸든 해설을 봤습니다. 해설을 보면서 맞은 문제의 경우는 기억을 강화시키고, 틀린 문제의 경우는 왜 틀렸는지 정리했습니다. 이것도 따라 해봤습니다. 한 문제 풀고 바로 채점하고 해설을 보면, 문제를 푼 기억이 남아 있을 때 내가 어떤 부분을 올바르게 생각했고, 어떤 부분은 잘못 생각했는지를 바로 정리할 수 있어, 문제를 풀며 개념이 강화되는 아주 효율적인 방법이었습니다. 물론 이 방법은 앞서 여러 차례 말씀드렸듯이 수학의 경우 문제해결력 기르는 것을 방해하니 주의해야 합니다. 수학을 못하는 중하위권이라면 이 방법을 통해 중상위권으로 쉽게 도약할 수 있으나, 너무 오래 이 방법으로 공부하면 '생각 멈추기'가 습관이 되어 낯선 문제나 어려운 문제를 못 풀게 됩니다. 중상위권에서 최상위권이 되고자 하는 경우는 문제를 다 풀고 채점하는 방식을 추천합니다.

이렇게 모든 것을 따라 하다 보니 중3 때 성적이 전교 2등까지 올라갔습니다. 성적이 많이 오르다 보니, 고등학교에서는 항상 반에서 1등을 하게 되어 따라 할 친구가 더 이상 없게 됐습니다.

공부 안 하는 사춘기 아이, 원인과 대책

| 공부 안 하던 아이가 정신 차리는 게 가능할까 |

G군은 제가 기숙학원에서 재수생들을 가르치던 시절 만났던 제자입니다. 그 당시 G군의 형은 특목고를 졸업하고 명문대를 나와 서울대 대학원에서 박사과정을 밟고 있었습니다. G군은 이런 모범적인 형에 비해 중고등학교 때 거의 공부를 안 하고 놀았다고 합니다. 이유를 물어보니, 엄마가 초등학교 때부터 너무 많은 학원을 보내고 공부를 강제로 시킨 탓에 공부에 흥미가 떨어졌고, 형과 비교당하는 것에서 상처를 많이 받았다고 합니다. 주로 연애를 하면서 중고등시절을 보냈다고 합니다.

나이 차이가 많던 G군의 형은 G군이 공부할 생각이 전혀 없는 상태라는 것을 알고 부모님께 재수를 시키지 말고 바로 군대를 보내라고 했습니다. 고등학교를 졸업하고 바로 군대를 간 G군은 군대에서 철이 들어 어머니에게 공부할 책들을 보내달라고 한 후, 군대에서 영어와 수학의 기초를 다졌다고 합니다. G군은 제대 날짜에 맞춰서 기숙학원에 등록하고 바로 재수를 시작했습니다. 재수 시절 나름 열심히 공부했지만 중고등 6년의 학습 공백을 메우지 못하고 지방대에 합격할 점수밖에 얻지를 못합니다. 학습 공백이 많은 재수생들은 재수를 하면 실력은 늘지만 점수로 연결될 만큼은 늘지 않아 삼수까지 해야 하는 경우가 많습니다.

결국 아쉬움에 부모님을 졸라 삼수까지 하게 된 G군은 결국 지방 국립대와 인서울 하위권 대학에 갈 점수를 받습니다. 부모님의 권유로 지방 국립대를 선택해서 다니던 G군은 계속 공부를 하면 성적이 오른다는 것을 알게 되자, 부모님께 사수를 하게 해달라고 조르기 시작합니다. 부모님는 경제적으로 부담되어 더 이상은 지원할 수 없으니 그냥 지방 국립대를 다니라고 얘기를 합니다. 사춘기 시절 그렇게 공부를 안 하고 학원도 안 다니던 G군과 부모님의 관계가 역전된 것입니다.

이 이야기에 사춘기에 공부 안 하는 아이를 어떻게 다뤄야 하는지가 거의 다 나와 있습니다.

| 사춘기에 공부 안 하는 이유 |

초등 시절부터 시작되는 자기주도성 없는 공부

인간이 행복감을 느낄 때는 무언가를 자기주도적으로 하고 있을 때라고 합니다. 그런데 초등 시절부터 엄마에 의해 학원에 끌려다니고 억지로 공부를 하다 보면 아이는 행복감을 느끼지 못합니다. 물론, 억지로 공부를 해도 아이가 공부하는 과정에서 성취감을 얻게 되고 성적이 오르는 기쁨을 맛본다면 아이는 그 성공의 기쁨을 누리기 위해 계속 열심히 공부할 수도 있습니다. 그러나 대부분의 경우 부모의 높은 기준이나 사교육이 떠안기는 무지막지한 학습량 속에서 잘못된 방식으로 공부하게 되어 성취감보다는 좌절감을 느끼는 경우가 많습니다. 따라서 아이는 학년이 올라갈수록 점점 공부에 흥미를 잃게 됩니다.

낮은 언어능력

자기주도성 없는 공부와 연결되는 부분입니다. 대부분 어렸을 때부터 사교육과 공부만 많이 하다 보니 독서를 통한 언어능력이 발달되지 않습니다. 문제는 학년이 올라갈수록 공부가 어려워진다는 것인데, 때문에 이를 극복할 수 있는 언어능력은 필수적입니다. 초등학교까지는 학원에서 주입해주는 정보를 습득해서 어느 정도 성과가 나오지만, 중고등학생이 되어 공부가 어려워지면 언어능력이 떨어지는 학생들은 한계에 봉착하게 됩니다. 수학의 경우, 심화는 말할 것도 없고 선행도 잘 이해하지 못합니다. 특히 고등학교에 올라가면 가장 쉬운 교재로 수업을 해도 개념 이해 자체를 못 해서 진도를 못 나가는 상황에 직면하게 됩니다.

즉, 사춘기라서 공부를 안 하는 것일 수도 있지만, 공부 자체가 어려워지니 공부하는 데 한계에 봉착하게 되고, 그것을 극복할 자신이 없으니 사춘기 핑계로 반항하면서 공부를 안 하는 것입니다. '내가 능력이 안 돼서 못 따라간다'라는 것을 인정하면 너무 괴로우니까 사춘기니 뭐니 갖은 핑계를 대며 학원도 안 가고 공부도 안 합니다. 그렇게 해서 '나는 공부를 못할 수밖에 없다'라는 합리화를 완성합니다.

절제력의 부족

한마디로 노는 것이 좋아서입니다. 공부보다 재밌는 것이 훨씬 많기 때문에, 공부 말고 노는 것을 선택하는 것입니다. 이것은 사춘기라서 꼭 그런 것이 아니고, 원래부터 그래왔는데 초등까지는 아직 어려서 통제가 됐었고, 중고등부터는 통제가 안 돼서 드러나는 것뿐입니다. 공부를 안 해서 재수를 하는 학생들에게 물어보면, 자기가 놀게 된 과정을 이렇게 설명합니다. 초등학교 때는 공부가 쉬워서 놀면서 해도 문제가 없어서 놀고, 중1

은 시험을 안 보니까 맘껏 놀고, 중2 때는 '중3부터 공부하면 되겠지' 하고 놀고, 중3부터 공부를 하려 하니 공부가 어려워져서 놀게 되고, 고1부터는 정말 노는 게 재밌어서 아예 놀아버리고, 고2 때는 고1 때 놀던 습관 때문에 계속 놀게 된다고 합니다. 정작 고3이 되면 공부를 해야겠다는 생각이 들지만, 해야 할 것이 너무 많고 어디서부터 어떻게 시작해야 할지도 몰라 그냥 포기하고 놀았다고 합니다.

| 공부 안 하는 사춘기 아이를 위한 대책 |

아이가 학원을 보내도 공부도 안 하고 숙제도 안 하면서 학원에 전기세만 내고 다니는 상황이라면, 차라리 학원을 보내지 말고 그 돈을 통장에 넣어두는 게 낫습니다. 그리고 아이가 (남자아이라면) 군대를 갔다 오거나 스스로 열심히 공부를 하겠다고 하면, 그때 공부를 시키는 것이 좋다고 생각합니다. 왜냐하면 열심히 공부를 해도 성적 올리기가 힘든데, 억지로 하는 공부가 잘될 리가 없기 때문입니다. 억지로 공부를 시키면 결국 고3까지 아이한테 계속 끌려다니게 됩니다. 아이는 학원을 다니고 공부하는 척이라도 하는 것이 마치 벼슬인 양 행동하게 될 것입니다.

만일 아이가 어느 정도는 공부를 하려고 하는 의지가 있다면, 재수까지 바라보고 아이와 타협을 하는 것이 좋습니다. 사춘기 때 공부를 안 해서 재수하는 재수생들을 가르치면, 너무 기초가 없어서 1년 안에 대학 가기가 무척 힘듭니다. 보통은 삼수나 사수까지 해야 극복하는 경우가 많습니다. 따라서 아이한테 학원에서만 공부하고 숙제도 하지 말고, 나머지 시간에는 자유시간을 가지라고 타협하는 게 좋습니다. 수학의 경우, 학원에서 자습시간 포함해서 3시간 정도만 공부를 해도 일주일에 3회를 가면 9시간은 공부를 할 수 있습니다. 그 정도 시간이면 수학의 기초는 어느 정도 세울 수 있습니다. 아이에게 맞춤 수업이 가능한 개별 첨삭식 학원을 선택하게 해서 차근차근 기초만이라도 잡는다면, 당장 내신은 안 나올지라도 재수를 했을 때 성공할 수 있는 기반이 될 수 있고, 혹은 아이가 철이 빨리 들어 고3부터 열심히 한다면, 원하는 대학에 합격할 수 있는 토대가 될 수 있습니다.

이 상태보다 좀 더 아이가 말을 잘 듣는다면, 학원에서만 공부를 하고, 집에서는 자유시간을 갖게 해주되, 자유시간 중 일부는 독서를 하도록 약속을 하면 좋습니다. 재수생들을 가르쳐보면, 대학 입시에 성공하는 대부분의 학생들은 언어능력이 높아 이해력이 좋은 학생들입니다. 아이가 언어능력이 높고 과목별로 어느 정도 기초만 있다면, 1년만 공부를 열심히 해도 원하는 대학에 충분히 합격할 수 있습니다.

[개정교육과정 분석]
문이과 통합의 시대, 무엇을 준비해야 할까?

문이과 통합이란 고교 내신이나 수능에서 문이과가 따로 수학 점수를 산출하지 않고 통합하여 산출하는 방식을 말합니다. 이 제도를 시행하면 이전의 문이과 분리 시대와 어떻게 달라지는지, 어떤 문제점이 있는지, 이에 대처하기 위해서는 어떤 방식으로 공부해야 하는지를 살펴보겠습니다.

	고등 수학 교육 과정

	1학기	2학기	설명
고1	고등 수학(상)	고등 수학(하)	문이과 공통, 수능 간접반영
고2	수1	수2	문이과 공통, 수능 반영
고3	확통 or 미적분 or 기하	수능 대비	확통 or 미적분, 수능 반영

이 표는 일반고의 가장 보편적인 수학 교육 과정 내용을 정리한 것입니다. 일반고가 아닌 특목고·자사고·자공고는 보통 고2 때까지 수능 전 범위의 과정이 마무리됩니다.

고1 과정은 수능에 직접적으로 반영되지 않고, 고2·고3 과정만 수능에 반영됩니다. 고3 과정은 선택과목으로 이과는 주로 미분과 적분(이하 미적분), 문과는 확률과 통계(이하 확통)를 선택했으나, 최근에는 문과와 이과 모두 의무적으로 확통을 듣고, 미적분은 이과만 추가로 선택하게 합니다.

| 문이과 통합과 내신 수학 |

고등학교에서는 문이과를 통합하여 내신을 산출합니다. 물론 외고나 국제고는 문과밖에 없으므로, 문과끼리 내신이 산출됩니다. 따라서 수학 내신의 경우 일반고보다 오히려 외고나 국제고에서 내신을 따는 편이 쉬울 수 있습니다. 일반고의 경우 이과생이 수학 내신의 1~2등급을 다 장악한다고 생각하면 됩니다. 그러나 외고와 국제고는 수학을 잘하는 이과생이 빠져 문과생끼리만 경쟁하니, 수학이 약해 문과를 지원하기로 마음먹었다면 외고 또는 국제고에 입학해 수시를 노려보는 것도 하나의 대안일 수 있습니다. 왜냐하면 문과생의 경우, 일반고에서는 이과생에게 수학 내신이 밀려 수능 최저등급을 맞추지 못해 수시를 노리는 것이 만만치 않고, 정시는 재수생과 이과생들에게 밀려 수학에서 높은 등급을 받기 힘든 데다, 이과생들의 문과계열 교차지원으로 좋은 대학을 가는 것이 매우 힘들기 때문입니다.

고등학교 현직 선생님들에 따르면 수학뿐만이 아니라 국어 과목에서도 이과를 진학하는 학생들이 거의 1~2등급을 받는다고 합니다. 아울러 최근에는 문이과가 확통 수업까지 같이 듣는 경우가 많아, 문과를 지원하는 학생의 경우 고등학교 전 과정 모두 문이과 합산으로 수학 내신이 산출돼서 수학에서 좋은 내신을 받기 힘든 상황입니다.

| 문이과 통합과 수능 수학 |

문이과 통합으로 치른 수능의 뚜껑을 열어보니 이과생들과 문과생들의 점수 격차는 매우 컸고, 문과생의 경우 수학에서 좋은 등급을 받지 못해 수시에서도 많은 불합격이 발생했습니다. 또한 상위권 대학의 문과계열 학과에 이과생이 교차지원하면서 합격생 중 이과생의 비율이 40% 이상 되는 기현상까지 발생했습니다. 이와 관련해 2022학년도 수능을 분석한 자료를 한번 살펴보겠습니다.

| 문과계열 학과에 교차지원한 이과생 비율 |

대학	인문 교차 비율	대학	인문 교차 비율
건국대	60.61%	성균관대	38.47%
경희대	68.85%	세종대	26.92%
고려대	45.00%	숙명여대	27.50%
광운대	32.00%	숭실대	30.00%
국민대	18.86%	연세대	69.60%
동국대	43.18%	이화여대	18.18%
명지대	29.34%	중앙대	69.31%
서강대	80.33%	한국외대	20.37%
서울과기대	22.22%	한성대	27.66%
서울대	60.00%	한양대	74.46%
서울시립대	80.00%	홍익대	41.38%

* 인문 교차 비율 = 미적분·기하 선택자 비율   서울전체평균   39.60%

자료출처 : 서울 중등진학지도연구회

인서울 대학의 문과계열 학과에 교차지원한 이과생 비율을 살펴보면, 상위권 대학일수록 이과생 지원율이 높은 것을 볼 수 있습니다. 현재 교차지원은 이과는 거의 모든 대학의 문과계열에 지원이 가능한 반면, 문과는 중하위권 대학들 위주로만 이과계열 교차지원이 허용됩니다.

지원한 학생들 중, 실제 합격률은 서울대의 경우 47.2%, 경희대의 경우 60.3%입니다. 즉, 서울대 문과계열 합격자 중 이과생의 비율이 47.2%나 된다는 것입니다. 거의 절반에 해당하므로 굉장히 큰 수치입니다.

실제 교차지원 합격사례를 살펴보면, 인서울 중위권 이과 대학을 지원한 학생이 문과로 교차지원하면 최상위권 대학 어문계열에 합격함을 알 수 있습니다. 문과로 교차지원하는 순간 대학 레벨이 많이 바뀌므로, 본인의 전공을 고려하지 않고 지원하는 이과생 비율이 높아지고 있으며, 이는 향후 반수생 증가 등의 문제를 유발할 수 있습니다.

| 이과에서 문과 교차지원 정시 합격사례 분석 |

대학	학과	국수탐 백분위 합산(300점)	이과 지원시 가능대학	학교발표 점수와의 차이	수능 등급				
---	---	---	---	---	국어	수학	영어	탐1	탐2
연세대	중어중문학	277.0	건국대 화학, 홍익대 실내건축	-8.5	1	2	1	2	3
연세대	국어국문학	269.5	숭실대 건축, 서울과기대 화공생명공학	-20.5	1	3	1	3	3
고려대	통계학	282.5	서울시립대 컴퓨터과학부, 건국대 스마트ICT융합공학	-8.3	1	2	2	2	3
춘천교대	초등교육	259.0	외대(글로벌) 통계, 서울여대 디지털미디어	-9.5	1	2	2	3	4
동국대	법학	256.5	한국산업기술대 기계공학, 한양대(에리카) 건축	-13.1	2	3	2	3	2

자료출처 : 한국 대학교육협의회

이과생이 문과로 교차지원하는 이유

| 2022학년도 수학 선택과목에 따른 등급별 인원 비율 |

	미적분/기하 선택	확통 선택
1등급	94.4%	5.6%
2등급	86.9%	13.1%
3등급	76.5%	23.5%
4등급	61.1%	38.9%

자료출처 : 서울 중등진학지도연구회

2022학년도 수능 1등급 중 이과생 비율이 94.4%, 문과생 비율이 5.6%이고, 2~4등급까지 이과생 비율이 문과생 비율보다 훨씬 높음을 알 수 있습니다. 실제 수학에서 문과생보다 이과생이 압도적으로 좋은 성적을 받았음을 알 수 있습니다. 따라서 수학에서 좋은 성적을 받은 이과생들은, 경쟁의 우위에 있기 때문에 자연스럽게 문과 교차지원을 생각하게 됩니다.

심지어 정시뿐만 아니라 수시에서도 교차지원이 증가하고 있습니다. 수능뿐만 아니라 내신에서도 수학 성적이 우수한 이과생들이 수시 6장 중 일부를 문과계열에 지원하고 있는 실정입니다. 따라서 수학을 못 하면 결국 정시뿐만 아니라 수시에서도 문과생은 설 자리를 잃게 됩니다.

미적분 선택이 점점 많아지는 이유

2022학년도와 2023학년도의 수능 수학 선택영역별 지원자수를 살펴보면, 전년에 비해 2023학년도는 확통과 기하의 지원자수는 줄고, 미적분의 지원자수는 늘었습니다. 이런 현상은 왜 벌어질까요?

결론적으로 얘기하면, 미적분을 선택하는 경우가 수능 표준점수에서 가

| 수능 수학 선택영역별 지원자수 변화 |

구분	확통(문과)	미적분(이과)	기하(이과)
2022학년도	257,466명 (53.2%)	184,608명 (38.2%)	41,546명 (8.6%)
2023학년도	240,669명 (50.0%)	210,199명 (43.7%)	30,242명 (6.3%)
증감	−16,797명 (−3.20%)	+25,591명 (+5.50%)	−11,304명 (−2.30%)

자료출처 : 한국 교육과정평가원

장 유리했기 때문입니다. 선택과목별 유불리를 없애기 위해 만든 수능 조정점수 계산법은, 같은 선택과목을 선택한 집단이 공통과목을 잘 볼수록, 그리고 선택과목이 어렵게 출제될수록 유리하게 설계되었습니다. 따라서 수학 실력이 우수한 집단이 가장 많이 몰린 미적분이 공통과목 평균도 제일 높고, 선택과목 난도도 가장 높기 때문에 유리합니다.

미적분에 우수한 집단이 몰리는 또 한 가지 이유는 대부분의 중상위권 대학의 자연계열 학과가 미적분과 기하를 필수로 지정하기 때문입니다. 대학에서는 학생의 성적을 정확히 알 수 있는 '일반 선택과목'을 주요 대입 자료로 활용하고 있는 반면, 기하의 경우에는 절대평가로 성적을 산출하는 '진로 선택과목'이기에 일반고 이과생들이 기하 수업을 듣는 경우는 드물고, 인원이 적어 폐강하는 경우도 많습니다. 따라서 내신을 성실히 준비해온 이과생들이 일반 선택과목인 미적분을 수능 때도 선택하고 있으며, 기하는 이과생 중 틈새시장을 노리는 소수의 학생들이 선택하곤 합니다.

교육과정평가원에서 제시한 수능 선택과목 조정점수의 목적도 학습량이 많고, 난이도가 높고, 우수한 집단이 몰리는 과목에 가산점을 주어, 불리함을 해소하는 것이라고 합니다. 이런 과목에 해당하는 것이 미적분입니다.

| 수능 선택과목별 표준점수 최고점 추이 |

	2022학년도			2023학년도	
	6월 평가원	9월 평가원	수능	6월 평가원	9월 평가원
미적분	146	145	147	146	145
확통	142	139	144	142	142
기하	145	142	147	147	144
미적분–확통	4	6	3	4	3

6월과 9월에 각각 치르는 평가원 시험은 수능을 출제하는 기관이 내는 시험이라 교육청이나 사설 모의고사보다 훨씬 공신력이 있는 시험입니다.

앞의 표를 보면 동일 원점수 기준 미적분과 확통의 표준점수 차이가 3~6점까지 나는 것을 확인할 수 있습니다. 표준점수 3~6점의 차이는 원점수 기준 4점짜리 1~2문제 차이입니다. 결국 미적분을 선택하면 확통 대비 4점짜리 1~2문제를 틀려도 점수가 비슷할 수 있다는 것을 뜻합니다. 그래서인지 대치동에서는 상위권 문과 중심으로 확통이 아닌 미적분을 선택하는 것이 일반적인 분위기라고 합니다. 특히, 상경계열 진학을 원하는 문과 최상위권 학생들이 확통이 아닌 미적분을 선택하고 있고, 이것은 재수생도 마찬가지입니다. 문과생들의 미적분 선택이 나름 타당한 이유는 다음과 같습니다.

어차피 공통과목(수1, 수2)은 미적분을 선택하든 확통을 선택하든 동일한 문제로 시험을 보니 차이가 없습니다. 문제는 선택과목인데 확통을 다 맞는 것보다 미적분을 1~2개 틀리는 것이 더 쉽다고 보기 때문입니다. 왜냐하면 확통에도 킬러문제가 나오는데 그것을 맞출 수 있다는 보장이 없기 때문입니다. 올해 같은 경우는 확통을 선택한 학생 중 수학을 잘하는 학생들이 미적분으로 선택과목을 바꾸면서, 확통보다 4점짜리 2문제를 더 틀려도 실제 조정점수는 미적분이 더 높을 수 있다는 것이 입시 기관의 예측입니다.

| 변화하는 교육정책에 민감하게 반응하면 손해인 이유 |

1997년도부터 학원 강사를 해오며 매년 대학 입시를 마주해온 제 경험에 따르면, 입시 정책에 부화뇌동하지 않는 편이 이로웠습니다. 왜냐하면 우리나라는 입시 정책이 너무 자주 바뀌기도 하고, 원래 취지와는 다르게 진행되기도 하기 때문입니다. 그래서 때로는 발 빠른 준비가 쓸데없는 시간과 역량 낭비가 되는 경우가 많았습니다. 대학 입시는 워낙 변수가 많고, 정치권의 눈치도 많이 봅니다. 선거가 있거나 정권이 바뀌면, 급하게 정책이 바뀌기도 합니다.

현재 치르고 있는 문이과 통합 수능의 부작용에 대해서는 교육 현장에서도 우려의 목소리가 높습니다. 자신의 적성에 맞는 과목보다는 성적에 유리한 과목을 선택하다 보니 정작 학생들에게 필요한 과목이 학교 교육과정에서 외면당하고 있고, 개별 학생의 점수가 같은 과목을 선택한 학생의 평균과 표준편차에 의해 보정되는 것이 공정한지에 대해서도 논란의 여지가 있습니다. 또한 이과에서 문과로 교차지원을 하는 반수생이 확대되면 대학들이 교차지원을 제한할 수 있는 다양한 조치들을 취할 가능성이 큽니다. 이 같은 부작용으로 인해 또 언제 어떻게 입시정책이 바뀔지 모른다는 것이 현실입니다.

| 꾸준히 공부한 아이가 살아남는다 |

수능 출제위원장의 발표에 따르면, 오랫동안 노력하고 꾸준히 공부한 학생들이 잘 볼 수 있는 수능을 출제하겠다고 합니다. 다시 말해, 수능은 요행을 바라거나 1~2년 공부하고 잘 볼 수 있는 시험이 아니라는 뜻입니다.

실제 통합 수능 수학 문제를 분석해보면, 전체적으로 중하 난이도 문제가 줄고, 중상 난이도가 늘었습니다. 극심화인 킬러를 줄이고 심화와 준심화 수준의 문제를 많이 늘렸습니다. 익숙한 빈출유형을 줄이고 처음 보는 낯선 유형을 늘렸습니다. 중등 도형과의 연계도 많이 늘렸습니다. 결국 이러한 수능을 잘 보기 위해서는 최소한 중등 시절부터 꾸준히 열심히 공부하고, 고등까지 성실했던 학생들이 유리할 수밖에 없습니다.

즉, 유명한 강사의 강의를 들으며, 찍어주는 유형을 암기한 학생보다는, 한 문제라도 스스로 풀어보기 위해서 노력했던 학생들이 유리합니다. 결국 수학 공부의 본질에 가깝게 자기주도적으로 공부하고, 어려운 문제는 오랫동안 고민하면서 풀어왔던 학생들에게 가장 최적화된 수능이라고 말할 수 있습니다.

| 초등 · 중등 때 꼭 준비해야 할 것 |

실제 교육현장에서 수험생을 지도하시는 선생님들은 문이과 통합과 함께 변화된 수능 문제에 대해서는 긍정적으로 보고 있습니다. 일부 극상위권을 제외하고는 대부분이 포기했던 킬러 문제의 난도를 낮춰 준심화 정도로 쉽게 출제한 점이나 매번 반복되는 빈출유형보다는 한 번이라도 더 생각하게 만드는 낯선 유형을 많이 출제한 점은, 어렸을 때부터 올바른 방식으로 수학 공부를 한 학생들이 유리하게 해주기 때문입니다.

기존의 수능 문제는 암기 위주의 반복학습에 유리한 빈출유형 위주의 출제와 한 문제 차이로 변별력을 만들려고 하는 킬러 문제 중심이었습니다. 그래서 등급컷도 4점짜리 한 문제 차이로 만들어지곤 했습니다. 가령 1등급이 92점, 2등급이 88점, 3등급이 84점 이런 식이었습니다. 이에 따라 학생들은 킬러 문제는 찍고, 나머지는 유형 암기로 푸는 방식의 공부를 해왔습니다. 그러나 이런 방식은 수학 공부의 본질에 부합하지 않습니다.

수학 공부의 본질은 이 책 전반에서 서술했듯이 수학이라는 과목을 통해 생각하는 법을 익히는 것입니다. 수학으로 생각하는 법을 익힌다는 것은 수학적 사고력, 추론 능력, 문제해결력을 기르는 것을 뜻합니다. 변화된 문이과 통합 수능에서의 문제유형 변화는 이러한 공부습관을 지향한다는 점에서 저뿐만 아니라 많은 수학 선생님들이 반기고 있습니다.

"문이과 통합 수능, 어떻게 준비할 것인가?"라는 글을 쓰기 위해 문이과 통합 수능을 분석하며 깨달은 것은, 이 책 전반에서 강조한 방식대로 수학 공부 로드맵과 공부법을 실천하고 초등·중등 단계부터 습관화해야 한다는 불변의 진리입니다. 이처럼 공부습관을 바로잡고 스스로 문제를 해결해가는 공부법만이 문이과 통합 수학을 준비하는 데 큰 힘이 될 것입니다.

수학 잘하는 아이는
이렇게 공부합니다

1판 1쇄 발행일 2021년 3월 12일
개정판 36쇄 발행일 2024년 1월 25일

지은이 류승재
펴낸이 金昇芝
편집 김도영
디자인 디박스

펴낸곳 블루무스
출판등록 제2018-000343호
전화 070-4062-1908
팩스 02-6280-1908
주소 경기도 파주시 경의로 1114 에펠타워 406호
이메일 bluemoose_editor@naver.com
블로그 blog.naver.com/bluemoosebooks
인스타그램 @bluemoose_books

블루무스는 일상에서 새로운 시선을 발견해 현재를 더욱 가치 있게 만들고자 합니다.